KB091112

제품 디자이너를 위한

라이노8 독학하기

황정행 지음

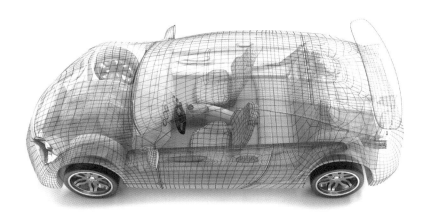

BM (주)도서출판 성안당

머리말

Preface

최근 3D 프린터가 대중화되면서 관련 산업들이 폭발적으로 확대되고 있다. 가까운 미래에는 우리 사회 곳곳에 3D 프린터가 보급되어 언제 어디서나 머릿속의 아이디어를 입체 형태로 표현할 수 있는 길이 열릴 것으로 예측한다. 이러한 물리적 결과물을 만들기 위해서는 반드시 3D 프로그램을 학습하여야만 한다. 3D 프린터뿐만 아니라 3D Tool을 활용한 디자인 작업, 기계 등을 설계하기 위한 모델링 작업, 인테리어 3D 디자인 작업 등에 있어 활용도는 무궁무진하다고 판단된다. 이처럼 여러 가지 활용 범위가 많은 3D 모델링 프로그램은 나의 생각, 나의 디자인을 타인에게 전달할 수 있는 가장 효과적인 표현기법이라고 할 수 있다.

3D 프로그램을 처음 접하는 독자 분께 여러 가지 프로그램 중 한 가지 추천을 드리자면, 필자는 단연 라이노(Rhino) 3D 프로그램을 추천한다. 라이노는 기본적으로 오토캐드(AutoCAD)와 유사한 명령어와 구조로 프로그래밍 되었으며 NURBS(Non-uniform rational B-spline) 방식의 모델링을 따르고 있다. 라이노 3D의 장점으로는 다른 3D 프로그램 대비 가격이 저렴한 편이라고 할 수 있다. 또한, 프로그램의 아이콘이 비교적 직관적인 편이라 초보자들도 쉽게 이해하고 따라 할 수 있으며 프로그램도 가벼운 편이라 컴퓨터의 메모리

리소스를 적게 차지하는 편이다. 무엇보다 여러 프로그램과 호환이 가능하다는 점은 라이노의 가장 큰 장점이 될 것이다.

라이노는 일반적으로 많이 사용되는 3DS, IGS, STP, DWG 등의 확장자로의 변환 및 불러오기가 가능하며 최근 활용도가 높아지고 있는 3D 프린터 호환 파일인 STL 변환 및 2D 프로그램인 일러스트레이터(Illustrator)와도 기본적인 도면 호환이 가능하다. 특히 기본적인 명령어들이 오토캐드와 상당히 유사하여 다른 3D 프로그램을 학습할 때도 쉽게 이해할 수 있다. 이러한 여러 가지 장점은 3D 프로그램을 처음 배우고자 하는 초보자뿐만 아니라 다른 3D 프로그램을 사용할 수 있는 전문가들 역시 쉽게 접근할 수 있는 프로그램이라고 할 수 있다. 3D 프린터 외에 제품디자인 분야에서 선호하는 프로그램 중 하나가 라이노라고 할 수 있다. 제품디자인 분야에서 디자인 모델링 작업 또는 디자인 모형(Mock-up, 목업) 작업이 필수인데 라이노를 활용하면 이러한 작업을 한 번에 해결할 수 있다. 특히 디자인 모형(Mock-up)을 제작하기 위한 CAD, CAM 기기의 호환 및 변환이 가능하여 라이노 모델링 파일이 있다면 실측과 동일한 크기, 형상의 디자인 모형(Mock-up) 제작이 가능하다.

일반적으로 디자인 품평은 스케치 디자인 품평, 렌더링 디자인 품평, 실물과 똑같은 디자인 모형(Mock-up) 품평으로 나눌 수 있다. 최근에는 멀티미디어 기기의 활용 범위가 넓어지고 디자인 품평을 위한 컴퓨터 기술이 획기적으로 개선되어 과거와 같은 스케치, 마카 등을 활용한 디자인 품평은 거의 사라졌다. 이를 대체하는 디자인 표현기법으로 3D를 활용한 3D 모델링 품평, 3D 렌더링 품평, 3D 형상을 직접 볼 수 있는 3D 프린팅 품평, 디자인 모형(Mock-up) 품평 등을 들 수 있다. 이처럼 라이노 3D의 활용 범위는 무궁무진하다.

이 책의 난이도별 구성은 초보자부터 전문가까지 쉽게 따라 할 수 있는 예시 위주의 학습으로 구성하였다. 기본적인 툴 설명과 간단한 사용기법 외에 하나의 주제를 가지고 정확한 치수부터 아이콘을 활용한 모델링 방법까지 손쉽게 따라 할 수 있도록 구성하였다. 필자는 타인에게 라이노 3D를 강의할 때 메뉴의 구성과 아이콘의 설명을 처음부터 나열하지 않고 쉬운 예시를 가지고 따라 하기 학습을 하면서 메뉴와 아이콘을 이해하는 방식을 선호한다. 이러한 학습방법은 실력 향상은 물론 툴의 구성을 단기간에 가장 빠르게 습득할 수 있는 방법이기 때문이다. 아마도 독자 여러분이 본 서적의 학습법에 따라 천천히 연습한다면 기본기의 완성은 물론, 중급 이상의 실력을 갖추게 될 것이다. 학습별 난이도는 초보자를 위한 간단한 입문용 예시부터 중급의 모델링, 전자제품의 다양한 예시를 통한 고급 모델링으로 구성하였다. 특히 필자가 직접 디자인한 시중에 출시된 전자제품을 모델링하여 전문 디자이너의 학습법과 제품디자인의 품평에 관한 간략한 내용을 전달할 수 있도록 기술하였다. 책을 집필하면서 전문가의 입장이 아닌 Rhino 3D를 처음 배운다는 입장에서 글을 쓸 수 있도록 노력하였다. 한마디로 프로그램 메뉴에서부터 구성까지 전혀 모른다는 입장에서 기술하고자 노력하였다. 그러함에 있어 도면의 치수, 진행 과정, 메뉴 및 아이콘 선택에서부터 상세하게 설명할 수 있도록 신중을 기하였다. 하지만 독자 여러분이 판단하여 부족하거나 보완할 부분, 추가로 다루어졌으면 하는 부분이 있다면 언제든 기탄없이 nextizen@naver.com으로 문의 및 건의해 주시길 바란다.

끝으로 출판을 위해 힘써주신 성안당 관계자 분들께 감사의 말씀을 드리며 언제나 힘이 되어 준 나의 가족('Nii Yemi', '빙빙이', '도니도니')에게 사랑과 감사의 인사를 드린다.

지은이 **황정행**

차례
Contents

Part

제품디자인과 라이노 3D

Part

라이노 8 소개

갤러리

Gallery

Rhino
3D

Part 1

제품디자인과
라이노 3D

제품디자인과 라이노 3D

1 Chapter

1 디자인 스케치

일반적인 제품디자인 프로세스는 상품기획 → 디자인 착수 → 디자인 기획 및 시장 조사 → 디자인 스케치 → 제품디자인 모델링 및 렌더링 → 디자인 품평 및 선정 → 목업(Mock-up, 디자인 모형) 제작 → 목업 품평 → 디자인 최종 선정 → 개발 → 아트워크(Artwork) 및 색상 최종 확정 → 양산 → 양산 관리의 단계를 거친다. 이러한 여러 단계를 4단계의 프로세스로 정의하자면 상품 기획 → 디자인 → 개발 → 양산의 단계를 통하여 하나의 제품이 탄생하게 된다.

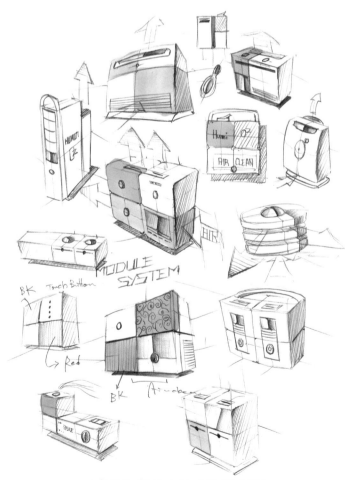

▲ [그림 1] (Untitled-1.jpg) 디자인 스케치

[그림] Untitled-1.jpg의 스케치에서처럼 썸네일(Thumbnail) 스케치부터 하면서 모델링 이전에 다양한 제품의 디자인 시안을 작업한다. 일반적으로 스케치는 아이디어의 표현 단계에서부터 최종 디자인 결과물까지를 표현할 수 있는데, 최근에는 컴퓨터 모델링 및 렌더링 툴의 발전으로 최종 확정 단계 이전에 디자인의 흐름과 아이디어 발굴을 위한 단계에서 스케치 툴을 활용하여 진행한다. [그림 1] Untitled-1.jpg의 스케치에서처럼 최대한 다른 형태로 여러 가지 다양한 아이디어를 스케치한다면 디자인의 다양성과 아이디어의 표현기법으로 가장 적절한 툴이 스케치가 될 것이다. 스케치는 정해져 있는 툴이나 준비물이 없다. 사용하기에 가장 적절하다고 판단되는 툴을 이용한다면 그것이 바로 스케치를 잘하는 비법일 것일 것이다. 썸네일(Thumbnail) 스케치에서부터 모델링을 진행할 수 있는 최종 결과물 스케치까지를 진행하여야 하며 주로 마카나 연필, 사인펜 등을 사용하기도 한다. [그림 1] Untitled-1.jpg에서처럼 다양한 썸네일(Thumbnail) 스케치 과정을 거쳐 디자인 모델링하기 위한 최종 6개 정도의 스케치를 결정한다. 결정 단계에서는 보다 자세한 표현을 한다면 모델링 과정에서 시행착오를 줄일 수 있다.

2 디자인 모델링 및 렌더링

현업에서 제품디자인을 진행함에 있어 통상 5~6개 정도의 디자인 시안 작업을 통하여 품평이 진행된다. 이는 디자인 선정에 있어 다양성을 인정하고 시행착오를 줄이기 위한 과정으로 받아들일 수 있다. 디자이너에게 있어 품평회라 함은 산고 끝에 탄생하는 생명과도 같은 존재로 생각할 수도 있을 것이다. 예를 들자면 디자인 결정권자에게 A~F까지의 시안 중 어떠한 디자인이 결정되더라도 만족할 만한 결과가 나올 수 있어야 한다. 여기서 "만족한다"라고 함은 성공적인 판매로 이어져 "'히트 상품'이 된다"라고 말할 수 있을 것이다.

[그림 2] Untitled-2.jpg의 디자인은 주방에서 흔히 사용하는 전기주전자로 흔히 'Kettle'이라고 한다. 전기주전자의 본체와 거치대가 따로 분리되는 구조로 무선의 사용 편의성이 높아 각 가정과 사무실에서 높은 보급률을 보이고 있다.

A 디자인은 직선과 곡선을 강조한 디자인으로 A~F까지의 디자인 시안 중 파격적인 디자인 시안으로 분류될 수 있다. 일반적으로 제품디자인을 함에 있어서 양산에 대비한 금형에 대한 이해가 필요한데 그러한 금형 구조를 잘 파악하고 있는 디자인으로 분류할 수 있으며 블랙&화이트의 조화로 주방의 인테리어적인 요소까지 겸비하였다.

B 디자인은 6개의 디자인 시안 중 E 타입과 더불어 가장 무난하며 보편적인 형상을 띠고 있다. 일반적으로 디자인 품평을 함에 있어서 디자인 타입별로 분류하자면 파격적인 형태의 가장 진보적인 디자인, 가장 보편적인 무난한 디자인과 더불어 위 두 가지의 요소를 적절히 융합한 디자인으로 크게 3가지 정도로 분류할 수 있다. 그러한 기본적인 디자인 요소를 바탕으로 제품디자이너의 혼을 담아 탄생하게 된다.

C 디자인은 부드러운 곡선과 더불어 상부 물통 뚜껑 부분을 샤프하게 디자인하여 전체적으로 젊은 층의 사용자에게 어필할 수 있도록 디자인 하였다.

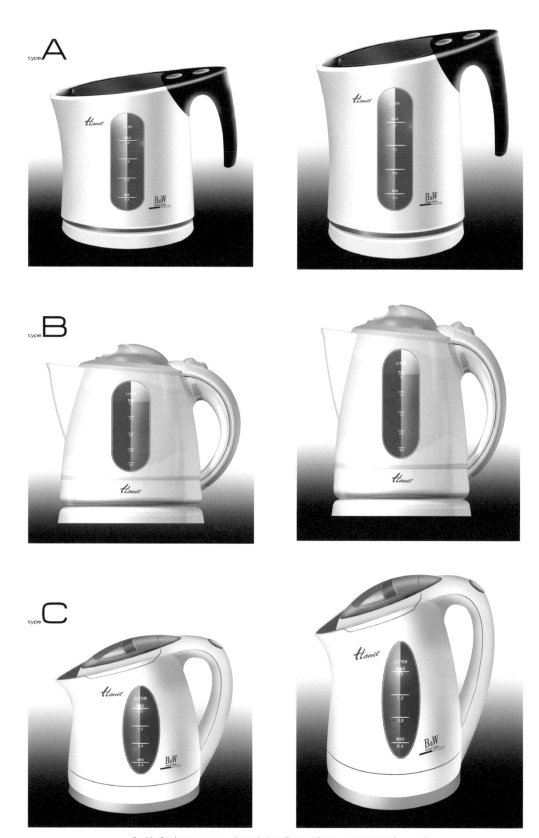

▲ [그림 2] (Untitled-2.jpg) 주방에서 흔히 사용하는 전기주전자(Kettle3)

type D

type E

type F

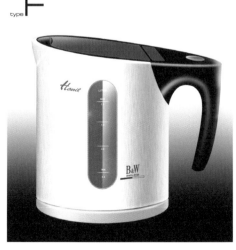

▲ [그림 3]　(Untitled-3.jpg) 전기주전자의 투시 창에 변화를 준 디자인.

D 디자인은([그림 3] Untitled-3.jpg) 전기주전자의 내부를 들여다볼 수 있는 투시 창을 전면에 크게 두어 디자인하였는데 이를 통하여 사용성과 편의성을 높이고자 하였다. 색상은 화이트와 푸른빛의 반투명한 투시 창과 어울릴 수 있는 다크 네이비 바이올렛(Dark Navy Violet) 색상을 뚜껑과 손잡이에 두어 디자인 포인트 요소로 삼았다.

E 디자인은 B 디자인 시안과 유사한 형태로 투시 창의 형태에 변화를 주었으며 색상 또한 블랙 앤 화이트(Black&White)의 구성을 따르고 있다. 일반적으로 디자인 품평 시 통상 6개 정도의 시안으로 구성하지만, 디자이너가 주장하고 싶은 내용과 전달하고 싶은 디자인요소를 반복하여 구성하기도 한다. 이는 디자인 결정권자에게 본인의 의사를 보다 더 적극적으로 표현하는 방법으로 디자이너의 자기주장 언어를 그림으로써 표현하였다고 이해하면 쉬울 것 같다.

F 디자인 역시 A 디자인과 유사점을 찾을 수 있는 디자인으로 상부 뚜껑 부분의 각도에 변화를 준 디자인으로 직선적인 요소를 강조하였다. 일반적인 플라스틱(ABS) 소재를 사용하지 않고 메탈 헤어라인(Metal Hair Line) 가공을 이용하여 주방인테리어와의 조화를 고려하였다.

일반적으로 디자인 품평 시 가장 우선시 고려되는 항목은 상업적 성공일 것이다. 산업디자인의 한 요소의 제품디자인 역시 상업적인 미술, 공학의 한 분야로서 제품 또는 상품의 판매에서 성공을 거두지 못한다면 제품디자인으로서의 의미는 퇴색되기도 한다. 산고 끝에 신제품을 디자인하여 시장 출시 후 히트상품 반열에 오른다면 디자이너 역시 이보다 더 기쁠 수 없을 것이다. 제품디자인 분야 역시 상업적 성공이 일에 대한 성과를 말해주고 있기 때문일 것이다. 그에 반해 훌륭한 디자인, 좋은 디자인으로 평가받는 디자인 제품들이 시장에서 큰 반응을 얻지 못할 때가 간혹 있다. 이는 우수한 디자인과 상업적 성공의 공통점을 찾기 위한 가장 어려운 부분 중 하나로서 디자인에 대한 평가와 제품의 판매에서 나타나는 결과가 일치하지 않는 경우가 종종 있으므로 이러한 핵심적 성공 요소를 찾는 것은 가장 어려운 요소 중 하나일 것이다. 일반적으로 디자인 품평 시 고려되는 항목으로는 제품의 양산성, 가격 경쟁력, 심미성, 독창성 등을 선정요소로 판단할 수 있다. 디자인 결정권자의 입장에서는 무엇보다 '히트 상품'으로 연결될 수 있는 디자인을 선택할 것이다. 이와 같은 의사 결정에 가장 현명한 판단은 경우의 수를 줄이기 위한 제품디자인 품평을 하는 것일 것이다. 한마디로 결정권자가 A~F까지 어떠한 선택을 하더라도 만족스러운 결과가 나올 수 있도록 함이 제품디자이너의 역량일 것이다. 하지만 이는 오늘날 디자이너들 대부분이 고민하고 있는 가장 어렵고 힘든 요소로 미래의 소비자 선호도를 예측할 수 있어야 할 정도의 어려운 작업일 것이다. 이러한 디자인 품평의 특징적 요소를 반영하여 최종 선정 제품은 'A'로 결정되었다.

③ 디자인 모형 모델링

디자인 품평을 거친 후 최종 확정된 시안은 보통 1~2개로 압축된다. 이를 실 제품과 동일한 형태로 모형을 만들어서 디자인 모형 품평을 다시 한 번 진행한다. 이는 그림(렌더링)이 아닌 실제 제품과 동일한 제품을 제작하여 실제 사용과 동일한 방식으로 제품을 평가할 수 있기 때문이다. 이러한 과정은 제품 양산을 진행함에 있어 시행착오를 줄이기 위한 과정으로 디자인 품평에 있어 가장 중요한 요소 중하나이다. 이를 위해 디자인 품평에서 최종 확정된 시안을 가지고 다시 한 번 정확한 치수와 용량 등을 분석하여 한 치의 오차도 없는 디자인 모형 도면작업을 진행한다. 디자인 모형 제작은 흔히 3D 프린터 또는 캐드캠(CAD CAM)을 활용한 기기를 활용한다. 이러한 디자인 모형 제작 도면으로는 라이노(라이노) 파일이 적합하여 다른 프로그램을 활용하여도 무방하다. 하지만 일반적으로 가장 쉽게 사용할 수 있는 프로그램 중 하나가 라이노 3D이므로 선호도가 높은 프로그램이라고 할 수 있다. [그림 4] Untitled-4.jpg에서와 같이 정확한 디자인 모형 도면을 다시 한 번 작도한다. 이를 전문용어로 표현하자면 디자인 목업(Mock-up) 작업이라고 한다.

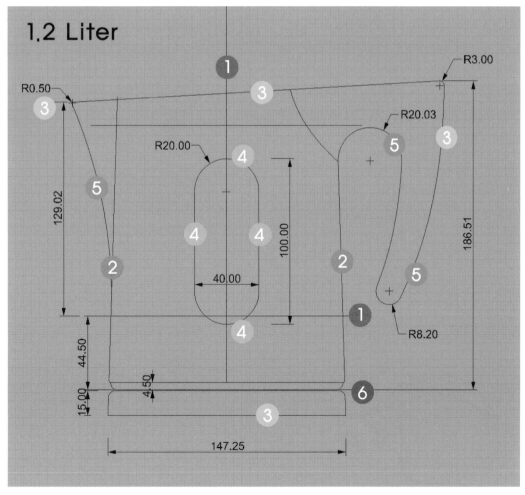

▲ [그림 4] (Untitled-4.jpg) 디자인 목업(Mock-up) 작업을 위한 디자인 모형 도면 재작도.

④ 아트웍(Art Work) 작업

라이노 작업 완료 후 목업(Mock-up) 제작을 위한 아트웍(Art Work) 작업을 병행하여야 한다. 아트웍(Art Work) 작업을 위해서는 라이노에서 2D 도면 변환을 하여야 하며 2D 도면 변환을 위한 작업으로는 [그림 5] Untitled-5.jpg와 같다. 상단 툴바에 [Curve] → [Curve From Objects] → [Silhouette]의 순서로 작업한다. 이때 작업을 Top View에서 한다. [Top View] 화면에 나와 있는 방향으로 저장이 되므로 현재 [Top View] 에서 원하는 방향이 아닐 때에는 제품(모델링)을 회전하여 위치한 후 모델링 파일을 Explode하여 분할시킨다. 각각의 파트로 분할된 모델링을 위의 설명처럼 [Curve] → [Curve From Objects] → [Silhouette]의 순서로 클릭한다면 노란색의 2D AutoCad 선이 활성화된다. 이를 [Save as] 하여 DWG 또는, AI로 변환한다면 1대1 크기의 도면을 추출할 수 있다. 이를 'Illustrator'에서 활용한다면 아트웍(Art Work) 작업이 가능하다.

이러한 도면변환을 거쳐 AI 파일을 통하여 세부적인 아트웍(Art Work) 작업을 한다. 일반적으로 제품에 인쇄되어 있는 로고, UI 표시, 안내 몇 경고 인쇄, 그림 등에 해당한다. 제품과 가장 잘 어울리는 색상과 UI, 로고 디자인을 선정한다. [그림 6] Untitled-6.jpg 전기주전자의 표시 부분과 로고 등이 인쇄된 아트웍(Art Work) 데이터 로서 흔히 실크(Silk) 인쇄라고 불린다.

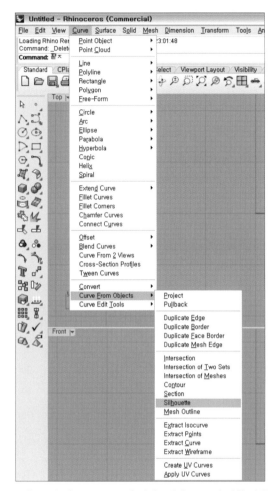

▲ [그림 5] (Untitled-5.jpg) 라이노에서 2D 도면 변환 작업.

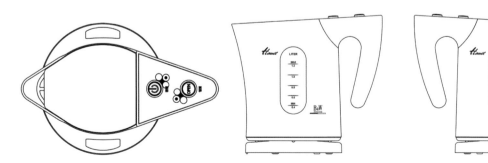

▲ [그림 6] (Untitled-6.jpg) 실크(Silk) 인쇄

5 디자인 목업 작업

최근에 3D 프린터를 이용한 모형 제작이 일반화되어, 이제 모형 제작은 전문가를 위한 제작 과정이 아닌 일반인들도 충분히 만들 수 있는 영역으로 발전하였다. 3D 프린터는 일반적으로 형상을 쌓아 올리는 적층(積層)형의 구조가 일반적이며 아직까지는 제품의 완성도에서 절삭(切削)형 모형보다 떨어지는 것이 사실이다. 하지만 최근 3D 프린터의 급속한 기술발전으로 머지않아 절삭(切削)형에 버금가는 제품을 만들 수 있을 것으로 기대된다. 디자인 모형 제작 단계에서 디자이너의 역할은 라이노 모델링 파일을 해당 모형 제작기에서 작업할 수 있는 파일 형태로 변환하는 업무이며 모형 제작 과정에서는 제품의 색상, 실크 인쇄(아트웍), 표면 처리, 소재 등을 선정해 주어야 한다. 이를 표현한 서류가 일반적으로 '시방서(示方書)'라고 하며 디자이너는 이를 전달하고 모형 제작 과정에 참여한다.

▲ [그림 7]　(Untitled-7.jpg) 캐드캠 기기를 활용한 절삭형 디자인 목업

[그림 7] Untitled-7.jpg은 일반적인 디자인 모형 제작 작업 방식인 캐드캠(CAD, CAM) 기기를 활용한 절삭(切削)형 디자인 목업(Mock-up)으로 양산 제품과 거의 동일한 형상으로 제작이 가능하다. 제품의 표면처리 소재, 실크 인쇄까지 실제 제품과 거의 동일하게 제작하여야만 디자인 목업(Mock-up) 품평을 통한 테스트가 가능하기 때문이다. 이러한 디자인 목업(Mock-up) 품평을 거치면 제품의 양산을 위한 3D 도면의 이관 업무로 이어진다. 여기까지의 업무가 제품디자이너의 주요 업무이며 향후 출시 직전에 제품의 색상과 포장 디자인, 양산 관리 등의 업무로 이어지기도 한다.

디자인 목업(Mock-up) 작업 이후에는 목업(Mock-up) 품평, 엔지니어 설계의 단계가 있다. 이를 원활히 진행한다면 제품 양산에 이를 수 있다.

▲ [그림 8]　(Untitled-8.jpg) 양산품

[그림 8] Untitled-8.jpg의 전기주전자는 설계 단계에서 엔지니어와의 협의를 통하여 물의 끓는 상태를 한눈에 알아볼 수 있도록 제품 내부에 Red, Blue LED를 장착하여 색상을 통하여 제품의 상태를 한눈에 알 수 있도록 직관적으로 디자인하였다. 위 제품의 예시에서는 '목업(Mock-up)' 단계와 최종 양산품의 디자인 변화가 거의 없음을 알 수 있지만, 일반적으로 제품의 디자인에서부터 양산까지 6개월~12개월 정도의 기간을 필요로 하므로 최종 양산 단계에서 제품의 실크 인쇄, 색상 등의 아트워크(ArtWork) 작업은 양산 직전에 변경될 수 있다. 제품의 색상 선정은 디자이너로서 아주 중요한 결정 단계가 되며 어떠한 색상을 결정하느냐에 따라 판매가 좌우되기도 한다. 더불어 제품의 정보를 적절히 전달하고 제품을 보호할 수 있는 '패키지 디자인' 작업을 병행하여 양산한다면 비로소 스케치 단계에서부터 시작된 일련의 디자인 작업들이 마무리된다고 할 수 있다.

Rhino
3D

Part 2

라이노 8 소개

1

Chapter

라이노 홈페이지 들여다보기

라이노(Rhino) 프로그램을 구매하거나 90일간 무료 사용 시험판(Trial Version)을 받기 위해서는 http://www.rhino3d.com에 접속하여 기본적인 개인정보를 입력한 후 다운로드하여 사용할 수 있다. 윈도우(Windows)용뿐만 아니라 맥(Mac)용까지 선택이 가능하다.

라이노 홈페이지의 인트로 화면은 다음과 같으며 Rhino 8 Version을 정품과 동일한 기능으로 90일간 사용 가능하다. 90일 이후에는 별도의 라이센스를 구매해야 한다.

Rhino 8

미래로의 전진

슈링크 랩, SubD 주름, Mac 속도 향상 등.

자세히, 시험 사용 또는 구매하기

⬇ Rhino 8 다운로드

Rhino 3D 프로그램은 호환성이 비교적 좋은 프로그램으로 대부분의 3D 모델링 프로그램들과 호환이 가능하여 디자이너, 설계자, 3D 프린팅 모델러 등이 사용하는 프로그램이다. 주요 호환 파일 확장자는 다음과 같다.

.3dm .3ds .sat .ai .amf **.dwg** .dxf .cd .iges
.sat **.dgn** .m **.pdf** .ply **.sldprt** .x .pts **.svg** .dae
.skp **.stl .step** .stp **.obj** .rib .xgl .x_t .zpr **.fbx**

▲ 출처: 한국라이노 공식 홈페이지(https://www.rhino3d.com)

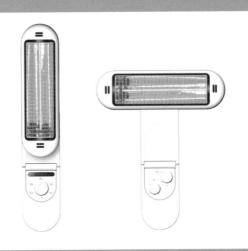

Rhino
3D

Part 3

라이노 8
메뉴 구성 및 이해

1
Chapter

프로그램 설치

http://www.rhino3d.com/download를 통하여 90일 동안 모든 기능을 사용할 수 있는 평가판을 다운 받아 설치할 수 있다. 90일이 지난 후에는, 라이선스를 구매하지 않으시면 저장이 되지 않고 플러그인이 실행되지 않으므로 유의하여야 한다. 라이노 3D 프로그램은 현재 국내에 보급되어 있는 3D 프로그램 중에는 비교적 저가에 속하는 가격이지만 학생들에게는 가급적 90일간 사용가능한 평가판을 사용 후 구입할 것을 권고하는 편이다. 현재 다양한 언어가 지원되고 있지만 필자는 3D 프로그램의 호환성과 학습의 연계성을 고려한다면 가급적 영문 버전의 설치를 권고한다.

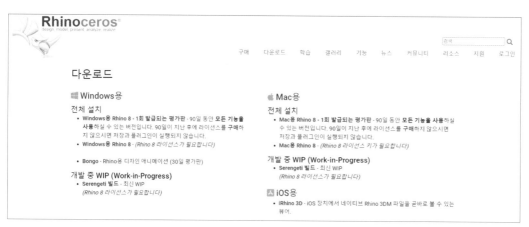

▲ [그림 1] 라이노 8 평가판 다운로드 사이트(www.rhino3d.com/download)

01 구매 또는 평가판을 다운 받은 후 프로그램의 라이노 설치 파일을 클릭하여 해당 화면과 같이 설치를 시작한다.

02 e-mail을 입력한다.

2 기본 툴바 및 인터페이스

Chapter

설치 후 프로그램을 오픈하면 해당 그림과 같이 'Template Files'을 묻는다. 이는 그리드(Grid) 하나 하나의 크기를 설정하는 것으로 일반적으로 'Large Objects-Millimeters'를 클릭한다. 한마디로 정의 하자면 도면을 그리기 위해 모눈종이가 그려진 종이의 크기를 결정하는 것이라고 이해하면 된다.

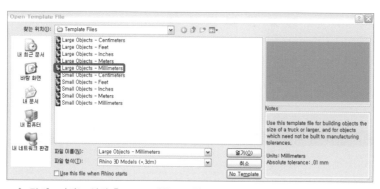

▲ [그림 2] 라이노 설치 후 프로그램을 오픈한 화면.

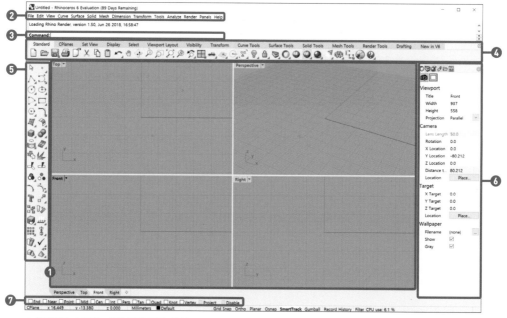

▲ [그림 3] 라이노 8의 기본 툴바 구성.

❶ **Viewport** : 가장 먼저 4개의 뷰포트가 등장한다. 좌측 상단에서부터 시계 방향으로 Top, Perspective, Front, Right 뷰로 구성되어 있다.

❷ **Menu Bar** : 기본적으로 파일을 열고, 저장하고, 프로그램의 화면과 구성을 바꿀 수 있는 기능들로 이루어진다.

❸ **Command** : '커맨드' 창이라고 하며 입력한 명령어 및 실행하고자 하는 기능에 대해 표기하고 있는 화면으로 이곳을 보며 치수 및 명령어의 변화를 읽을 수 있다. 컴퓨터와 사용자간의 상호 커뮤니케이션이 이루어지는 화면으로 이해하면 쉽다.

❹ **Toolbar Group** : 기본적인 메뉴 바의 기능 중에 자주 사용되는 명령어들을 따로 빼놓았다고 이해할 수 있다.

❺ **Main Toolbar** : 포토샵과 유사한 기본 구성으로 라이노에서의 도면 그리기, 도형 만들기, 편집하기, 등의 모델링을 하기 위한 기본적인 메뉴가 구성되어 있는 라이노 모델링의 핵심적인 아이콘 툴바이다.

❻ **Panels** : 기본적인 속성 [Properties]와 [Layer] 등을 표현하며 도면의 좌표 뷰포트의 위치등 기본적인 정보가 표현되며 [Layer]를 통하여 도면의 색상을 변경하여 복잡한 도면의 구분 및 분류가 가능한 기능으로 구성되어 있다.

❼ **Status Bar** : 상태 바라고도 불리며 도면 작성 시 필요한 [Grid Snap], [Ortho], [Planar], [Osnap] 등을 손쉽게 선택할 수 있는 메뉴로 구성되어 있다.

Part 3

3

Chapter

메인 툴바

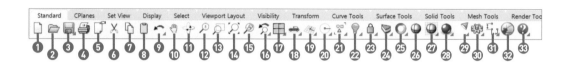

❶ **New** : 새로운 도면(백지)을 열 때 사용

❷ **Open** : 새로운 파일을 연다.

> **Tip** 라이노는 기본적으로 라이노 파일명인 3dm, 이외에 3DS MAX, AutoCAD, 일러스트레이터 등 다양한 프로그램을 열 수 있다. 한마디로 정의하자면 다양한 프로그램으로 호환성이 우수한 편이다.

❸ **Save** : 파일 저장

❹ **Print** : 출력

❺ **Document Properties** : 전체적인 프로그램의 옵션에 해당

❻ **Cut to Clipboard** : 클립보드 자르기

❼ **Copy to Clipboard** : 클립보드 복사하기

❽ **Paste from Clipboard** : 클립보드 붙이기

❾ **Undo, Redo** : 원상태로 돌리기, 다시하기

❿ **Pan View** : 손바닥 모양의 아이콘으로 화면을 이동

⓫ **Rotate View** : 뷰포트를 돌려서 회전

⓬ **Zoom Dynamic** : 뷰포트를 확대 또는 축소(마우스 스크롤 이용 Zoom in, out)

⓭ **Zoom Window** : 뷰포트에서 특성 지정 영역만 확대

⓮ **Zoom Extents** : 현재의 물체(도면)을 화면에 가득 채움

⓯ **Zoom Selected** : 선택한 물체(도면)을 중심으로 축소 또는 확대

⓰ **Undo View Change** : 뷰포트의 축소 또는 확대를 취소

⓱ **4 Viewport** : 뷰포트의 정렬 및 구성을 변경(ex: 뷰포트 3개, 1개 등)

⓲ **Right View** : 자동차 모양의 아이콘으로 뷰포트의 방향을 설정 Right, Left, Top 등

⓳ **Set CPlan Origin** : 4개의 뷰포트에 해당하는 Top, Front, Right, Left, Perspective View로 구성되어 있으나, 물체(도면)를 만들면서 경사면이 있을 경우 경사면을 기준으로 좌표를 설정하여 작업할 수 있도록 하는 것이 CPlane이다.

⑳ **Show Object Snaps Toolbar** : End, Near, Point 등 Snap을 이용하여 모델링

㉑ **Select All** : 모든 물체(도면)을 선택할 때 사용

㉒ **Hide Objects** : 선택한 물체(도면)를 숨기거나 나타낼 때 사용

> **Tip** 복잡한 모델링 작업 시 유용

㉓ **Lock Objects** : 물체(도면)를 선택하지 못하도록 잠근다.

㉔ **Edit Layer** : 레이어를 만들거나 편집한다.

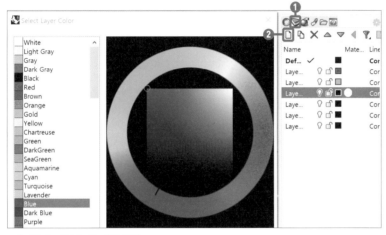

❶ Layers 클릭 → ❷ New Layer를 클릭하여 Layer를 추가한다. 이때 각기 Layer마다 색상을 달리하여 지정한다. 각기 다른 색상의 Layer는 렌더링 시 각기 다른 파트에 각각의 맵핑 소스를 넣기 위해 분리하는 과정.

▲ [그림 4] 라이노의 메인 툴바

㉕ **Object Properties** : 물체(도면)의 이름을 지정하거나 Layer의 색상을 변경 및 도면의 특성을 지정할 수 있다.

㉖ **Shade** : 모델링에 음, 영을 두어 입체감 있게 표현.

㉗ **Shaded Viewport** : 모델링에 음, 영을 두어 표현하거나 와이어 프레임 형태로 표현.

㉘ **Render** : 렌더링 효과로 입체감을 표현.

㉙ **Create Spotlight** : 렌더링 시 조명효과를 준다.

㉚ **Option** : 옵션, 기본적인 모든 설정을 변경할 수 있다.

㉛ **Liner Dimension** : 치수 값을 입력할 수 있다.

㉜ **Launcher Grasshopper** : Grasshopper 연결 작업

㉝ **Help Topics** : 도움말

4

Chapter

사이드 툴바

(일반적으로 메인 툴바(Main Toolbar) 라고 부르기도 한다. 버전에 따라 상이)

❶ ┌ **Cancel :** 선택 및 해제(마우스 왼쪽 클릭) 🖰
    └ **Cancel All :** 전체 선택 및 해제(마우스 오른쪽 클릭) 🖰

❷ ┌ **Single Point**(마우스 왼쪽 클릭) 🖰
    └ **Multi Point**(마우스 왼쪽 클릭) 🖰

ⓐ **Single Point :** 한 개의 포인트를 그린다.

ⓑ **Multiple Points :** 여러 개의 포인트를 그린다.

ⓒ **Extract Points :** Surface의 포인트를 이동한다.

ⓓ **Closest Point :** 선택한 물체에 포인트를 그린다.

ⓔ **Closest Points between two object :** 두 개체 사이의 가장 가까운 지점 찾기.

ⓕ ┌ **Mark curve start** 🖰 : Curve 선의 시작점을 표시해 둔다.
    └ **Mark curve end** 🖰 : Curve 선의 끝점을 표시해 둔다.

ⓖ ┌ **Divide curve by length** 🖰 : Curve 선의 길이를 측정한다.
    └ **Divide curve by number of segments** 🖰 : Curve 선의 Segment를 측정한다.

ⓗ **Point grid :** 두 개의 인접한 모서리와 거리, Surface의 수직, 중심점에서와 같은 방법으로 직사각형의 점 개체 그리드를 그린다.

ⓘ **Drape point grid over objects :** Solid 또는 Surface에 드래그하여 포인트를 중첩시킨다.

ⓙ **Point cloud :** 선택된 포인트 개체로 단일 개체를 만든다.

ⓚ ┌ **Add to point cloud** 🖰 : Point Cloud를 추가한다.
    └ **Remove from point cloud** 🖰 : Point Cloud를 삭제한다.

ⓛ **Mark ellipse, hyperbola or parabola foci :** 타원, 쌍곡선 또는 포물선을 가로지르는 중심 포인트를 표시한다.

Tip 아이콘 위에 마우스를 올렸을 때, 그림처럼 마우스 형태의 아이콘에 좌측이 흑색일 때는 좌측 마우스 버튼, 우측이 흑색일 때는 우측 마우스 버튼을 누르면 해당하는 명령어 클릭함과 같다.

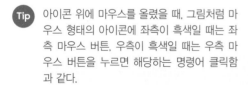
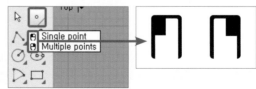

Tip 아이콘에 회색 삼각형 모양이 있다면 마우스를 길게 누르면 해당하는 하위 메뉴(아이콘)들이 나온다.

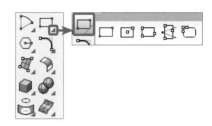

❸ ┌ Polyline : 다양한 형태(포인트)의 직선을 그릴 수 있다. (마우스 왼쪽 클릭) 🖱
　└ Line segments : 세그먼트별로 꺾인 선을 그릴 수 있다. (마우스 오른쪽 클릭) 🖱

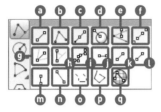

ⓐ Line : 한 개의 직선을 그린다.

ⓑ ┌ Polyline 🖱 : 여러 개의 다중 직선을 그린다.
　└ Line Segments 🖱 : Segment가 분리된 다중 직선을 그린다.

ⓒ Line from middle point : 중심점을 기준으로 직선을 그린다.

ⓓ ┌ Line Surface normal 🖱 : 렌더링을 할 때, 재질을 내부, 또는 외부에 적용할 것인가를 나타낸다.
　└ Surface normal both sides 🖱 : 렌더링을 할 때, 재질을 양쪽에 적용할 것인가를 나타낸다.

ⓔ ┌ Line Vertical to CPlane 🖱 : CPlane에 수직선을 그린다.
　└ Line Vertical to CPlane from midpoint 🖱 : 중심점을 기준으로 CPlane에 수직선을 그린다.

ⓕ ┌ Line by 4 points 🖱 : 4개의 점을 이용하여 직선을 그린다.
　└ Line by 4 points from midpoint 🖱 : 중심점을 기준으로 4개의 점을 이용하여 직선을 그린다.

ⓖ ┌ Line Bisector 🖱 : 2개의 Curve 선 사이에 이등분선을 그린다.
　└ Line Bisector from midpoint 🖱 : 중심점을 기준으로 2개의 Curve 선 사이에 이등분선을 그린다.

ⓗ ┌ Line Angled 🖱 : Curve 선의 지정된 각으로 접선을 그린다.
　└ Line Angled from midpoint 🖱 : 중심점을 기준으로 Curve 선의 지정된 각으로 접선을 그린다.

ⓘ Line through points : 다각형 물체를 따라서 선을 그린다.

ⓙ ┌ Line Perpendicular from curve 🖱 : Curve 선의 한 점에 수직으로 된 선을 그린다.
　└ Line Perpendicular to curve 🖱 : Curve 선에 직교하는 수직으로 된 선을 그린다.

ⓚ Line Perpendicular to 2 curves : 2개의 Curve 선 사이에 수직인 선을 그린다.

ⓛ Line Tangent and perpendicular to curves : 2개의 원이나 Curve 선 사이에 접선을 그린다.

ⓜ Line Tangent from curves : Curve 선의 한 점에서 그 점에 대한 접선을 그린다.

ⓝ Line Tangent to 2 curves : 2개의 탄젠트 거리를 연결하는 접선을 그린다.

ⓞ Polyline Through points : 다각형 물체(도면)를 따라 선을 그린다.

ⓟ Convert curve to polyline : Curve 선을 직선으로 만든다.

ⓠ Polyline On mesh : 그물망 형태의 물체 표면에 선을 그린다.

❹ ┌ **Control point curve** : 커브(Curve) 선 외곽 포인트(점)를 연결하여 곡선을 그린다. (마
│   우스 왼쪽 클릭)
└ **Curve through points** : 각각의 포인트(점)를 연결하여 Degree의 치수 값을 주어 직
     선 또는 곡선을 생성한다. (마우스 오른쪽 클릭)

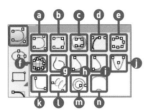

ⓐ ┌ **Control point curve** : 커브선의 외곽 포인트(점)를 연결하여 곡선을 그린다.
  └ **Curve through points** : 포인트 지점을 연결하여 Curve 선을 그린다.
ⓑ ┌ **Curve interpolate points** : Curve 선을 따라 포인트(점)을 연결하여 곡선을 그린다.
  └ **Handle curve** : 핸들링할 수 있는 보조선을 기준으로 Curve 선을 그린다.

Tip Control point curve 보다 Curve interpolate points를 이용하여 곡선을 그리는 것이 쉽게
원하는 형태로 그릴 수 있다. (일러스트레이터의 Beizer tool과 유사)

ⓒ **Interpolate on surface** : 물체(Surface)의 면에 따라서 곡선을 그린다.
ⓓ **Handle curve** : 핸들을 이용하여 곡선을 그린다.
ⓔ ┌ **Sketch** : 마우스 왼쪽을 연속적으로 누르면서 드래그하여 자유롭게 스케치 선을 그린다.
  └ **Sketch on surface** : 지정된 Surface 위에 자유롭게 스케치 선을 그린다.
ⓕ **Sketch on polygon mesh** : Polygon 형태의 물체 위에 자유롭게 곡선을 그린다.
ⓖ ┌ **Curve control points from polyline** : Polyline을 따라서 해당하는 Degree의 치수 값만
  │   큼 곡선을 생성시킨다.
  └ **Curve through polyline vertices** : Polyline의 정점을 통해서 곡선을 생성시킨다.
ⓗ ┌ **Conic** : 원뿔 모양의 선을 기준으로 Curve 선을 그린다.
  └ **Conic perpendicular at start** : 시작점이 수직이 되도록 원뿔 모양의 Curve 선을 그린다.
ⓘ ┌ **Conic tangent at start** : Tangent 선을 따라서 원뿔 모양의 선을 기준으로 Curve 선을 그린다.
  └ **Conic tangent at start end** : Tangent 선의 시작과 끝점을 따라 원뿔 모양의 Curve 선
       을 그린다.
ⓙ ┌ **Parabola by focus** : 포물선을 그린다.
  └ **Parabola by vertex** : 포인트를 찍어 포물선을 그린다.
ⓚ **Hyperbola** : 직선을 따라 쌍곡점 형태의 포물선을 그린다.
ⓛ ┌ **Helix** : 용수철 형태의 곡선을 그린다.
  └ **Vertical helix** : 포인트를 찍어 용수철 형태의 곡선을 그린다.
ⓜ ┌ **Spiral** : Helix와 유사하나 한쪽 끝의 크기를 조절할 수 있다.
  └ **Flat spiral** : 수평면에 Spiral을 그린다.
ⓝ **Tween between two curves** : Curve 선과 Curve 선 사이에 일정한 간격으로 배열 복사하여
     곡선을 그린다.

❺ Circle : 정원을 그린다. (마우스 왼쪽 클릭)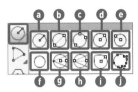

ⓐ **Circle center, radius** : 중심점을 기준으로 정원을 그린다.

ⓑ **Circle diameter** : 지름으로 정원을 그린다.

ⓒ **Circle 3 points** : 3개의 점을 이용하여 정원을 그린다.

ⓓ **Circle around curve** : 한 점의 접선에서 수직 방향으로 정원을 그린다.

ⓔ **Circle tangent, tangent, radius** : 2개의 곡선(탄젠트) 사이에 정원을 그린다.

ⓕ **Circle tangent to 3 curves** : 3개의 곡선(탄젠트) 사이에 정원을 그린다.

ⓖ **Circle vertical to CPlane center, radius** : 곡선의 한 점을 중심으로 하여 반지름을 가진 수직의 정원을 그린다.

ⓗ **Circle vertical to CPlane diameter** : 곡선의 한 점을 중심으로 수직 방향의 지름을 가진 정원을 그린다.

ⓘ **Circle deformable** : Degree나 Point Count 값을 이용하여 변형할 수 있는 정원을 그린다.

ⓙ **Circle fit points** : Point를 찍어 해당하는 폭 만큼 정원을 그린다. (Point on을 클릭하여 해당하는 Point를 찍는다.)

❻ Ellipse : 타원을 그린다. (마우스 왼쪽 클릭)

ⓐ **Ellipse From center** : 중심점과 반지름 값으로 타원을 그린다.

ⓑ **Ellipse diameter** : 지름 값으로 타원을 그린다.

ⓒ **Ellipse from foci** : 3개의 점을 이용하여 타원을 그린다.

ⓓ **Ellipse around curve** : 곡선상의 한 접선에 대해 수직 방향으로 타원을 그린다.

ⓔ **Ellipse by corners** : 모서리의 끝점을 이용하여 타원을 그린다.

ⓕ **Ellipse Deformable** : Degree나 Point Count 값을 이용하여 변형할 수 있는 타원을 그린다.

❼ Arc : 호를 그린다. (마우스 왼쪽 클릭)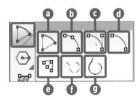

ⓐ **Arc Center, Start, Angel** : 호의 중심점을 기준으로 호(Arc)를 그린다.

ⓑ ┌ **Arc start, end, point on arc** : 시작, 중심, 끝 점의 3개의 포인트를 기준으로 호(Arc)를 그린다.
　 └ **Arc start, point on arc, end** : 시작, 임의의 포인트, 끝 점을 기준으로 호(Arc)를 그린다.

ⓒ ┌ Arc start, end, direction at start 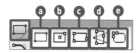 : 시작점과 끝점을 기준으로 임의의 호(Arc)를 그린다.
　　└ Arc start, direction at start, end : 시작점과 Curve 선 외곽의, 임의의 포인트, 끝 점을 기
　　　　　　　　　　　　　　　　　　　　준으로 호(Arc)를 그린다.

ⓓ Arc start, end, radius : 시작점과 끝점을 기준으로 반지름을 입력하여 호(Arc)를 그린다.

ⓔ ┌ Arc tangent to curves : 2개의 탄젠트 물체(도면)에 내접하는 호(Arc)를 그린다.
　　└ Arc tangent, tangent, radius : 2개의 탄젠트와 반지름을 이용하여 호(Arc)를 그린다.

ⓕ Arc through points : 선 위의 포인트를 따라 호(Arc)를 그린다.

ⓖ Convert curve to arcs : Curve 선을 변환하여 호(Arc)를 그린다.

❽ Rectangle : 사각형을 그린다. (마우스 왼쪽 클릭)

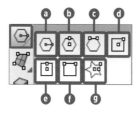

ⓐ Rectangle Corner to corner : 시작점과 끝점을 기준으로 사각형을 그린다.

ⓑ Rectangle center, corner : 중심점을 기준으로 사각형을 그린다.

ⓒ Rectangle 3 points : 3개의 점을 이용하여 사각형을 그린다.

ⓓ Rectangle vertical : 3개의 점을 이용하여 수직으로 사각형을 그린다.

ⓔ ┌ Rounded rectangle 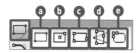 : 3개의 점을 이용하여 모서리가 둥근 사각형을 그린다.
　　└ Rounded rectangle – conic corners : 3개의 점을 이용하여 모서리가 원뿔인 형태의 사각
　　　　　　　　　　　　　　　　　　　　　　　　　　　형을 그린다.

❾ Polygon : 다각형을 그린다. (마우스 왼쪽 클릭)

ⓐ Polygon center radius : 중심과 모서리를 기준으로 다각형을 그린다.

ⓑ Circumscribed polygon center, radius : 중심점을 기준으로 다각형을 그린다.

ⓒ Polygon Edge : 모서리를 기준으로 다각형을 그린다.

ⓓ Square Center, Corner : 중심점과 모서리를 기준으로 정사각형을 그린다.

ⓔ Circumscribed square Center, Radius : 중심점을 기준으로 정사각형을 그린다.

ⓕ Square Edge : 끝점으로 정사각형을 그린다.

ⓖ Polygon Star : 별모양을 그린다.

⑩ **Curve Tools** : 선의 속성에 변화를 준다. (마우스 왼쪽 클릭) 🔏

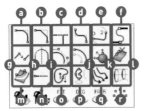

ⓐ ┌ **Fillet curves** 🔏 : 모서리를 부드러운 곡선으로 라운드 처리한다.
  └ **Fillet curves repeat** 🔏 : 반복적으로 모서리를 부드러운 곡선으로 라운드 처리한다.

ⓑ ┌ **Chamfer curves** 🔏 : 모서리를 각진 형태로 처리 한다.
  └ **Chamfer curves repeat** 🔏 : 반복적으로 모서리를 각진 형태로 처리한다.

ⓒ ┌ **Connect** 🔏 : 선을 연결하거나 자름
  └ **Connect repeat** 🔏 : 선을 연결하거나 자르는 기능의 반복

ⓓ **Fillet corners** : 양쪽에 각이진 모서리를 동시에 부드러운 곡선으로 라운드 처리한다.

ⓔ ┌ **Adjustable curve blend** 🔏 : 선과 선 사이에 휘어진 형태의 곡선을 Beizer를 이용하여 그린다.
  └ **Blend curve** 🔏 : 선과 선 사이를 자연스러운 곡선으로 연결시켜준다.

ⓕ **Arc blend** : 선과 선 사이에 S자 형태의 호(Arc)를 그린다.

ⓖ **Match curve** : 멀리 떨어져 있는 곡선의 끝부분을 부드럽게 연결한다.

ⓗ **Symmetry** : 선을 중심으로 좌, 우 반전한 사이 간격을 2개의 선으로 표현.

ⓘ ┌ **Point on** 🔏 : 점을 켠다.
  └ **Point off** 🔏 : 점을 끈다.

ⓙ **Offset curve** : 배열 복사한다.

ⓚ **Offset curve normal to surface** : Surface 모서리를 기준으로 해당하는 치수만큼 선으로 배열 복사한다.

ⓛ **Remove multiple knots from surface of curve** : 커브 표면에서 여러 연결점을 제거한다.

ⓜ **Offset curve on surface** : Surface의 모서리에 Curve 선을 생성하여 입력한 치수만큼 배열을 복사한다.

ⓝ **Extend curve** : Curve 선 길이를 연장할 때 사용한다.

ⓞ **Adjust closed curve seam** : 닫힌 곡선들의 연결점을 조절한다.

ⓟ **Curve from 2 views** : 모서리와 모서리 사이에 평균 곡률을 가진 새로운 Curve 선을 생성 한다.

ⓠ **Match curve directions** : Curve 선의 방향을 지정하여 붙인다.

ⓡ **Curve from cross section profiles** : 각각의 Curve 선을 교차하는 단면선을 추출한다.

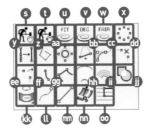

ⓢ ┌ **Rebuild curve** 🔏 : 선의 포인트(점) 수와 휘는 정도를 자동으로 조절한다.
  └ **Rebuild curves to master curve** 🔏 : Master Curve 선을 기준으로 선을 휘게 한다.

ⓣ **Rebuild curve non uniform** : 선의 포인트(점) 수와 휘는 정도를 비규칙적으로 일정하지 않게 조절한다.

ⓤ **Refit curve to tolerance** : 선택된 곡선의 포인트(점)의 수와 휘는 정도를 조절한다.

ⓥ **Change degree** : 포인트(점)에 따라 곡선의 휨 강도를 조절한다.

ⓦ **Fair curve** : 곡선의 휘는 정도를 조절한다.

ⓧ **Make uniform** : Curve 선 또는 Surface 표면에 포인트(점)을 추가하여 변형한다.

ⓨ **Simplify lines and arcs** : 복잡한 곡선을 단순화한다.

ⓩ ┌ **Convert curve to polyline** 🖱 : Curve 선을 Polyline으로 분해한다.
　 └ **Convert curve to arc** 🖱 : Curve 선을 Arc로 변환하여 준다.

ⓐⓐ ┌ **Make periodic** 🖱 : 열린 Curve 선을 닫힌 Curve 선으로 만든다.
　 └ **Make non−periodic** 🖱 : Make periodic의 반대의 개념이다.

ⓑⓑ **Close open curves** : 열려있는 선을 닫는다.

ⓒⓒ ┌ **Continue control point curve** 🖱 : 선의 끝 지점 포인트(점)에서부터 계속 연장하여 그린다.
　 └ **Continue interpCrv** 🖱 : 선의 끝 지점 포인트(점)에서부터 움직임을 연동하여 자연스럽게 선을 이어간다.

ⓓⓓ **Delete sub−curve** : 선의 일부를 지정하여 삭제한다.

ⓔⓔ **Extract sub−curve** : 선의 일부를 지정하여 분리한다.

ⓕⓕ ┌ **Sub Curve** 🖱 : 선의 일부를 지정하여 삭제한다. ([Delete sub−curve]와 반대로 클릭 지점 이외의 부분을 삭제한다.)
　 └ **Copy Sub Curve** 🖱 : 선의 일부를 지정 복사한다.

ⓖⓖ **Insert line into curve** : 시작과 끝 지점을 지정하여 해당 부분에 선을 그리고 그 외 시작, 끝 시점은 자동 삭제한다.

ⓗⓗ **Tween between two curves** : 커브 선과 커브 선 사이에 일정한 간격으로 배열 복사하여 곡선을 그린다.

ⓘⓘ **Offset multiple** : 다중 옵셋(배열 복사)

ⓙⓙ **Curve Boolean** : Curve 선의 중첩 부분을 따로 떼어낸다.

ⓚⓚ ┌ **Project Curves** 🖱 : 3차원 물체 위에 Curve 선을 투영시킨다.
　 └ **Project Curves loose** 🖱 : 3차원 물체 위에 느슨한 Curve 선을 투영시킨다.

ⓛⓛ ┌ **Mark Curve Start** 🖱 : 커브 시작점 표시하기
　 └ **Mark Curve End** 🖱 : 커브 끝점 표시하기

ⓜⓜ ┌ **Show Curve Ends** 🖱 : 커브 끝점 포인트 보여주기
　 └ **Turn off Showing Curve Ends** 🖱 : 커브 끝점 표시 끄기

ⓝⓝ **Move Extracted isocurve** : 추출된 아이소 커브 이동하기

ⓞⓞ ┌ **Add Guide Line** 🖱 : 가이드 선 추가하기
　 └ **Remove Guide Line** 🖱 : 가이드 선 제거

❶❶ **Surface Creation** : 점, 선, 면, 입체 중에 면에 해당하며 Surface 형태의 '판'을 만들 수 있다. (마우스 왼쪽 클릭)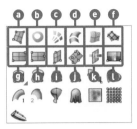

ⓐ **Surface from 3 or 4 corners points** : 3개 또는 4개의 점으로 '판' 형태의 Surface 표면을 만든다.

ⓑ **Surface from planar curves** : Curve 선과 Curve 선 사이에 '판' 형태의 Surface 표면을 만든다.

ⓒ **Surface from network of curves** : 4개 이상의 선을 이용하여 '판' 형태의 Surface 표면을 만든다.

ⓓ **Loft** : 선과 선을 연결하여 Surface를 만든다.

ⓔ **Surface from 2,3 or 4 edge curves** : 2, 3개 또는 4개의 모서리의 선을 이용하여 Surface를 만든다.

ⓕ **Patch** : 닫혀진 Curve 선을 클릭하여 볼록하게 튀어나온 Surface를 만든다.

ⓖ **Rectangular plane Corner to corner** : 2개의 포인트(점)를 이용하여 사각형 Surface를 만든다.

ⓗ **Rectangular plane 3 points** : 3개의 포인트(점)를 이용하여 사각형 Surface를 만든다.

ⓘ **Vertical planar** : 두 끝점을 이용하여 수직면에 사각형 Surface를 만든다.

ⓙ **Fit Plane through Points** : 포인트(점)을 클릭하여 사각형 Surface를 만든다.

ⓚ **Cutting Plane** : 선택된 물체에 대해 임의로 절단면을 만든다.

ⓛ **Add a picture plane** : 그림 파일을 도면에 넣는다.

Tip 그림 파일을 위에 Curve 선을 활용하여 도면을 그리면 손쉽게 자유 곡선을 모델링할 수 있다.

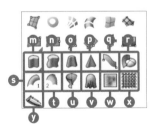

ⓜ **Extrude straight** : 직선이나 곡선을 수직으로 돌출시켜 Surface를 만든다.

ⓝ **Extrude along curve** : 곡선을 특정 경로를 따라가면서 Surface를 만든다.

ⓞ **Extrude curve tapered** : 직선이나 곡선을 마름모꼴로 돌출시켜 Surface를 만든다.

ⓟ **Extrude to point** : 각각의 점을 특정 포인트로 집중시켜 Surface를 만든다.

ⓠ **Ribbon** : 곡선을 리본 형태의 Surface를 만든다.

ⓡ **Extrude curve normal to surface** : Curve과 Surface 또는 Solid의 중첩 지점에서부터 치수 값을 입력하여 돌출 시킨다.

ⓢ **Sweep 1 rail** : Curve 선을 하나의 특정 경로를 따라 Surface로 만든다.

ⓣ **Sweep 2 rails** : Curve 선을 두개의 특정 경로를 따라 Surface로 만든다.

ⓤ ┌ Revolve 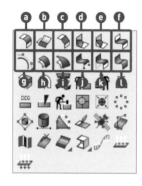 : Curve 선의 축을 중심으로 회전시켜 Surface를 만든다.

└ Rail Revolve : 레일의 중심으로 회전시켜 Surface를 만든다.

ⓥ Drape surface over objects : 3차원 물체를 덮은 Surface를 만든다.

ⓦ Heightfield from image : 이미지 색상의 밀도에 따라 Surface를 만든다.

ⓧ Surface from point grid : 정확한 좌표의 격자수로 Surface를 만든다.

ⓨ Developable loft from two curves : 두 개의 커브에서 전개 가능한 로프트

❷ Surface Tools : '판' 형태의 Surface를 휘거나 변형하여 편집할 수 있다. (마우스 왼쪽 클릭)

ⓐ Fillet Surface : 양쪽 Surface 사이에 치수를 주어 부드럽게 연결한다.

ⓑ Extend surface : Surface를 연장한다.

ⓒ Chamfer Surface : 양쪽 Surface 사이를 각을 주어 연결한다.

ⓓ ┌ Variable radius surface fillet : 양쪽 Surface 사이에 치수를 주어 부드럽게 연결한다. 하지만 연결 부위를 삭제(트리밍)하지 않는다.

└ Variable radius surface blend : 양쪽 Surface 사이에 치수를 주어 부드럽게 휘어준다. 하지만 연결 부위를 삭제(트리밍)하지 않는다.

ⓔ Variable radius surface chamfer : 양쪽 Surface 사이에 치수를 주어 각이 생기도록 연결한다. 하지만 연결 부위를 삭제(트리밍)하지 않는다.

ⓕ Blend Surface : 양쪽 Surface 사이를 자연스러운 곡선으로 이어준다.

ⓖ ┌ Show object control Points : 포인트(점)을 켠다.

└ Point off : 포인트(점)을 끈다.

ⓗ Offset Surface : Surface를 배열 복사한다.

ⓘ Variable offset of surface : Surface를 포인트(점)를 따라 배열 복사한다.

ⓙ Set surface tangent direction : 모서리에 포인트(점)나 탄젠트 표면을 따라 부드럽게 연결한다.

ⓚ ┌ Match surface : Surface와 Surface를 다양하게 이어준다.

└ Make up to four surface edges : Surface와 Surface를 부드럽게 연결 결합한다.

ⓛ Merge surface : Surface를 병합한다.

ⓜ **Connect surfaces** : Surface의 모서리(Edge)와 모서리를 연결한다.

ⓝ **Symmetry** : Surface의 모서리(Edge)를 이용하여 반전 복사한다.

ⓞ **Tween between two surface** : Surface 사이에 일정한 간격으로 배열 복사하여 Surface를 그린다.

ⓟ **Rebuild surface** : Surface의 UV 그리드를 추가시킨다.

ⓠ **Rebuild surface UV** : Surface의 UV 방향을 지정하여 그리드를 추가시킨다.

ⓡ **Refit surface to tolerance** : Surface의 형태를 유지하면서 포인트(점)를 조절하여 형태를 변형시킨다.

ⓢ **Change surface degree** : 사용자가 선택한 Curve 또는 Surface의 구성 단위를 조절한다.

ⓣ ┌ **Split edge** 🔳 : 모서리를 자른다.
　└ **Merge edge** 🔳 : 모서리를 병합한다.

ⓤ **Rebuild edges** : 모서리를 재생성시킨다.

ⓥ ┌ **Untrim** 🔳 : 모서리를 자르지 않고 사각형의 Surface를 생성시킨다.
　└ **Detach trim** 🔳 : 모서리에 사각형의 Surface를 생성시킨다.

ⓦ ┌ **Shrink trimmed surface** 🔳 : 편집된 Curve 선 또는 Surface에 비주기성을 주기성으로 변환한다.
　└ **Shrink trimmed surface to edge** 🔳 : 모서리의 edge면을 활용하여 비주기성을 주기성으로 변환한다.

ⓧ ┌ **Make uniform** 🔳 : Curve 선 및 Surface를 구성하는 포인트(점)의 위치를 변경하지 않고 일정하게 정렬시킨다.
　└ **Make surface uniform UV** 🔳 : UV 방향을 이용하여 Curve 선 및 Surface를 구성하는 포인트(점)의 위치를 변경하지 않고 일정하게 정렬시킨다.

ⓨ ┌ **Make surface periodic** 🔳 : Surface에 일정한 변화를 주어 표면을 부드럽게 처리한다.
　└ **Make surface non-periodic** : Surface에 일정한 변화를 주어 각이진 형태로 처리한다.

ⓩ **Adjust closed surface seam** 🔳 : Surface 표면에 Seam이라고 하는 가이드 선을 사용자가 임의로 이동할 수 있다.

ⓐ Replace surface edge : 잘린 Surface를 자르기 이전 상태로 되돌려준다.

ⓑ ┌ Unroll developable surface 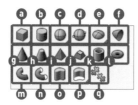 : 선택한 Surface를 평면전개도 형식으로 전환한다.
　└ Flatten surface : 선택한 Surface에 외곽 테두리선만 추출한다.

ⓒ Smash : 곡면형태의 Surface를 평면으로 변환한다.

ⓓ Adjust surface end bulge : Surface의 모서리 Edge 또는 Curve 선의 끝점을 이용하여 곡면에 형태를 유지하면서 원하는 형태로 변형시킨다.

ⓔ ┌ Devide surface along creases : 가이드 선을 따라서 Surface 표면을 나눈다.
　└ Devide surface along creases and tangents : 접점과 가이드 선을 따라서 Surface 표면을 나눈다.

ⓕ Remove multiple knots from surface or curve : Surface 또는 Curve 선에서 여러 개의 포인트(점)을 제거한다.

ⓖ ┌ Curvature analysis : 곡률을 색상으로 표현하여 분석한다.
　└ Curvature analysis off : [Curvature analysis] 기능을 끈다.

ⓗ ┌ Show edges : 선택한 Surface의 모서리를 색상으로 분리하여 보여준다.
　└ Turn off Show edge off : [Show edge] 기능을 끈다.

ⓘ ┌ Curvature graph on : Surface 또는 Curve 선의 선택 개체의 곡률을 그래프 형태로 변환하는 기능
　└ Curvature graph off : [Curvature graph] 기능을 끈다.

ⓙ Show object direction : Curve 또는 Surface 개체의 방향을 전환할 수 있게 한다.

ⓚ Flip direction : Analyze direction 명령어와 유사하나 방향 전환 기능만 가능하다.

⓭ Solid Creation : 박스, 구, 원뿔 등의 입체물을 그린다. (마우스 왼쪽 클릭)

ⓐ Box Corner to corner, Height : 3개의 지점을 클릭하여 육면체를 그린다.

ⓑ Cylinder : 원기둥을 그린다.

ⓒ Sphere Center Radius : 구를 그린다.

ⓓ Sphere Diameter : 2개의 지점을 클릭하여 구를 그린다.

ⓔ Ellipsoid From center : 타원을 그린다.

ⓕ Paraboloid : 포물선 도형을 만든다.

ⓖ Cone : 원뿔 형태를 그린다.

ⓗ Truncated cone : 끝이 잘린 형태의 원뿔을 그린다.

ⓘ Pyramid : 사각뿔을 그린다.

ⓙ Truncated pyramid : 끝이 잘린 형태의 사각뿔을 그린다.

ⓚ Tube : 구멍 뚫린 원통을 그린다.

ⓛ Torus : 도넛 모양을 그린다.

ⓜ Pipe Flap caps : 끝이 수직 잘린 형태의 자유로운 원기둥을 그린다.

ⓝ Pipe Round caps : 끝이 둥근 형태의 자유로운 원기둥을 그린다.

ⓞ **Extrude closed planar curve** : Curve 선을 중심으로 수직으로 돌출된 뚜껑(상. 하부)이 닫힌 형태의 물체를 그린다.

ⓟ **Extrude surface** : Curve 선이 없이도 모서리 Edge 면을 통해서 수직으로 돌출된 형태를 그린다.

ⓠ **Unjoin edge** : 모서리 결합 해제

⓮ **Boolean Union**(Solid Tools) : 물체(Solid)와 물체(Solid)를 중첩하여 합친다. (마우스 왼쪽 클릭) 🖱

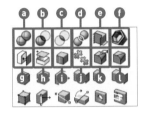

ⓐ **Boolean Union** : 물체(Solid)와 물체(Solid)를 중첩하여 합친다.

ⓑ **Boolean difference** : 물체(Solid)에서 물체(Solid)를 뺀다.

ⓒ **Boolean intersection** : 물체(Solid)와 물체(Solid)에서 겹친 부분을 만든다.

ⓓ ⌐ **Boolean split** 🖱 : 중첩되어 있는 물체(Solid)와 물체(Solid)의 경계를 기준으로 잘라내어 개별 적인 물체(Solid)로 만든다.
　└ **Boolean 2 objects** 🖱 : 잘라낸 물체(Solid)를 한 개의 물체(Solid)객체로 결합한다.

ⓔ **Create solid** : 서로 중첩되어 있는 Surface들을 중첩 영역을 기준으로 하나의 물체(Solid)로 재 생성시켜 준다.

ⓕ **Shell closed polysurface** : 물체(Solid)의 표면(Surface)을 선택하여 해당 모서리(Edge) 부분 에 치수를 기입하여 물체(Solid)를 뺀다.

ⓖ **Cap planar holes** : 열린 Surface에 뚜껑(표면)을 닫아 물체(Solid)로 만든다.

ⓗ **Extract surface** : 물체(Solid)에 뚜껑(표면)을 따로 떼어내 분리한다.

ⓘ ⌐ **Merge two coplanar faces** 🖱 : 하나의 Polysurface 안에 있는 face들 중에 동일 평면상에 있고 모서리를 최소한 하나 이상 공유하는 2개의 face들을 하나의 face로 변환할 수 있다.
　└ **Merge all coplanar faces** 🖱 : 하나의 Polysurface 안에 있는 face들 중에 동일 평면상에 있고 모서리를 최소한 하나 이상 공유하는 모든 face들을 하 나의 face로 변환할 수 있다.

ⓙ **Union edge** : 모서리(Edge)를 병합한다.

ⓚ **Edit FilletEdge** : 둥근 모서리를 편집한다.

ⓛ ⌐ **Fillet edges** 🖱 : 물체(Solid)나 병합된 Surface에 둥근 라운드 처리를 한다.
　└ **Blend edges** 🖱 : 물체(Solid)나 병합된 Surface에 휘어진 둥근 라운드 처리를 한다.

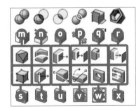

ⓜ **Chamfer edges** : 물체(Solid)나 병합된 Surface 모서리를 깎아낸다.

ⓝ **Wire cut** : 물체(Solid)에 중첩하는 Curve 선 또는 Line을 통하여 해당하는 위치만큼 잘라낸다.

ⓞ ┌ **Move face** 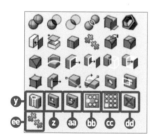 : 물체(Solid)의 단면(Surface)을 선택하여 이동시키면 이동한 거리만큼 물체 (Solid)도 이동하여 형태를 변형시킨다.
　　└ **Move untrimmed face** : 물체(Solid)의 단면(Surface)을 선택하여 이동시키면 이동한 거리 만큼 물체(Solid)도 이동하여 자르지 않은 형태로 변형시킨다.

ⓟ **Move face to a boundary** : Surface를 선택하고 경계면을 선택하여 물체(Solid)를 이동시킨다.

ⓠ ┌ **Extrude face** : Surface를 선택하여 튀어나오도록 한다.
　　└ **Extrude face along path** : Surface를 선택한 후 모서리(Edge)의 Path를 이용하여 이동시 킨다.

ⓡ **Extrude face to a boundary** : Surface를 선택한 후 경계면의 Surface 만큼 이동하여 물체 (Solid)를 생성한다.

ⓢ **Turn on solid control points** : 물체(Solid)의 포인트(점)를 기준으로 이동하여 변형한다.

ⓣ ┌ **Move edge** : 물체(Solid)의 모서리(Edge)를 선택하여 이동 변형한다.
　　└ **Move untrimmed edge** : 트림(Trim)되지 않은 물체(Solid)의 모서리(Edge)를 선택하여 이 동 변형한다.

ⓤ **Split planar face** : Surface 위 또는 아래에 있는 Line 또는 Curve 선을 이용하여 Surface를 나눈다.

ⓥ **Fold planar faces** : Surface에 임의 회전축을 바탕으로 양쪽으로 회전하는 변형을 가한다.

ⓦ **Round hole** : 물체(Solid)에 라운드 형태를 파낸다.

ⓧ ┌ **Make hole** : Curve를 사용하여 구멍 형태를 정의하고 커브 위치에서 선택된 방향으로 돌 출을 만들어 Surface에 구멍을 낸다.
　　└ **Place hole** : Curve를 선택하고 지정된 절삭 깊이와 위치를 기준으로 Surface에 구멍을 잘 라낸다. (구에 구멍을 배치할 때 적절하다.)

ⓨ **Revolved hole** : Surface에서 Curve 축을 중심으로 회전시켜 구멍을 만든다.

ⓩ ┌ **Move hole** : Surface에서 잘라낸 구멍을 이동시킨다.
　　└ **Copy hole in a planar surface** : Surface에서 잘라낸 구멍을 복사한다.

ⓐⓐ **Rotate hole** : Surface에서 축을 중심으로 구멍을 회전한다.

ⓑⓑ **Array hole polar** : 중심 위치를 기준으로 구멍의 복사본을 배치한다.

ⓒⓒ **Array hole** : 구멍의 복사본을 지정된 숫자의 열과 행으로 배치한다.

ⓓⓓ ┌ **Untrim holes** : 구멍을 삭제한다.
　　└ **Untrim all holes** : 구멍을 모두 삭제한다.

ⓔⓔ **Union edge** : 모서리(Edge)를 병합한다.

❶❺ **Project Curve**(Curve From Object) : 물체(Solid)의 모서리(Edge)면을 추출하여 Curve 형태의 2D 도면을 만든다. (마우스 왼쪽 클릭)

ⓐ ┌ **Project Curves** : 3차원 물체 위에 Curve 선을 투영시킨다.
　└ **Project Curves loose** : 3차원 물체 위에 느슨한 Curve 선을 투영시킨다.

ⓑ **Pull curve** : Surface의 모서리(edge)를 선택한 후 객체의 Surface와의 중첩된 부분에 Curve 또는 Line 형태의 2D 도면을 만든다.

ⓒ ┌ **Duplicate edge** : 모서리(Edge)를 선택하여 선택 영역에 Curve 또는 Line 형태의 2D 도면을 추출한다.
　└ **Duplicate mesh edge** : 메시(Mesh)의 모서리(Edge) 부분을 선택하여 선택 영역에 Curve 또는 Line 형태의 2D 도면을 추출한다.

ⓓ **Duplicate border** : 물체(Solid)나 Surface의 면을 선택하면 선택 영역에 Curve 또는 Line 형태의 2D 도면이 자동 생성된다.

Tip 이때 물체(Solid)는 [Explode(　)]를 사용하여 분리시킨다.

ⓔ **Duplicate face border** : 선택한 Surface에서만 Curve 또는 Line 형태의 2D 도면을 만든다.

ⓕ **Extract isocurve** : Surface 상에서 지정된 위치에 Surface isocurve를 복제하는 Curve를 만든다.

ⓖ **Extract wireframe** : 와이어프레임 뷰(Wireframe View)에서 표시되는 isocurve 또는 Surface를 복제하는 Curve를 만든다.

ⓗ **Blend perpendicular** : Surface와 Surface를 잇는 부드러운 선을 추출한다.

ⓘ **Object intersection** : 교차하는 Surface 단면 지점에 부드러운 선을 추출한다.

ⓙ **Intersection two sets** : 물체(Solid)와 물체(Solid) 사이의 교차점의 모서리(Edge) 부분에 Curve 또는 Line 형태의 2D 도면을 추출한다.

ⓚ **Contour** : Surface 표면을 통과하는 절단 평면의 교차 지점에 일정한 방향으로 Curve 또는 Line 형태의 2D 도면을 추출한다.

ⓛ **Section** : Surface 표면 위에 원하는 방향에 절단면을 그려 Curve 또는 Line 형태의 2D 도면을 추출한다.

ⓜ **Geodesic curve** : Surface의 표면에 포인트(점)를 지정하여 가로지르는 Curve 또는 Line 형태의 2D 도면을 추출한다.

ⓝ **Silhouette** : Solid 또는 Surface의 외곽선을 추출한다.

Tip 3D 도면을 2D로 변환할 때 유용한 기능이다.

ⓞ **Extract points** : 물체(Solid) 또는 Surface의 포인트(점)을 추출한다.

ⓟ **Point cloud section** : Surface에 포인트(점)을 교차하여 Curve를 생성한다.

ⓠ ┌ **Create UV curves** : Surface 한 개의 면을 늘여서 X축과 Y축을 그린다.
　　└ **Apply UV curves** : X축과 Y축의 곡선을 Solid에 입힌다.

ⓡ **Mesh outline** : [Perspective View]의 방향을 기준으로 윤곽선을 추출한다.

ⓢ **Make 2-D drawing** : 3차원의 물체(Solid)를 2차원 평면도로 만든다.

⓰ ┌ **Mesh from surface/polysurface** : 주로 3ds MAX에서 사용할 수 있도록 메시(Mesh)
　　　 의 양을 조절하여 변환하는 기능이다. (마우스 왼
　　　 쪽 클릭)

　　└ **Polysurface from mesh** : NURBS 방식 모델링으로 변환하는 기능이다. (마우스 오른
　　　 쪽 클릭)

ⓐ **Check objects** : 선택한 개체의 데이터 구조 분석

ⓑ **Mesh repair wizard** : 변환한 메시(Mesh)에 대한 정보를 보여준다.

ⓒ **Align mesh vertices to tolerance** : 허용 오차에 메시(Mesh)의 정점을 맞춘다.

ⓓ ┌ **Weld mesh** : 각각의 면에서 겹쳐 있는 메시(Mesh) 정점을 하나의 정점으로 병합한다. 렌
　　　 더링 뷰에서 가장자리가 보다 부드럽게 표시되는 효과를 가져 온다.

　　└ **Weld selected mesh vertices** : 각각의 선택된 메시(Mesh) 정점에서 겹쳐 있는 메시
　　　 (Mesh) 정점을 병합한다.

ⓔ **Match mesh edges** : 메시(Mesh)의 모서리 부분을 서로 붙인다.

ⓕ **Fill mesh Holes** : 메시(Mesh)에서 선택한 구멍을 채운다.
　 Fill all holes in mesh : 메시(Mesh)에서 선택한 구멍을 모두 채운다.

Tip RP(Rapid Prototype) 프린터, 3D 프린터 작업 시 유용한 기능.

ⓖ **Rebuild mesh normals** : 메시(Mesh) 선을 제거하고, 면의 방위를 기준으로 면과 정점의 선을
　 재구성한다.

ⓗ **Rebuild mesh** : 메시(Mesh)의 면과 접점의 선을 재생성한다.

ⓘ **Delete mesh faces** : 메시(Mesh)의 면을 삭제한다.

ⓙ **Add a mesh face** : 메시(Mesh)의 면을 추가한다.

ⓚ **Cull degenerate mesh faces** : 면적이 없는 메시(Mesh)를 삭제한다.

ⓛ **Swap mesh edge** : 메시(Mesh)의 모서리 부분을 바꾼다.

ⓜ ┌ **Unify mesh normals** 🖱 : 메시(Mesh)의 면 부분 선 방향을 바꾸어 모든 점이 일정한 방향을 유지하도록 한다.

 └ **Flip mesh normals** 🖱 : 메시(Mesh)의 면 부분 선 방향을 뒤집는다.

ⓝ **Apply mesh to NURBS surface** : NURBS 표면에 메시(Mesh)를 적용한다.

ⓞ **Split a mesh edge** : 메시(Mesh) 선을 나누어서 편집한다.

ⓟ **Split disjoin mesh** : 메시(Mesh)를 분리한다.

ⓠ ┌ **Mesh from surface/polysurface** 🖱 : Solid 또는 Surface에 메시(Mesh)를 생성시킨다.

 └ **Polysurface from mesh** 🖱 : Solid를 NURBS 방식으로 메시(Mesh)를 생성 시킨다.

ⓡ **Mesh Patch** : 메시를 붙여 편집한다.

ⓢ **Create mesh from 3 or more lines** : 3줄 이상의 메시(Mesh)를 생성시킨다.

ⓣ ┌ **Mesh from points** 🖱 : 포인트(점)을 이용하여 메시(Mesh)를 생성시킨다.

 └ **MeshFromLines – Copy** 🖱 : 선을 이용하여 메시(Mesh)를 복사한다.

ⓤ **Apply mesh UVN** : 메시(Mesh)와 포인트(점)를 매개변수를 기준으로 Surface 상에 적용시킨다.

ⓥ **Mesh Boolean union** : 선택된 메시(Mesh), 물체(Solid), 면(Surface)의 공유 영역을 잘라내고, 공유하지 않는 역역을 하나의 메시(Mesh)로 통일한다.

ⓦ **Mesh split** : 메시(Mesh)를 나누어 분할한다.

ⓧ **Mesh Trim** : 교차하는 메시(Mesh)의 선택된 부분을 클릭하여 잘라 버린다.

ⓨ **Offset mesh** : 메시(mesh)를 일정한 거리만큼 배열 복사한다.

ⓩ **Merge two mesh faces** : 메시(Mesh)를 병합하고 합친다.

ⓐⓐ **Mesh Intersect** : 메시(Mesh)를 교차시킨다.

ⓑⓑ **Duplicate mesh hole boundary** : 메시(Mesh) 면을 기준으로 구멍을 내서 파낸다.

ⓒⓒ **Quadrangulate mesh** : 삼각형의 메시(Mesh)를 사각형으로 변환한다.

ⓓⓓ ┌ **Triangulate mesh** 🖱 : 사각형의 메시(Mesh)를 삼각형으로 변환한다.

 └ **Triangulate non–planar quads** 🖱 : 비평면형사각 메시(Mesh)를 삼각형으로 변환한다.

ⓔⓔ ┌ **Reduce mesh polygon count** 🖱 : 메시(Mesh)의 폴리곤 개수를 줄인다.

 └ **Triangulate mesh** 🖱 : 사각형의 메시(Mesh)를 삼각형으로 변환한다.

ⓕⓕ **Polygon count** : 메시(Mesh)를 선택하여 해당 폴리곤 개수를 나타낸다.

ⓖⓖ **Extract mesh faces** : 메시(Mesh)에서 면을 추출하기 위해 선택된 면을 따로 떼어 분리한다.

ⓗ **Collapse Mesh toolbar** : 메시(Mesh) 도구 모음.

ⓘ **Add Ngons to mesh** : 메시(Mesh)에 육각형 추가

ⓙ **Delete Ngons from mesh** : 메시(Mesh)에 육각형 삭제

⑰ **Join** : Curve와 Curve, Surface와 Surface를 병합하여 합친다. (마우스 오른쪽 클릭) 🔳

> **Tip** 라이노에서 가장 많이 사용되는 툴 중 하나이다.

⑱ **Explode** : 폭탄으로 해체시키는 기능으로 사용자가 선택한 Solid, Surface, Curve 등을 분해하여 나눈다. (마우스 왼쪽 클릭) 🔳
Extract Surface : Solid에서 사용자가 선택한 Surface만을 분해하여 나눈다. (마우스 오른쪽 클릭) 🔳

⑲ **Trim** : 교차 부분을 경계로 선을 선택하여 자른다. (마우스 왼쪽 클릭) 🔳
Untrim : 잘라진 상태 이전으로 되돌린다. (마우스 오른쪽 클릭) 🔳

⑳ **Split** : Curve, Surface, Solid 등의 개체를 먼저 선택하고 이후 선택된 Curve, Surface, Solid를 기준으로 칼로 도려낸 듯한 분할 기능을 한다. (마우스 왼쪽 클릭) 🔳
Split surface by isocurve : 사용자가 선택한 Surface에서 기준이 될 점을 직접 지정하여 칼로 도려낸 듯한 분할 기능을 한다. (마우스 오른쪽 클릭) 🔳

㉑ **Group** : 여러 가지의 객체들을 하나로 묶어 그룹으로 지정한다. (마우스 왼쪽 클릭) 🔳

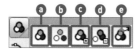

ⓐ **Group** : 여러 가지의 개체들을 하나로 묶어 그룹으로 지정한다.

ⓑ **Ungroup** : 묶인 그룹을 해제한다.

ⓒ **Add to group** : 선택된 그룹에 개체를 추가한다.

ⓓ **Remove from group** : 그룹에서 제외하여 개체를 분리한다.

ⓔ **Set group name** : 그룹의 이름을 설정한다.

㉒ **Ungroup** : 묶인 그룹을 해제한다. (마우스 왼쪽 클릭) 🔳

㉓ **Show curve edit points** : 편집할 포인트(점)를 표시하여 켠다. (마우스 왼쪽 클릭) 🔳
Points of : 편집할 포인트(점)를 보이지 않도록 끈다. (마우스 오른쪽 클릭) 🔳

㉔ **Show object control points** : 포인트(점)를 표시하여 켠다. (마우스 왼쪽 클릭) 🔳
Points off : 포인트(점)를 보이지 않도록 끈다. (마우스 오른쪽 클릭) 🔳

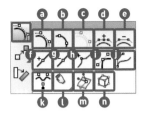

ⓐ ┌ Show object control points : 포인트(점)를 표시하여 켠다.
  └ Points off : 포인트(점)를 보이지 않도록 끈다.

ⓑ ┌ Show curve edit points : 편집할 포인트(점)를 표시하여 켠다.
  └ Points off : 편집할 포인트(점)를 보이지 않도록 끈다.

ⓒ Points off selected objects : 포인트(점)가 있는 Curve 선만 보이도록 주변을 일시적
　　　　　　　　　　　　　　 으로 끈다.

ⓓ Insert a control point : 컨트롤 포인트(점)을 추가한다.

ⓔ Remove a control point : 컨트롤 포인트(점)을 뺀다.

ⓕ Insert knot : Curve 선과 일치한 위치에 포인트(점)을 추가한다.

ⓖ Remove knot : Curve 선과 일치한 위치에 포인트(점)을 뺀다.

ⓗ Insert Kink : Curve 선에 날카로운 모서리가 될 포인트(점)을 추가한다.

ⓘ Handlebar editor : Curve 선에 일러스트레이터의 Beizer와 유사한 핸들바(Handlebar)
　　　　　　　　　　를 추가한다.

ⓙ Adjust end bulge : Curve 선의 양 끝에 숫자 1, 2를 표시하고 이를 기준으로 양 끝점
　　　　　　　　　　을 자유롭게 핸들링한다.

ⓚ Edit control point weight : Curve 선의 컨트롤 포인트에 Weight 수치 값을 입력하여
　　　　　　　　　　　　　　 선의 힘에 변화를 준다.

ⓛ Set Drag mode : 포인트(점)를 선택하면서 드래그 할 수 있다.

ⓜ ┌ Move UVN : UVN 도표를 보면서 수치를 드래그 하여 포인트(점)를 이동시킨다.
  └ Turn moveUVN off : UVN 도표를 끈다.

ⓝ Cull control polygon backfaces : 폴리곤의 뒷면을 생략한다.

㉕ Text : 문자를 기입한다. (마우스 왼쪽 클릭)

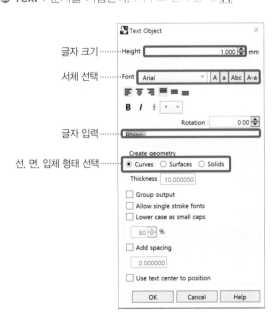

글자 크기 ······ Height
서체 선택 ······ Font
글자 입력 ······
선, 면, 입체 형태 선택 ······

❷❻ Move : 이동. (마우스 왼쪽 클릭)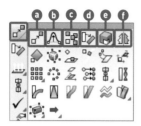

ⓐ Move : 선택한 개체를 이동시킨다.

ⓑ Soft-edit curve : 선택한 포인트(점)을 둘러싼 Curve 영역을 선택된 포인트(점)으로부터의 거리로 부드럽게 이동시킨다.

ⓒ Copy : 선택한 개체를 복사한다.

ⓓ ┌ Rotate 2-D 🔲 : 2개의 축을 기준 평면적으로 회전한다.
　 └ Rotate 3-D 🔲 : X, Y, Z 3개의 축을 기준 입체적으로 회전한다.

ⓔ ┌ Scale 3-D 🔲 : X, Y, Z 3개의 축을 기준 입체적으로 크기를 줄이거나 늘린다.
　 └ Scale 2-D 🔲 : 2개의 축을 기준 평면적으로 크기를 줄이거나 늘린다.

ⓕ ┌ Mirror 🔲 : 개체를 기준으로 기준점을 설정하여 거울처럼 반전하여 복사한다.
　 └ Mirror on 3-point plane 🔲 : 3개의 포인트(점)을 기준으로 입체적으로 반전하여 복사한다.

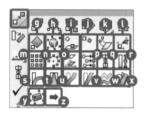

ⓖ ┌ Orient objects 2 points 🔲 : 2개의 참조 포인트(점)와 2개의 목표점을 기준으로 정렬시킨다.
　 └ Orient objects 3 points 🔲 : 3개의 참조 포인트(점)와 3개의 목표점을 기준으로 정렬시킨다.

ⓗ Box edit : 개체를 선택하면 아래와 같은 Edit 박스가 나온다. Size, Scale, Position, Rotation, Options 등을 모두 수치를 기입하여 편집할 수 있다.

크기 조절 ······
스케일 조절 ······
위치 설정 ······
회전 조절 ······
옵션 ······

ⓘ **Orient objects on surface** : 선택한 개체의 참조 포인트(점)를 기준으로 이후 나중에 선택한 Surface의 면과 평행이 되도록 맞춘다.

ⓙ **Orient perpendicular to curve** : 선택한 개체의 지정된 포인트(점)를 기준으로 나중에 선택한 Curve 선의 위치와 맞춘다.

ⓚ **Orient curve to edge** : 선택한 Curve 선을 나중에 선택한 Surface의 모서리에 해당하는 외곽선과의 위치를 정렬시킨다.

ⓛ **Remap to CPlane** : 선택한 개체를 나중에 선택한 뷰포트에 평면으로 정렬시킨다.

ⓜ **Rectangular array** : 선택한 개체를 X, Y, Z 축을 기준으로 사각형 틀 안에서 해당하는 거리만큼 배열 복사한다.

ⓝ **Polar array** : 선택한 개체를 원의 중심점에서부터 출발하여 해당하는 개수만큼 일정한 각도로 배열 복사한다.

ⓞ **Project to CPlane** : 선택한 개체를 평면상에 평평하게 표시한다.

ⓟ **Set XYZ coordinates** : 선택한 개체의 제어 점을 각각의 축 방향으로 지정하여 이동시키며, 제어점이 아닌 개체를 선택한 상태에서는 지정된 축 방향으로 Surface를 추출한다.

ⓠ **Align objects** : 개체의 경계 상자를 입체적인 방향으로 정렬시킨다.

ⓡ **Twist** : 선택한 개체를 지정된 축을 기준으로 꽈배기 형태로 비틀어 준다.

ⓢ **Bend** : 선택한 개체를 지정된 각도와 방향으로 휘어준다.

ⓣ **Taper** : 선택한 개체를 지정된 축을 기준으로 V자 형태의 경사면을 만든다.

ⓤ **Flow along curve** : 선택한 개체를 나중에 선택한 Curve 선의 형태대로 투영한다.

ⓥ **Shear** : 선택한 개체를 원하는 방향으로 기울인다.

ⓦ **Smooth** : 지정된 영역의 Surface 컨트롤 포인트와 Mesh의 정점을 평균화하여 부드럽게 만들어 준다.

ⓧ **Flow along surface** : 물체의 표면을 따라 변형한다.

ⓨ ⎡ **Cage edit** ▐ : 복잡한 개체를 간단한 컨트롤 포인트 구조를 가진 1,2,3 차원의 케이지를 사용하여 변형시킨다.
  ⎣ **Create cage** ▐ : Cage edit에 사용할 Cage를 좌표 점을 기준으로 만든다.

ⓩ ⎡ **Move X+** ▐ : X 축의 방향으로 Positive 이동
  ⎣ **Move world X+** ▐ : World X 축의 방향으로 Positive 이동

㉗ ⎡ **Copy** : 복사하여 이동. (마우스 왼쪽 클릭) ▐
  ⎣ **Copy object in place** : 이동하지 않고 제자리에 복사. (마우스 오른쪽 클릭) ▐

㉘ ⎡ **Rotate 2-D** : 2개의 축을 기준 평면적으로 회전한다. (마우스 왼쪽 클릭) ▐
  ⎣ **Rotate 3-D** : X, Y, Z 3개의 축을 기준 입체적으로 회전한다. (마우스 오른쪽 클릭) ▐

㉙ ⎡ **Scale 3-D** : X, Y, Z 3개의 축을 기준 입체적으로 크기를 줄이거나 늘린다. (마우스 왼쪽 클릭) ▐
  ⎣ **Scale 2-D** : 2개의 축을 기준 평면적으로 크기를 줄이거나 늘린다. (미우스 오른쪽 클릭) ▐

ⓐ **Scale 3-D** : X, Y, Z 3개의 축을 기준 입체적으로 크기를 줄이거나 늘린다.

ⓑ **Scale 2-D** : 2개의 축을 기준으로 평면적으로 크기를 줄이거나 늘린다.

ⓒ Scale 1-D : 1개의 축을 기준으로 줄이거나 늘린다.

ⓓ None uniform scale : 포인트(점)를 기준으로 줄이거나 늘린다.

ⓔ Scale by plane : 평판의 스케일을 줄이거나 늘린다.

㉚ ┌ Analyze direction : 면 방향을 바꿔준다. (마우스 왼쪽 클릭)
　 └ Flip direction : 면 방향을 다시 뒤집는다. (마우스 오른쪽 클릭) 🖰

ⓐ ┌ Show object direction 🖰 : 면 방향을 바꿔준다.
　 └ Close object direction display 🖰 : 면 방향을 다시 뒤집는다.

ⓑ ┌ Evaluate point 🖰 : 선택된 위치의 절대 좌표와 구성평면 좌표를 나타낸다.
　 └ Evaluate point UV coordinates 🖰 : Surface에서 선택된 위치의 U, V 좌표를 나타낸다.

ⓒ ┌ Measure length 🖰 : 선과 선 물체와 물체 사이의 거리 및 길이를 나타낸다.
　 └ Domain 🖰 : Curve 선 또는 Surface의 0에서부터의 길이를 나타낸다.

ⓓ Measure distance : 거리를 측정한다.

ⓔ Angle : 각도를 측정한다.

ⓕ Measure diameter : 직경을 측정한다.

ⓖ ┌ Radius 🖰 : 반지름을 측정한다.
　 └ Curvature 🖰 : 곡률을 분석한다.

ⓗ Bounce Ray : Surface의 집합에 직선으로 연장선을 올려 Polyline 경로를 만든다.

ⓘ ┌ Curvature graph on 🖰 : 곡률 분석 그래프 표를 켠다.
　 └ Curvature graph off 🖰 : 곡률 분석 그래프 표를 끈다.

ⓙ Geometry continuity of 2 curves : 선택한 2개의 Curve 선이 연결되어 있는 경우, 연결성에
　　　　　　　　　　　　　　　　　　대한 Command History를 나타낸다.

ⓚ Analyze curve deviation : 2개의 Curve 선이 교차되어 있는 경우 교차 상태의 편차를
　　　　　　　　　　　　　　　Command History를 나타낸다.

ⓛ Area centroid : 면적 중심을 계산한다.

ⓜ ┌ Curvature analysis 🖰 : Surface 표면의 곡률 분석을 칼라 값으로 표시한다.
　 └ Curvature analysis off 🖰 : Surface 표면의 곡률 분석을 칼라값 표시를 끈다.

ⓝ ┌ Show edges 🖰 : Surface 와 Polysurface의 가장자리를 강조하여 나타낸다.
　 └ Turn off showing curve edges 🖰 : Show edges 기능을 끈다.

ⓞ ┌ Show Curve Ends 🖰 : 커브 끝점 포인트 보여주기
　 └ Turn off Showing Curve Ends 🖰 : 커브 끝점 표시 끄기

ⓟ ┌ Show object direction 🖰 : 면 방향을 바꿔준다.
　 └ Close object direction display 🖰 : 면 방향을 다시 뒤집는다.

ⓠ ┌ Check objects 🖰 : 선택한 개체를 검색하여 표시한다.
　 └ Check all new objects 🖰 : 생성되거나 가져온 개체의 검색하여 표시한다.

ⓡ ┌ **Select bad objects** 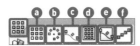 : 선택한 개체의 오류를 검색하여 표시한다.

　 └ **Check all new objects** : 생성되거나 가져온 개체의 오류를 검색하여 표시한다.

ⓢ **Polygon count** : Polygon의 개체 구성을 나타낸다.

ⓣ **Closest points between two objects** : 두 객체 간의 가장 가까운 점을 지정한다.

ⓤ ┌ **Flip direction** : 면 방향을 다시 뒤집는다. (마우스 오른쪽 클릭)

　 └ **Analyze direction** : 면 방향을 바꿔준다. (마우스 왼쪽 클릭)

㉛ **Rectangular array** : 선택한 개체를 X, Y, Z 축을 기준으로 사각형 틀 안에서 해당하는 거리만큼 배열복사한다. (마우스 왼쪽 클릭)

ⓐ **Rectangular array** : 선택한 개체를 X, Y, Z 축을 기준으로 사각형 틀 안에서 해당하는 거리만큼 배열복사한다.

ⓑ **Polar array** : 선택한 개체를 원의 중심점에서부터 출발하여 해당하는 개수만큼 일정한 각도로 배열복사한다.

ⓒ **Array along curve** : Curve 선을 따라서 배열복사한다.

ⓓ **Array on surface** : Surface를 따라서 배열복사한다.

ⓔ **Array along curve on surface** : Curve 선을 기준으로 Surface를 따라서 배열복사한다.

ⓕ **Linear array** : 간략한 이동 거리만을 지정하여 배열복사한다.

㉜ **Align objects** : 정렬. (마우스 왼쪽 클릭)

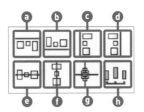

ⓐ **Align top** : 위쪽 Curve 선에 맞춰 정렬한다.

ⓑ **Align bottom** : 아래쪽 Curve 선에 맞춰 정렬한다.

ⓒ **Align left** : 좌측 Curve 선에 맞춰 정렬한다.

ⓓ **Align right** : 우측 Curve 선에 맞춰 정렬한다.

ⓔ **Align horizontal centers** : Curve 선의 중심점(가로 방향)에 맞춰 정렬한다.

ⓕ **Align vertical centers** : Curve 선의 중심점(세로 방향)에 맞춰 정렬한다.

ⓖ **Align centers** : 교차하는 Curve 선의 중심에 맞춰 정렬한다.

ⓗ **Distribute objects** : 물체를 나눈다.

㉝ **Flow along surface** : 물체의 표면을 따라 변형한다. (마우스 왼쪽 클릭)

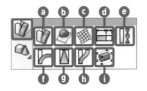

ⓐ **Flow along surface** : 물체의 표면을 따라 변형한다.

ⓑ **Splop** : 임의의 Surface 면을 따라가면서 복사, 회전, 크기 조절 등을 한다.

ⓒ **Maelstrom** : 소용돌이 모양으로 개체를 나선형으로 변형한다.

ⓓ **Stretch** : 개체의 일부분을 선택하여 한 방향으로 크기 조절하여 늘린다.

ⓔ **Twist** : 선택한 개체를 지정된 축을 기준으로 꽈배기 형태로 비틀어 준다.

ⓕ **Bend** : 선택한 개체를 지정된 각도와 방향으로 휘어준다.

ⓖ **Taper** : 선택한 개체를 지정된 축을 기준으로 V자 형태의 경사면을 만든다.

ⓗ **Flow along curve** : 선택한 개체를 나중에 선택한 Curve 선의 형태대로 투영한다.

ⓘ ┌ **Cage edit**  : 복잡한 개체를 간단한 컨트롤 포인트 구조를 가진 1, 2, 3 차원의 Cage를 사용
하여 변형시킨다.
└ **Create cage** : [Cage edit]에 사용할 Cage를 좌표 점을 기준으로 만든다.

❸❹ **Check objects** : 선택한 개체의 검색하여 표시한다. (마우스 왼쪽 클릭)

ⓐ ┌ **Check objects** : 선택한 개체의 검색하여 표시한다.
└ **Check all new objects** : 생성되거나 가져온 개체의 검색하여 표시한다.

ⓑ ┌ **List object database** : 선택한 물체의 데이터 구조와 자세한 기술적 정보 표시한다.
└ **Object details** : 선택한 물체의 기술적 정보 표시한다.

ⓒ ┌ **Select bad objects** : 선택한 개체의 오류를 검색하여 표시한다.
└ **Extract bad surfaces** : 잘못된 Surface를 찾아낸다.

ⓓ **Audit** : 도면의 구성 정보와 오류 등을 자세하게 나타낸다.

ⓔ **Audit 3dm file** : 라이노 파일에서 오류를 검사한다.

ⓕ **Rescue 3dm file** : 손상된 라이노 파일에서 데이터를 복구한다.

ⓖ ┌ **Show edges** : [Surface]와 [Polysurface]의 가장자리를 강조하여 나타낸다.
└ **Turn off showing curve edges** : [Show edges] 기능을 끈다.

ⓗ ┌ **Show Curve Ends** : 커브 끝점 포인트 보여주기
└ **Turn off Showing Curve Ends** : 커브 끝점 표시 끄기

ⓘ **Get system information** : 시스템 정보를 표시한다.

❸❺ **Block definition** : 하나의 블록으로 묶는다. (마우스 왼쪽 클릭)

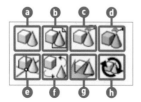

ⓐ ┌ Define block 🔳 : 하나의 블록으로 묶는다.
   └ Edit block definition 🔳 : 묶었던 블록을 편집한다.

ⓑ ┌ Insert 🔳 : 블록에 그룹, 개체, 블록 등을 추가한다.
   └ Export with origin 🔳 : 지정된 개체를 새로운 라이노 파일로 저장한다.

ⓒ Block manager : 도면에서 지정된 블록을 모두 보여준다.

ⓓ Edit block definition : 묶었던 블록을 편집한다.

ⓔ Set model base point : 좌표점을 표시한다.

ⓕ Replace block : 블록을 교체한다.

ⓖ Explode block to low level objects : 블록을 해체한다.

ⓗ Update all linked blocks : 연결된 모든 블록을 업데이트한다.

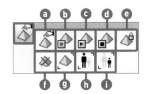

❸❻ History settings : 작업 과정에 해당하는 히스토리를 설정한다. (마우스 왼쪽 클릭) 🔳

ⓐ History settings : 작업 과정에 해당하는 히스토리를 설정한다.

ⓑ Record history : 히스토리를 저장한다.

ⓒ ┌ Update history on selected objects 🔳 : 선택 개체의 히스토리를 갱신한다.
   └ Update history on all objects 🔳 : 모든 개체의 히스토리를 갱신한다.

ⓓ Stop history recording : 히스토리 저장을 중지한다.

ⓔ ┌ Lock objects with history 🔳 : 히스토리 개체 잠금
   └ Unlock objects with history 🔳 : 히스토리 개체 잠금을 해제한다.

ⓕ Purge history : 히스토리를 제거한다.

ⓖ Select objects with history : 히스토리 개체를 선택한다.

ⓗ Select children : 모자(母子) 개념에서 자(子)에 해당하는 개체를 선택한다.

ⓘ Select parents : 모자(母子)) 개념에서 모(母)에 해당하는 개체를 선택한다.

5 기본 환경 설정

Chapter

1 모델링을 위한 기본적인 환경 설정

라이노는 아래 그림과 같이 4개의 뷰포트 즉 Top, Front, Perspective, Right 뷰(View)로 구성되어 있다. 이러한 기본적인 뷰포트 외에 Bottom, Left, 등 다른 뷰(View)를 보고자하면 아래 그림의 Ⓐ 지점에서와 같이 해당하는 뷰포트의 텍스트에 붙어 있는 작은 삼각형 화살표를 클릭하여 [Set View]를 선택하면 추가로 다른 뷰포트를 선택할 수 있다. 또한 하나의 뷰포트를 화면 전체로 키우고 싶다면 Ⓑ 부분에 해당하는 뷰포트 명칭을 더블클릭하면 해당 화면을 전체 화면으로 키울 수 있다. 뷰포트 4개의 기본화면으로 돌아가려면 역시 해당 뷰포트 명칭을 더블클릭하면 된다. 일반적으로 [Large Objects]-[Millimeters]에 해당하는 도면에서 Ⓒ 아래 부분의 도면을 모눈종이라고 가정하였을 때 한 칸의 가로세로 길이는 각각 1mm이다. 일반적으로 도면을 그릴 때는 모든 치수를 mm로 파악하여 모델링한다. 도면을 그릴 때는 4개의 뷰포트 중에 어디에서 먼저 작도할 것인가를 정해야 한다. Perspective 뷰를 제외한 나머지 3개의 뷰포트 중에 하나의 뷰포트를 지정하여 모델링한다. 보통 제품의 정면 또는 main에 해당하는 뷰를 해당 뷰포트와 동일한 공간에서 작도한다. Top 뷰를 기준으로 도면을 Ⓓ 그린다면 부분의 초록색선은 Y축, Ⓔ 부분의 붉은색은 X축에 해당한다. Z 축은 화면의 위를 투영하는 방향이다. Perspective 뷰의 X, Y, Z 축을 본다면 이해가 빠를 것으로 판단된다.

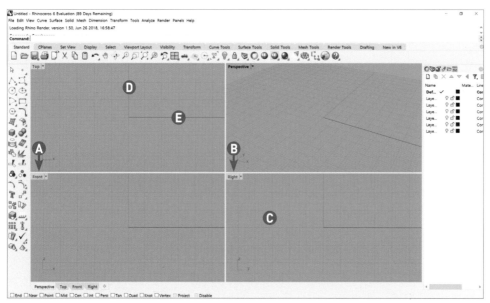

▲ [그림 5] 라이노의 기본 구성

② 상태 바(Status Bar) 환경 설정

라이노 화면의 가장 하단 부분에 나와 있는 아이콘으로 일반적으로 Ⓐ 상태 바(Status Bar)라고도 한다. 라이노 모델링 시 상단 부분에 [Command] 창과 더불어 가장 빈번하게 사용되는 설정으로 도면 작성 시 기본적인 환경 설정을 하는 것이 작업 시간을 단축할 수 있다.

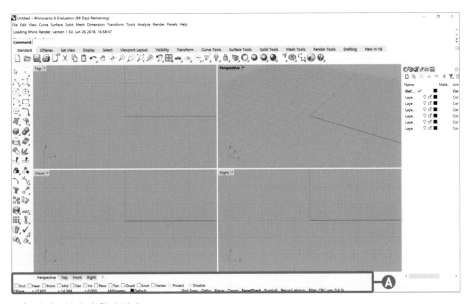

▲ [그림 6] 상태 바 환경 설정

세부적인 구성을 본다면 다음과 같다.

Ⓑ **Grid Snap** : 도면의 기본 구성인 모눈종이의 교차점에 자동 클릭 하는 기능으로 단축키는 F9 이다.
가급적 [Grid Snap]을 On(클릭하면 TEXT가 굵고 진하게 된다.)으로 켜놓고 작업하는 것이 도 면을 그리기에 수월하다.

Ⓒ **Ortho** : Curve 선이나 Line 등의 도면 작업 시 마우스 방향을 기본 90°각도로만 움직이도록 설정하는 기 능으로 단축키는 F8 (수직 또는 수평의 직선을 그릴 때 유용하다.)이다.

Ⓓ **Planar** : 자신이 처음 잡았던 좌표를 기억하여 그 위로만 움직이도록 한다.

Ⓔ **Osnap** : 기본적인 도면 작업 시 가장 중요한 기능 중 하나이다. Curve 선 또는 Line 등의 2D 형태의 도 면에서 선의 끝점, 중심점, 교차점 등을 정확하게 지정할 수 있도록 도와준다.

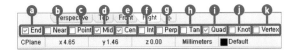

ⓐ **End** : 선의 끝 지점에 자동으로 End라는 박스가 생기면서 해당 지점을 정확하게 클릭할 수 있다.

ⓑ **Near** : 선 위에 어느 곳이든 해당하는 위치로 접점에 인접하는 지점으로 Near라는 박스가 생기면서 해당 지점을 정확하게 클릭할 수 있다.

ⓒ **Point** : Side Tool Bar에 [Point On] 기능이 유효할 때만 사용이 가능하며 포인트(점) 위치에 Point라는 박스가 생기면서 해당 지점을 정확하게 클릭할 수 있다.

ⓓ **Mid** : 선의 중심에 자동으로 Mid라는 박스가 생기면서 해당 지점을 정확하게 클릭할 수 있다.

ⓔ **Cen** : 구의 중심점에 자동으로 Cen이라는 박스가 생기면서 해당 지점을 정확하게 클릭할 수 있다.

ⓕ **Int** : 선과 선이 교차하는 지점에 자동으로 Int라는 박스가 생기면서 해당 지점을 정확하게 클릭할 수 있다.

ⓖ **Perp** : 선과 선의 수직 지점에 자동으로 Perp라는 박스가 생기면서 해당 지점을 정확하게 클릭할 수 있다.

ⓗ **Tan** : 구의 탄젠트(Tangent) 지점에 자동으로 Tan라는 박스가 생기면서 해당 지점을 정확하게 클릭할 수 있다.

ⓘ **Quad** : 구의 사분 점에 자동으로 Quad라는 박스가 생기면서 해당 지점을 정확하게 클릭할 수 있다.

ⓙ **Knot** : 선의 끝점 또는 꼭지 점에 자동으로 Knot라는 박스가 생기면서 해당 지점을 정확하게 클릭할 수 있다.

ⓚ **Vertex** : Polygon Mesh의 중심점을 자동으로 찾아 Vertex라는 박스가 생기면서 해당 지점을 정확하게 클릭할 수 있다.

Ｆ Smart Track : 다른 3D point나, Geometry 등을 참고해서 선을 그리거나 이동할 때 유용하게 사용하는 일종의 임의 참고 시스템이라고 할 수 있다.

Ｇ Gumball : 뷰포트에서 해당 개체를 선택하면 개체의 중심을 기준으로 Gumball이 생성된다. 이를 조정하여 이동한다.

Ｈ Record History : 히스토리를 저장한다.

Ｉ Filter : Selection Filter를 통해 세부적인 설정이 가능하다.

③ 도면 옵션 설정

일반적으로 [Large Objects]-[Millimeters]를 설정하여 New 도면에서 작업을 할 때 Grid의 크기는 400mm이며 이를 'Grid line count'로 표기한다면 200에 해당한다. 직경이 400mm를 넘어서는 형태를 모델링 할 때는 'Grid line count'의 변경이 필요하다.

• **Grid line count 변경 방법 : ❶** 상단 메뉴 바 → [Tools] → ❷ [Options] 순으로 클릭한다.

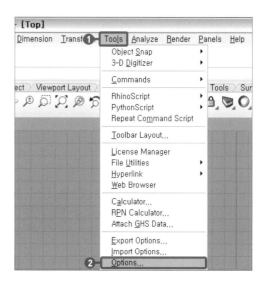

• 라이노 Options : Grid

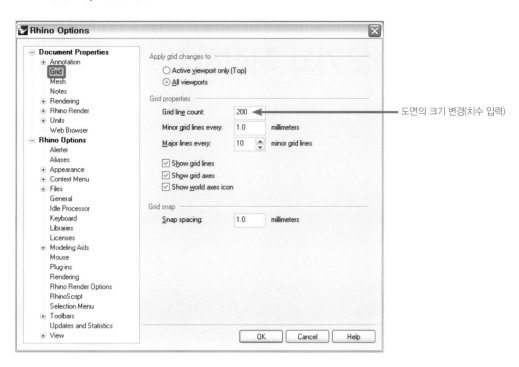

도면의 크기 변경(치수 입력)

6
Chapter

불러오기와 저장하기

1 불러오기 (Open)

3D 프로그램 중에서 가장 호환성이 좋은 프로그램 중 하나가 바로 라이노이다. 일반적인 캐드 (CAD), 캠(CAM) 방식의 프로그램은 물론 3ds MAX, 솔리드웍스(SolidWorks), 오토캐드(AutoCAD) 이 외에 일러스트레이터(Illustrator)까지 불러올 수 있다.

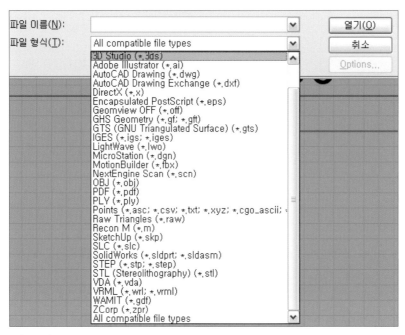

▲ [그림 7] 라이노의 불러오기 기능

2 병합하기 (Import)

일반적으로 병합하기란 Merge에 해당되지만 라이노에서는 Import(메뉴 바 → File → Import)를 사용하여 도면을 병합할 수 있다. 보통 2개의 도면을 합할 때 사용되는데 이때 주의할 점은 좌표 점에 따라 두 개의 도면이 겹쳐질 수 있으므로 각각의 도면에 좌표 점을 달리 위치시키고 불러오는 것이 도면의 중첩을 피할 수 있다.

③ 저장하기 (Save, Save as)

앞서 언급한 불러오기에서처럼 다양한 파일 형태로 변환하여 저장이 가능하다. 주의할 점은 일반적인 캐드(CAD) 도면을 그릴 때는 [Top View]를 활용하여 작도하여야 한다. 주로 오토캐드용 2D 도면, 일러스트레이터(Illustrator)용 라인을 저장할 때는 [Top View]에서 작업하여야 한다.

Tip 라이노 작업 시 하나의 파일에 겹쳐서 계속 저장하기 보다는 시간과 모델링 작업 진척도에 따라 각각의 파일을 따로 저장하는 것이 효율적이다. 일반적으로 1, 2, 3, 4 등의 숫자나 기호로 표기하여 작업 진척도에 따라 여러 개의 파일을 저장한다. 이는 차후 모델링 수정에 있어 도면을 다시 그리지 않고 재활용하기에 유용한 팁(Tip)이 될 수도 있다.

7 Chapter

도면 변환과 치수 기입

1 도면 변환

라이노는 기본적으로 캐드(CAD) 파일 형태의 .dwg 확장자로 변환이 가능하다. 도면 변환의 방법은 몇 가지가 있지만 필자는 Outline를 살려서 [Silhouette]으로 변환하는 것을 추천한다. 이는 변환 과정에서 도면의 특정 부분 오류 또는 누락을 막을 수 있고 작업 과정도 비교적 수월하기 때문이다. CAD 도면 형태의 .dwg 파일은 오토캐드 외에 일러스트레이터에서도 작업이 가능하다. 변환 방법은 비교적 간단하다. 변환하고자 하는 개체를 [Top View]에 Top, Front, Right(Left)에 해당하는 개체로 복사한다. 이는 각각의 방향에 따라 다른 형태의 도면을 한 번에 추출하기 위함이다. 그리고 주변에 Line, Curve 선 등을 삭제하여 순수 모델링 Solid만을 남겨놓는다. 그리고 Explode를 활용하여 해당하는 개체를 모두 폭탄으로 해체한다. 이는 도면 변환 과정에서 모서리, 라운드 등 누락을 방지하기 위함이다. 다음으로 상단 메뉴 바의 [Curve]를 클릭한 후 하단에 위치하고 있는 [Curve From Objects]를 클릭하면 또 다른 하부 메뉴가 나온다. 여기에 [Silhouette]을 클릭하면 테두리 형태의 Outline이 자동 생성된다.

■ 도면 변환 순서

❶ [Explode] → ❷ [Curve] → ❸ [Curve From Objects] → ❹ [Silhouette]

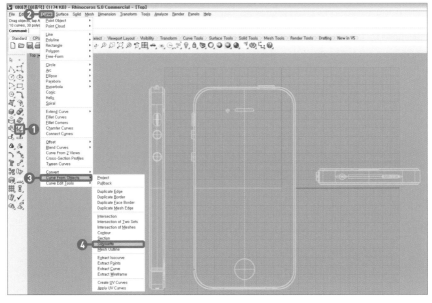

▲ [그림 8] 라이노의 도면 변환 순서

도면을 변환하면 화면에서처럼 노란색 실선이 자동 생성된다. 이는 Curve 선 형태로 모두 분리되었음을 의미한다. 해당 개체의 모서리 라운드부터 작은 버튼까지 분리되거나 나누어 모델링한 모든 부분이 노란색 실선으로 표현된다.

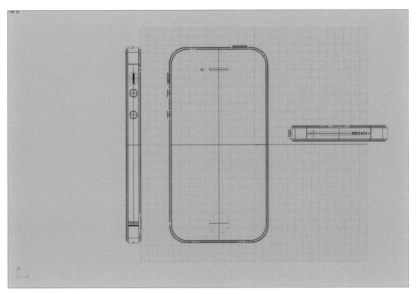

▲ [그림 9] 분리되거나 나누어 모델링한 모든 부분이 노랑색 실선 처리된다.

변환된 노란색 실선은 Move를 이용하여 모델링 Solid와 중첩되지 않도록 이동한다.
이동 후 해당하는 원본 개체인 Solid는 삭제한다.

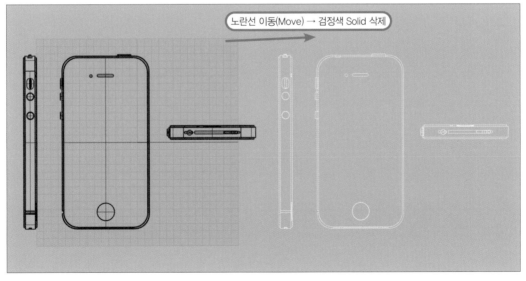

▲ [그림 10] 원본 개체인 Solid 삭제.

변환된 도면은 Move를 활용하여 Grid(모눈종이)가 있는 도면의 중심으로 이동한다. 도면은 모두 Curve 선으로만 구성되어 있다.

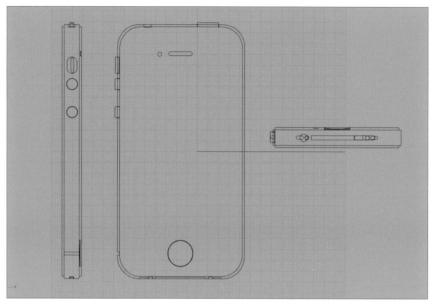

▲ [그림 11] 'Move'를 활용하여 Grid(모눈종이)가 있는 도면의 중심으로 이동한다.

하지만 [Perspective View]를 보면 여러 개의 선이 중복되어 있거나 불필요한 부분의 Curve 선까지 변환된 경우도 있으므로 변환하고자 하는 Curve 선 이외의 것들을 삭제하는 것이 좋다.

▲ [그림 12] 변환하고자 하는 Curve 선 이외의 것들은 삭제한다.

치수 기입

변환된 도면을 활용하여 치수를 입력할 수 있다. 치수 작업은 오토캐드라던가 2D 도면 작업이 가능한 프로그램에서도 가능하지만, 라이노를 이용한 도면 변환과 함께 신속한 치수 입력이 가능하다. 치수 입력 방법도 오토캐드에서와 같이 상세하게 입력하는 방법이 있지만, 라이노는 기본적으로 3D 프로그램에 해당하므로 간편하게 작업할 수 있는 치수 입력 방법에 대해 기술한다면 다음과 같다.

먼저 변환된 [Top View] 도면에서 상부에 있는 메뉴 바 중에 ❶ [Dimension](치수 입력과 관련된 하위 메뉴들로 구성되어 있다.)을 클릭한다. 다음 가장 아래에 있는 ❷ [Dimension Styles]를 클릭한다. [Document Properties] 창이 나오면 우측 상단에 있는 ❸ [Edit]를 클릭한다. 이는 치수를 기입하기 이전에 치수의 편집에 해당하는 작업으로 일반적으로 치수선의 종류, 화살표의 종류 크기, Text의 서체와 크기 등을 조절할 수 있다. 일반적으로 기본적인 치수 스타일을 사용하지만 Text의 크기를 변경해야 하는 경우가 빈번하다. ❹ 기본 [Text height]는 Default 기준 1.0으로 세팅되어 있는데, 일반적인 제품디자인 모델링에서 가독성이 떨어지므로 도면(모델링)의 크기에 준하여 조절하는 것이 편리하다. 이는 치수 기입에 앞서 치수 스타일의 편집에 해당한다.

■ 치수 스타일 편집

❶ [Dimension] → ❷ [Dimension Styles] → ❸ [Edit] → ❹ [Text height]

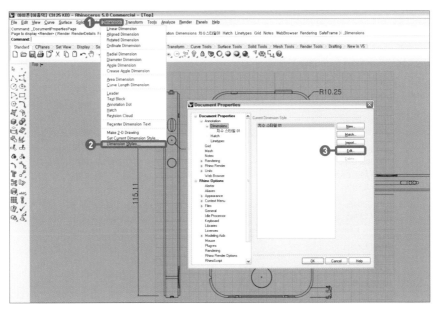

▲ [그림 13] **치수 스타일 편집 순서 ❶～❸**

[Text Height]의 기존 1.0이라는 치수에 해당하는 도면의 크기에 비례하여 적당한 치수를 입력한다. 기본 치수인 1.0의 비례에 따라 치수의 크기가 커진다.

예 1.0 → 3.0으로 변경하면 3배에 해당하는 글자로 커진다. 그 외 치수와 치수선의 거리, 화살표의 크기 및 종류 등을 수정할 수 있다.

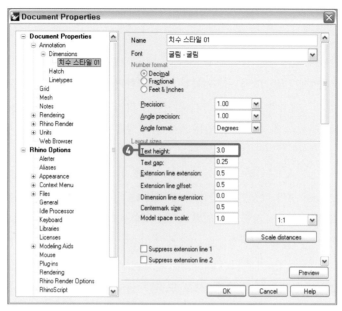

▲ [그림 14] 치수 스타일 편집 순서 ❹

치수 입력은 상부 메뉴 바에서 [Dimension]을 선택하여 치수 입력을 원하는 해당 지점을 클릭한다. 라이노 역시 오토캐드에 준하여 길이, 각도, 모서리 라운드 크기, 반지름 등 대부분의 치수를 입력할 수 있다.

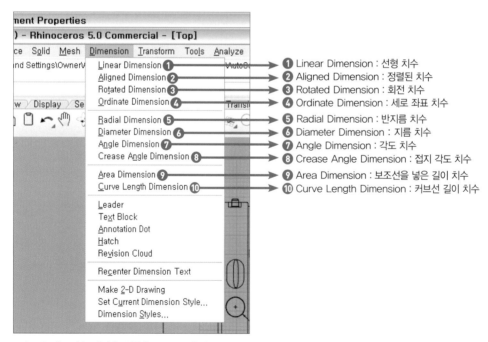

❶ Linear Dimension : 선형 치수
❷ Aligned Dimension : 정렬된 치수
❸ Rotated Dimension : 회전 치수
❹ Ordinate Dimension : 세로 좌표 치수
❺ Radial Dimension : 반지름 치수
❻ Diameter Dimension : 지름 치수
❼ Angle Dimension : 각도 치수
❽ Crease Angle Dimension : 접지 각도 치수
❾ Area Dimension : 보조선을 넣은 길이 치수
❿ Curve Length Dimension : 커브선 길이 치수

▲ [그림 15] 치수 입력을 위한 [Dimension] 메뉴

Linear Dimension, Radial Dimension, Area Dimension 등을 이용하여 도면에 치수를 기입한다. 치수 기입 시에는 [Osnap]을 On하여 작업하면 해당 지점을 정확하게 클릭할 수 있으므로 편리하다.

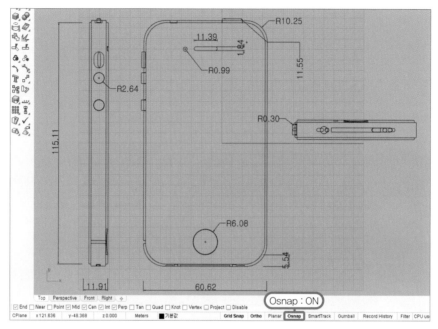

▲ [그림 16]　치수 기입 시 Osnap을 ON하면 해당 지점을 정확하게 클릭할 수 있다.

이후 도면의 불필요한 선과 중복된 선의 정리를 완료하였다면 필요한 형식의 파일로 [Save as]하여 저장한다. 일반적으로 .dwg, .ai 등으로 변환하여 오토캐드, 일러스트레이터 등에서 2D 도면을 사용한다.

Rhino
3D

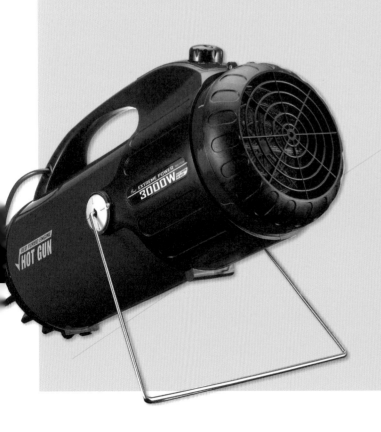

Part 4

라이노 8
기초 모델링

Line 및 Curve를 활용한 기초 모델링

1 Chapter

라이노의 가장 기초로 오토캐드와 유사한 방식으로 2D 도면을 먼저 그려서 Surface 또는 Solid 형태로 모델링한다. 라이노를 포함한 대부분의 3D 프로그램이 이러한 방식을 따르고 있으며, 가장 기본이 되는 모델링 제작 방법으로 이해할 수 있다. 라이노의 도면 구성 방식도 일반적으로 점, 선, 면을 그리는 원리와 비슷하다고 이해할 수 있다. 사용이 적은 점(Point)을 제외하고 선(Curve), 면(Surface), 입체(solid)의 순서로 이해한다면 도면 작도의 원리를 쉽게 이해할 수 있다. 도면 작성 시 가장 먼저 선을 활용하여 밑그림을 그린다고 이해하면 된다. 선과 관련된 명령어들은 Polyline, Curve 등이 있다.

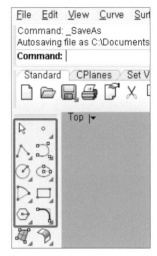

▲ [그림 4] 라이노의 Line(선)과 Curve(곡선) 관련 명령어

1 모서리가 둥근 사각형 모델링

01 New 도면을 연다. [Open Template File] 형식이 나오면 [Large Objects – Millimeters]를 클릭한다. 일반적으로 우리나라에서는 Millimeter의 치수를 이용하여 도면을 작성한다.

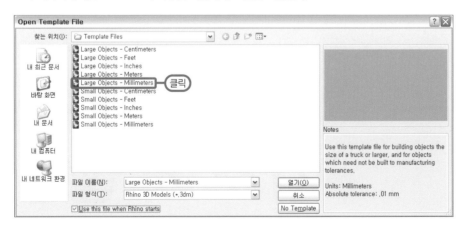

02 4개의 뷰포트 중에 Perspective 뷰를 제외한 Top, Front, Right 뷰 중에 Curve 선을 활용하여 도면을 작도할 곳을 정한다. 일반적으로 제품의 정면 또는 제품에서 가장 강조될 부분을 지정하여 작도한다. 예를 들어 누워있는 형태의 스마트폰을 모델링 할 때는 [Top View]에서 2D 도면을 시작하여 작도하며, 디지털 카메라처럼 정면이 강조되어야 할 제품은 Front View에서 시작하여 작도하면 편리하다. 또한 도면을 그리기 이전에 라이노 하단에 Bar에 위치하고 있는 [Grid Snap](눈금 1mm 간격 이동, 단축키 F9), [Ortho](90˚ 간격으로 직선으로 이동. 일반적으로 직교라고도 한다. 단축키 F8), [Osnap](선이나 점의 끝, 또는 중간 지점을 자동으로 찾아주는 기능. 일반적으로 [Osnap]에서 End, Mid, Cen, Int, Quad 정도를 ☑표 체크한다.)의 활성화 여부를 반드시 체크한다.

Tip 라이노를 처음 접하는 초보자들은 [Grid Snap], [Ortho], [Osnap]을 항상 활성화한다.

03 [Top View]를 기준으로 ❶ [Polyline]을 클릭한다. 좌표의 X, Y축을 따라 그림과 같이 + 형태의 열십자 모양으로 교차하는 직선을 그린다. 이때는 단축키 F8 (Ortho), F9 (Grid Snap)를 활용하여 눈금의 이동, 직교의 이동을 판단한다.

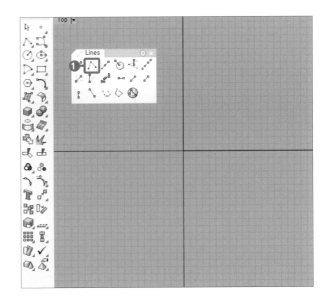

04 [Offset Curve](배열복사)를 클릭한다.

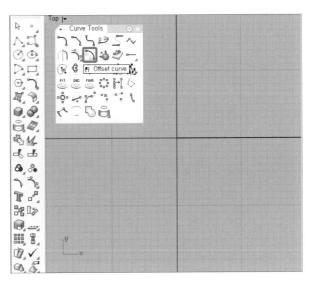

05 Command 창에 치수 값 '10'을 입력하고 처음에 그렸던 ❶번 선을 클릭하고 우측 임의의 지점에 클릭(마우스 왼쪽)한다.

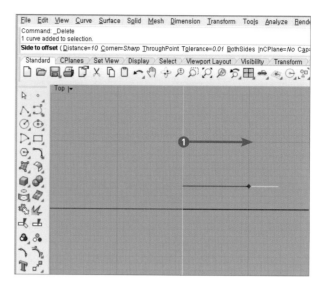

06 좌측도 우측과 동일하게 반복 실행하여 10mm만큼 [Offset Curve] 한다.

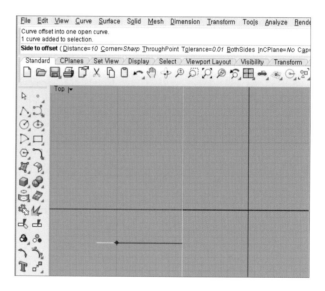

07 처음 그렸던 X축의 중심선을 클릭하여 역시 앞선 방법과 동일하게 상부로 10mm만큼 [Offset Curve] 명령어를 반복한다.

Tip 앞서 시행한 명령어를 또 다시 반복할 때는 마우스 오른쪽을 한번 클릭하거나, [Enter] 키를 한번 누르면 바로 이전에 시행하였던 명령어를 그대로 반복한다.

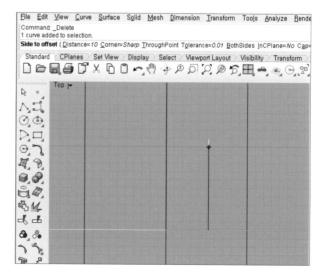

08 X축 기준 나머지 하단에도 동일하게 10mm 만큼 Offset Curve를 반복하여 그림과 같이 교차하는 사각형 형태의 선을 그린다.

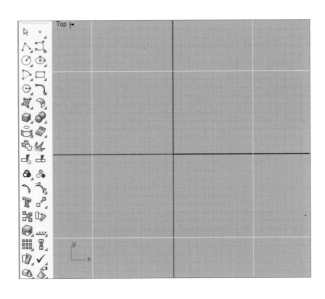

09 [Trim]을 클릭한다. → 그림과 같이 중앙의 + 형태의 선을 둘러싸고 있는 4개의 선을 각각 클릭한다(클릭 시 어떤 선을 먼저 선택하던 순서는 관계없다). → 4개의 선을 모두 선택하면 그림과 같이 노란색으로 활성화된다.

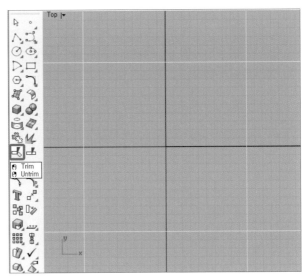

10 Enter 키를 누른다. → 그림과 같이 모서리의 8개의 교차 지점의 외곽선(끝선)을 순서대로 모두 클릭하여 삭제한다(클릭하는 순간 자동 삭제된다).

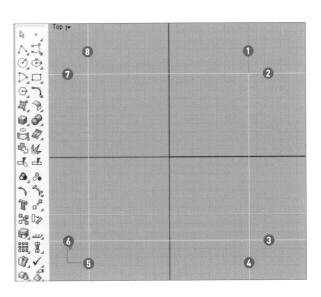

11 테두리를 [Trim]을 활용하여 모두 자르면 그림
처럼 노란색의 사각 형태가 만들어진다. 해당
그림처럼 결과를 얻었다면 Enter 키를 눌러서 명
령을 종료한다.

Tip 라이노 작업 시 상부 메뉴 바 아래의 [Com-
mand] 창을 이해하면서 작업한다. 모
델링을 하면서 라이노와 주고받는 언어
라고 생각하면 된다. 클릭하면 라이노가
[Command] 창을 통하여 다음 액션에 대해
묻고, 답하는 형식으로 컴퓨터와 주고받는
커뮤니케이션 창으로 이해할 수 있다.

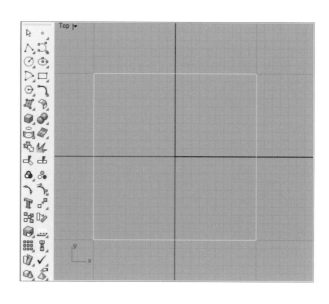

12 [Fillet Curves]를 클릭한다. → 숫자 '3'(라이
노의 기본 치수는 mm)을 Command 창에 기
입하고 Enter (모서리가 둥근 형태의 Round를
만든다.) 키를 누른다.

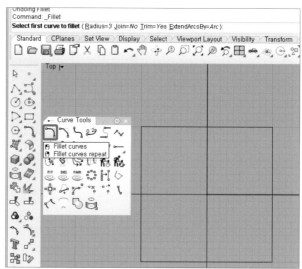

13 이전 명령어와 연결하여 그림과 같이 ❶번,
❷번 위치에 마우스 왼쪽으로 각각 클릭, 클릭
한다. 그러면 ❼번처럼 모서리가 둥근 형태로
바뀐다. → ❶, ❷번 각각 클릭 후 → Enter를 다
시 한 번 눌러(이전 명령어 반복 기능) ❸,
❹번을 반복하고 나머지 모서리도 모두 Enter
키를 누른 후 해당지점 선택하여 똑같이 반복
한다.

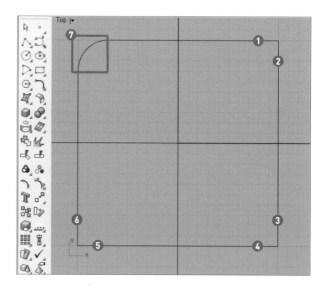

14 그림과 같은 결과물이 나왔다면 [Join]을 클릭하여 8개의 분리되어 있는 선들을 붙인다. 이때 주의하여야 할 점은 **❶** ~ **❽**번 순으로 인접해 있는 선들을 차례로 선택하여야 한다. 선을 건너뛰어 선택한다면 경고 메시지가 나오며 해당 결과물을 얻을 수 없다. 반드시 인접하여 붙어 있는 선들을 순차적으로 선택하여야 한다.

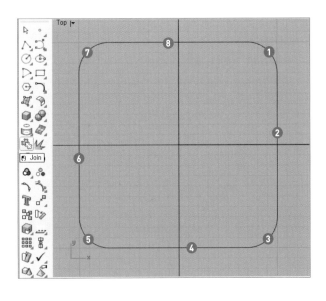

15 [Perspective View]에서 'Extrude Straight'를 클릭한다. → 이전에 Join한 **❶**번 선 모서리가 둥근 사각형을 클릭한다. → Enter 키를 누른다.

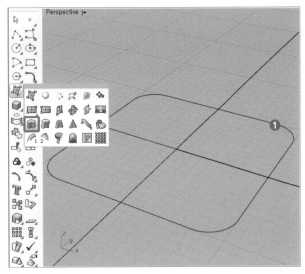

16 그림과 같이 돌출되는 형상을 볼 수 있다. → 치수를 기입한다. '10'이라고 입력하고 Enter 키를 누른다(10mm만큼 Z축으로 돌출한다).

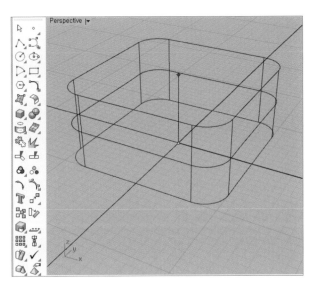

17 [Perspective]라는 문구 위에 마우스 오른쪽
을 클릭하면 그림과 같이 하위 메뉴가 나온다.
라이노는 기본적으로 메모리 용량을 가볍게
유지하기 위하여 Wireframe을 기본으로 한다.
이를 그림에서처럼 [Shaded]를 클릭하면 입
체적인 형태의 렌더링 형상으로 볼 수 있다.

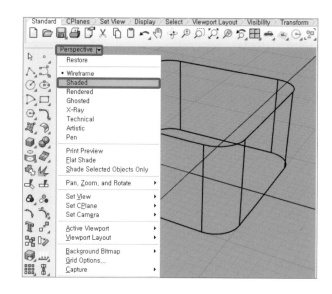

18 [Shaded]를 클릭하면 입체적인 렌더링 형태
로 볼 수 있다. 단 Top, Front, Right View에
서는 Wireframe 형태로 설정(도면 작업을 하
기 위해)하고 오직 [Perspective View]에서만
[Shaded]를 클릭한다.

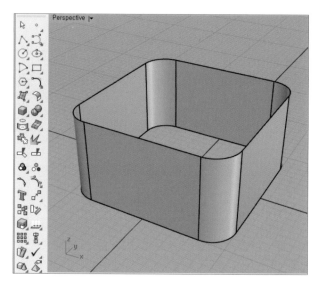

19 [Cap planar holes]를 선택한다.

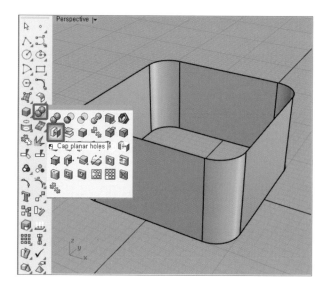

20 지금까지 모델링한 **①**을 마우스 왼쪽으로 클릭하고 Enter 키를 누른다. → 상, 하단 모두 뚜껑이 막힌 형태의 결과물을 얻을 수 있다.

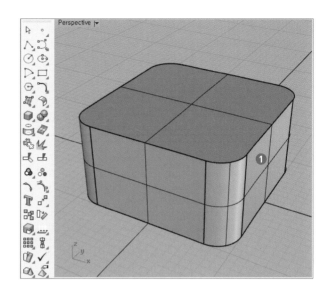

21 [Variable radius fillet]을 클릭(마우스 왼쪽, Surface나 Solid의 모서리를 둥글게 만든다.) 한다. → 상단에 Command 창을 보면서 치수 값 '2'를 입력하고 Enter 키를 누른다.

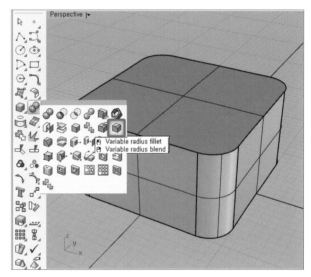

22 모서리를 순차적으로 마우스 왼쪽으로 클릭 (선택) 한다. (모서리를 선택하는 순간 모서리는 **①**, **②**번과 같이 노란색으로 변하며 입력한 치수가 보조선과 함께 나온다.)

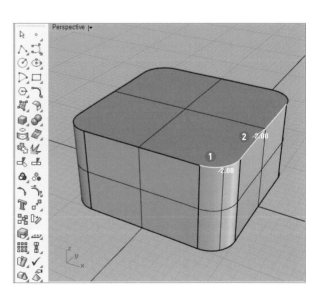

23 나머지 모서리도 모두 순서대로 선택한다(모서리는 총 8개이다.).

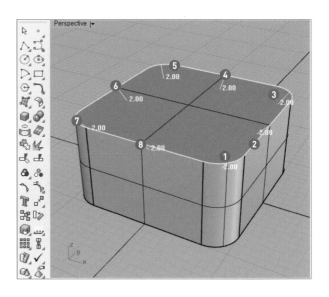

24 앞서 8개의 모서리를 모두 선택하였다면 Enter 키를 2번 누른다. 그림과 같은 모서리가 2mm 만큼 둥근 형태의 사각형의 결과물을 얻을 수 있다.

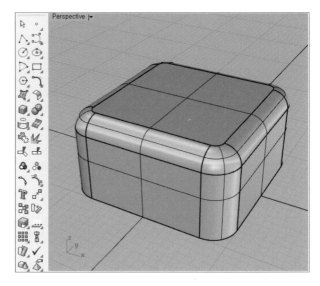

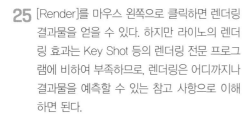 모든 명령에서 마우스 오른쪽 클릭과 Enter 키 클릭은 동일한 명령어이다. (둘 중 어떤 것을 눌러도 동일한 결과물이 나오므로 사용자의 편의에 따라 결정한다.)

25 [Render]를 마우스 왼쪽으로 클릭하면 렌더링 결과물을 얻을 수 있다. 하지만 라이노의 렌더링 효과는 Key Shot 등의 렌더링 전문 프로그램에 비하여 부족하므로, 렌더링은 어디까지나 결과물을 예측할 수 있는 참고 사항으로 이해하면 된다.

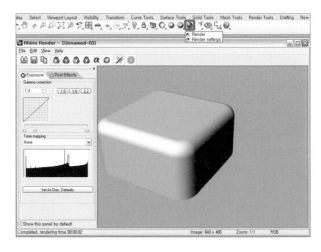

② Curve 선을 활용한 자유곡선 모델링

01 [New] 도면을 연다. [Open Template File] 형식이 나오면 [Large Objects]–[Millimeters]를 클릭한다. 4개의 뷰포트 중에 [Top View]에서 기본적인 2D 도면을 그린다. [Top View]를 기준으로 ❶ [Curve: interpolate points]를 클릭한다. 좌표의 X, Y축을 따라 그림과 같이 + 형태의 열십자 모양으로 교차하는 Curve 선을 그린다. 이때는 단축키 F8(Ortho), F9(Grid Snap)를 활용하여 눈금의 이동, 직교의 이동을 판단한다.

Tip + 형태의 보조선을 그릴 때 직선의 Line 보다는 곡선 형태의 Curve 선으로 보조선을 그리는 것이 유용하다. 이는 + 형태의 보조선을 이용하여 [Offset Curve]를 활용할 때 기본적으로 선의 속성을 그대로 유지하게 때문에 곡선이나 선의 변형에 유용하다.

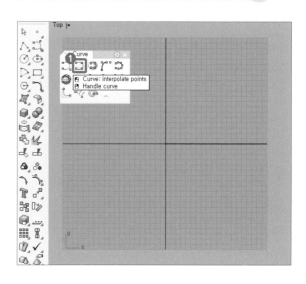

02 [Top View] 기준 X축의 선을 선택 → [Offset Curve] 클릭 → 치수 값 '30' 입력 후 Enter → 검정 보조선을 따라 좌측 여백 임의의 지점을 클릭(마우스 왼쪽)한다.

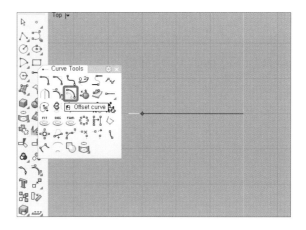

03 나머지 좌, 우, 상, 하 모두 동일한 방법으로 각각 30mm [Offset Curve]하여 사각형 모양으로 만든다.

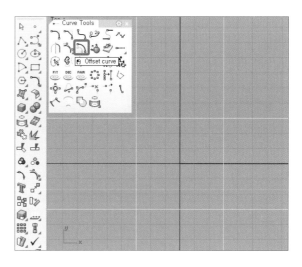

04 ❶ [Offset Curve] 선택 → 치수 값 '20' 입력
→ Enter → ❷번 선 클릭 → ❸번 지점을 클릭
한다.

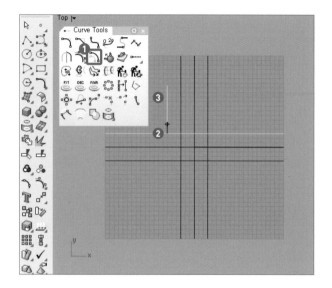

Tip 라이노에서 기본적으로 클릭이라 함은 마우스
왼쪽을 클릭한다.

05 나머지 부분도 앞선 방법과 동일하게 20mm
만큼 각각 [Offset Curve] 한다.

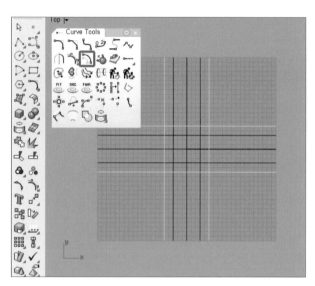

06 ❶ [Trim] 선택 → ❷, ❸, ❹, ❺번 선 선택 →
Enter

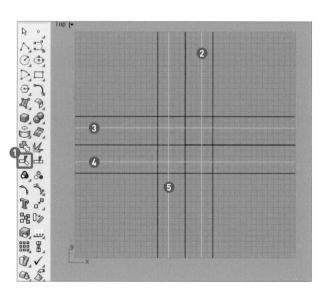

07 ❶, ❷, ❸, ❹, ❺, ❻, ❼, ❽ 지점을 클릭한다.
(각각의 선마다 클릭하는 순간 [Trim] 된다. →
Enter 명령어의 완료를 뜻한다.)

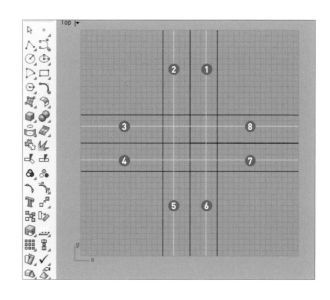

08 [Trim]이 완료되면 그림처럼 노란색 사각형만
남는다.

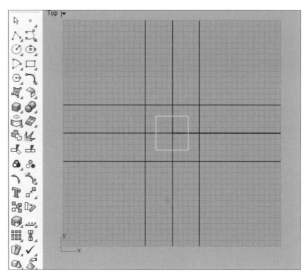

09 ❶번 선을 클릭한다. → ❷ [Rebuild curve]를
마우스 왼쪽으로 클릭한다.

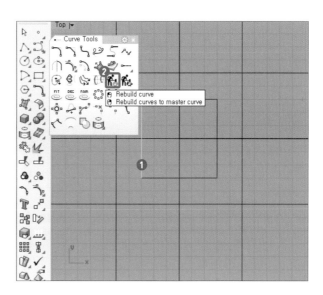

10 ❶과 같이 Rebuild 박스가 나오면 Point
count 값에 '5' 입력, Degree 값에 '3'을 입력
한다. (Line 또는 Curve 선에 포인트를 추가
하여 포인트를 따라 이동하여 변형을 가하는
기능이다.) → OK 버튼을 누른다.

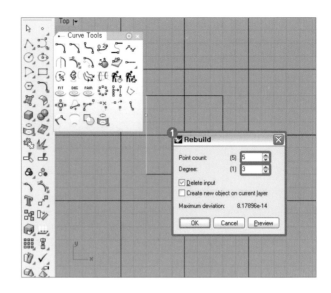

11 ❶ [Point on] 선택 → ❷번 선을 클릭한다. →
Enter를 클릭한다. → ❸번과 같이 5개의 포인트
가 생성된다.

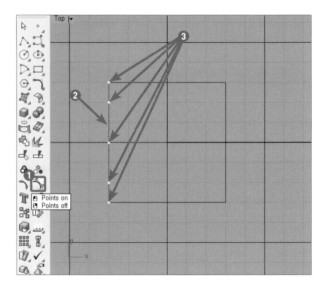

12 ❶ 포인트 3개를 선택한다. (다중 선택 시 Shift
키를 누른다.) → 선택한 포인트 3개를 마우스
왼쪽 버튼을 길게 누르면서 드래그 하여 ❷번
선으로 이동한다.

Tip 물체, 개체 등을 선택하고 마우스 왼쪽을 길
게 누르면서 드래그하면 [Move]와 같은 기
능을 한다.

Tip [Osnap]에서 End, Mid, Cen, Int, Perp를
☑표 체크한다.

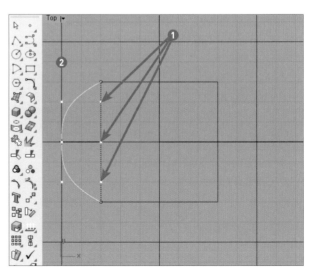

13 [Points off](마우스 오른쪽)를 클릭한다. (도면 상의 Points가 모두 사라진다. 반대로 Points 를 나타내게 하려면, 해당하는 선을 선택하고 Points on(마우스 왼쪽)을 클릭한다.)

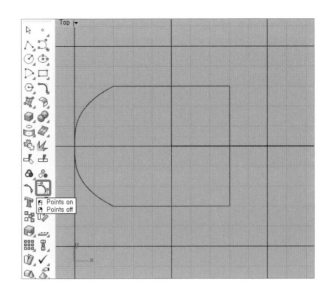

14 ❶ [Fillet curves]를 선택한다. → 치수 값 '20' 을 입력하고 Enter 키를 누른다. → ❷, ❸번 지 점을 순차적으로 클릭한다. → 마우스 오른쪽 또는 Enter 키를 누른다.(바로 이전의 명령어 반 복) → ❹, ❺번 지점을 순차적으로 클릭한다.

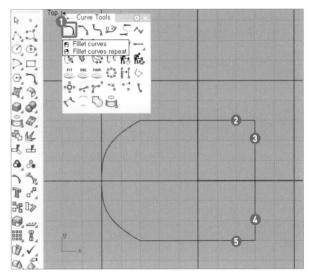

15 ❶ [Fillet curves]를 선택한다. → 치수 값 '20' 을 입력하고 Enter 키를 누른다. → ❷, ❸번 지 점을 순차적으로 클릭한다. → 마우스 오른쪽 또는 Enter 키를 누른다.(바로 이전의 명령어 반 복) → ❹, ❺번 지점을 순차적으로 클릭한다.

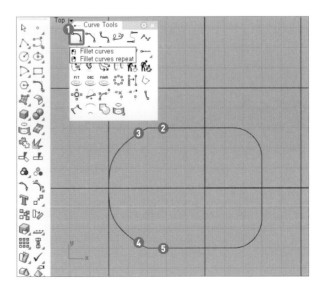

16 ❶ [Join]을 선택한다. → ❷∼❾까지의 인접하고 있는 Line 순서대로 클릭한다.

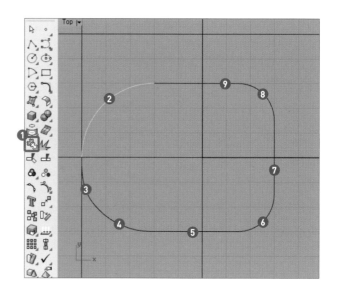

17 ❶∼❹번 선을 선택하여 키보드의 Delete 키를 눌러 삭제한다.

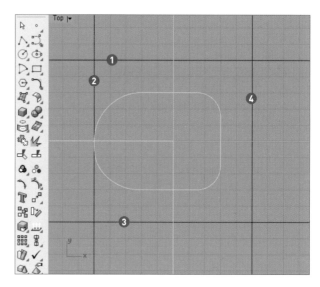

Tip 라이노에서 모든 물체의 삭제는 Delete 키를 활용한다.

18 4개의 뷰포트를 동시에 보면서 ❶ [Offset Curves]를 클릭하고 ❷번 Curve 선을 선택한다.

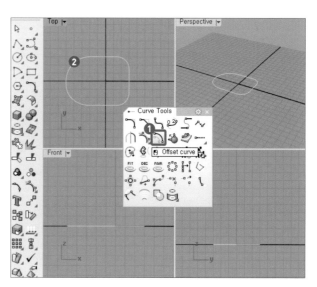

19 [Command] 창을 보면서 치수 값 '50'을 입력하고 Enter → [Front View]([Right View]도 관계없다)로 마우스를 옮겨 **❶**번 지점에 클릭(마우스 왼쪽)한다.

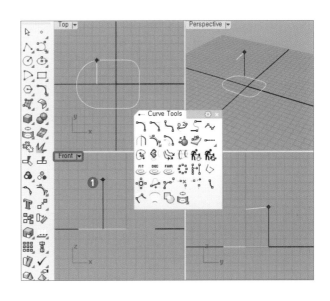

20 만약 [Offset Curves] 작업 시 뷰포트를 바꿔도 **❶**번의 Offset 방향이 바뀌지 않는다면 상단 Command 창의 **❷**번 [InCPlane=No]를 클릭하여 'Yes'로 변경한다.(각각의 뷰포트에서 직교를 변경하는 명령어)

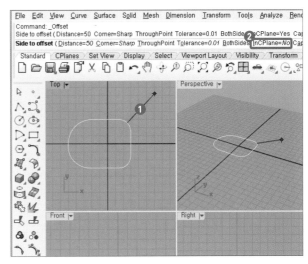

21 **❶** [Loft]를 선택한다. → [Perspective View]에서 **❷**, **❸**번 선을 선택하고 Enter 키를 누른다.

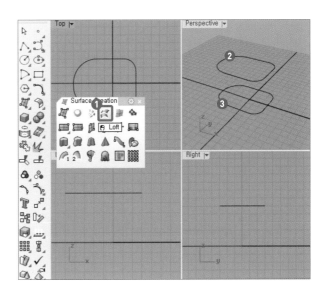

22 그림과 같이 화살표 진행 방향을 확인한다. →
Enter → Surface(면)가 생성된다. → [Loft
Options] 화면에서 OK 버튼을 클릭한다.

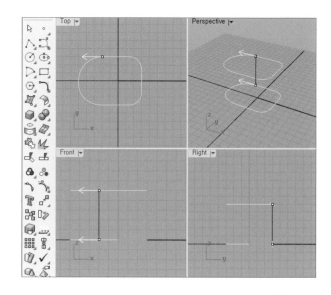

23 [Perspective]라는 단어 위에 마우스 오른쪽
을 눌러 Wireframe을 'Shade'로 변경하면 음
영이 있는 입체적인 렌더링 형태로 표현된다.

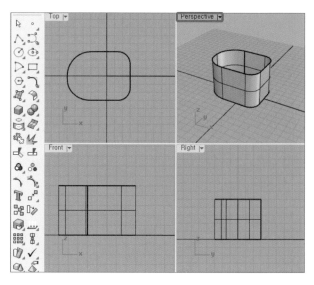

24 ❶ [Surface from planar curves]를 선택한
다. → ❷, ❸번 지점의 Curve 선을 각각 클릭
하고 Enter 키를 누른다.

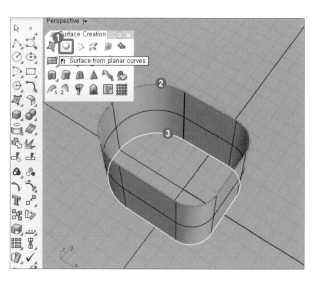

25 ❶번 ❷번 지점 선택 시 ❸ [Selection Menu]가 나타날 수도 있다. 이는 사용자가 마우스를 이용하여 해당 위치에 클릭할 때 현 지점에서 선택할 수 있거나, 중복되어 있는 Curve 또는 Surface의 모서리를 나타낸다. 해당하는 [Selection Menu]가 나오면 선택하고자 하는 하위 메뉴를 클릭한다.

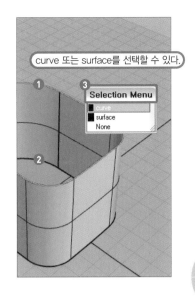

curve 또는 surface를 선택할 수 있다.

Part 4

26 ❶[Join]을 선택한다. → ❷, ❸, ❹번(하단) Surface를 차례로 선택한다. ([Join] 선택 시 인접하고 있는 물체를 순차적으로 선택한다.)

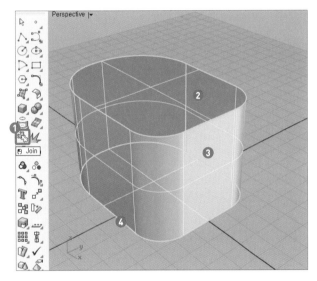

27 하단 부분 ❶의 선택이 힘들다면 ❷ [Rotate view]를 이용하여 화면을 돌리면서 선택한다.

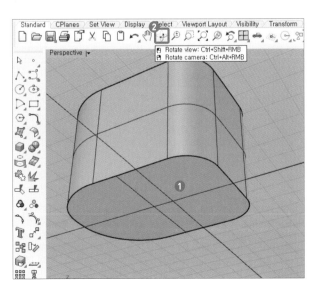

28 모델링이 복잡해지고 숨어있는 부분의 선택이
힘들다면 [Ghosted]를 클릭하면 마치 유령처
럼 반투명한 형상으로 볼 수 있다.

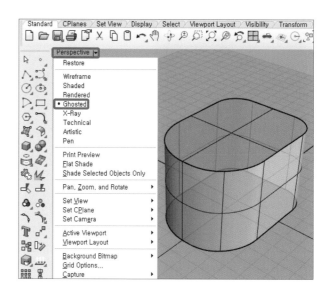

29 ❶ [Offset curve]를 클릭한다. → 처음 그렸던
+ 형태의 보조선 중에 ❷번 X축에 있는 선을
선택한다.

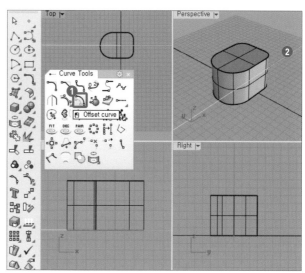

30 [Front View] → 치수 값을 '30'으로 입력하고
Enter → ❶번 선을 ❷번 지점에 클릭 → Enter 키
를 누른다.(이전 명령어 반복 기능) → 치수 값
을 '40'으로 입력하고 Enter → ❷번 선을 선택하
여 ❸번 지점을 클릭한다.

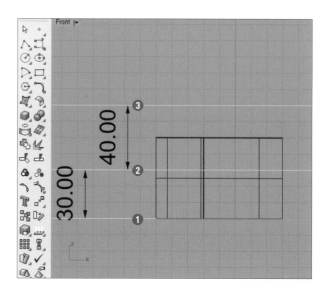

31 [Front View] → ❶번 선을 선택한다. → ❷ [Rebuild curve] 선택 → ❸ 'Point count'에 '5', 'Degree'에 '3'을 입력하고 ⬚OK⬚ 클릭 → 다시 ❶번 선을 선택한다.

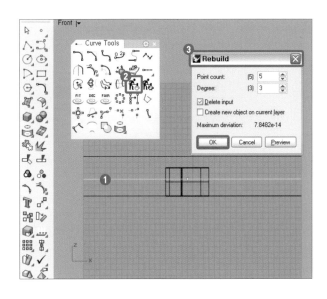

32 ❶ [Points on](마우스 왼쪽)을 선택한다(선에 5개의 포인트가 생긴다.) → ❷번 지점에 있는 포인트를 ❸번 지점으로 옮긴다. (마우스 왼쪽을 길게 드래그하여 이동)

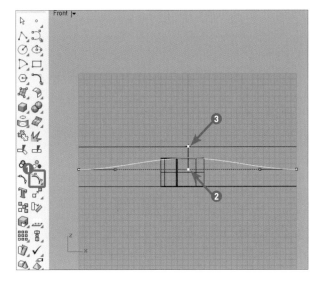

33 ❶번 지점의 포인트를 ❷번 지점으로 이동 (마우스 왼쪽을 길게 드래그하여 이동. 반드시 [Osnap]을 활성화하여 이동한다.)

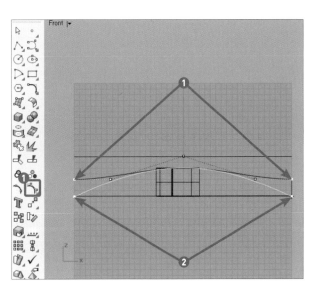

34 완성된 ❶번 Curve 선의 끝점인 ❷의 끝점을 찾는다. ([Osnap]의 End 지점에 해당된다.) ❷ 의 지점에서부터 ❸의 [Polyline]을 클릭하여 ❹번 ❺번 지점을 치수 없이 임의의 영역에 연속적으로 클릭한다. 마지막 ❻번 선은 ❼지점에 End(Osnap) 포인트에 정확하게 클릭한다.

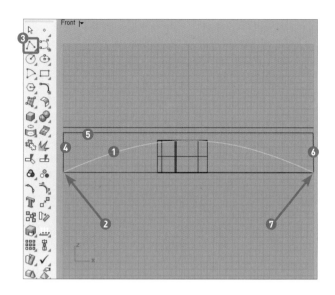

35 ❶ [Join] 선택 → ❷, ❸번 선택([Join] 완료) → 보조선으로 사용되었던 ❹번 삭제 (Delete 키를 누른다.)

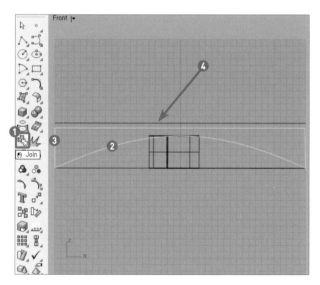

36 ❶ [Extrude straight] 선택 → ❷번 선 선택 → Enter

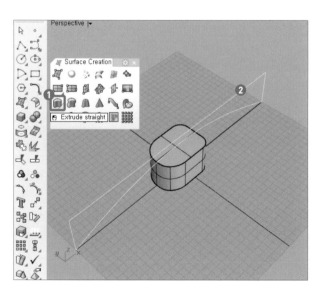

37 [Command] 창에 ❶번 '[Bothsides=No]' 라고 나오면 그 부분을 클릭하면 그림과 같이 [Bothsides=Yes]로 변경된다. (그림과 같이 양쪽 면으로 Extrude 돌출된다.) → 치수 값 '100'을 입력(양쪽에 각각 100mm 만큼 돌출된다. 합계 200mm 돌출)한다. → Enter

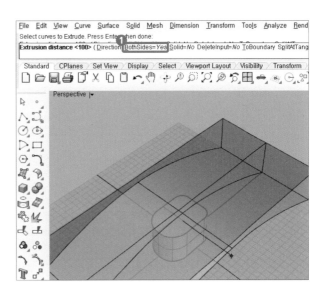

38 ❶번 Surface 선택 → ❷번 [Cap planar holes] 선택 (평면의 뚜껑을 막는다.) → Enter

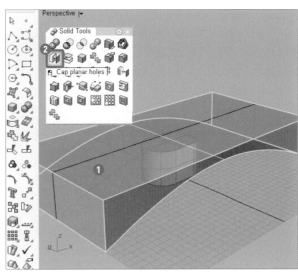

> **Tip** [Cap planar holes]는 평면 형태의 단면에서만 가능. 휘어져있는 곡선의 면에서는 적용되지 않는다.

39 ❶ [Boolean difference] 선택 → ❷번 선택 → Enter → ❸번 선택 → Enter (Enter를 입력하는 순간 윗부분이 잘려나간다.)

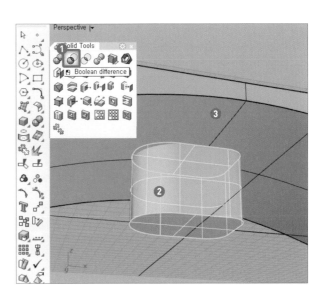

40 **❶**, **❷**번 선을 삭제(Delete)한다.

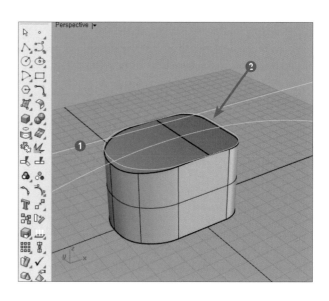

Tip
모델링 설명을 위해 교재의 한정된 공간에 복잡한 선들을 나타내지 않기 위해 **❶**, **❷**번 의 보조선을 삭제하지만 일반적으로 보조선 들은 수정 및 추가 모델링을 위해 삭제하지 않는 것이 바람직하다.

41 **❶** [Variable radius fillet] 선택 → 치수 값 '5' 입력 → Enter → **❷**, **❸**, **❹**번에 해당하는 모서 리 지점 선택 → Enter 2번 클릭

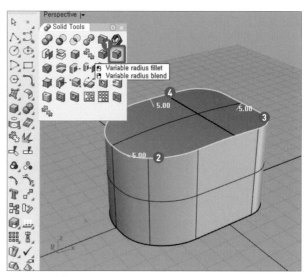

42 **❶** [Variable radius fillet] 선택 → 치수 값 '2' 입력 → Enter → **❷**번에 해당하는 모서리 지점 선택 → Enter 2번 클릭

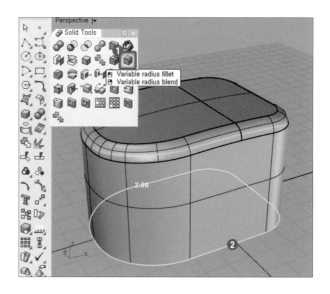

43 ❶번 [Render] 클릭 → 끝(바닥면과 윗면이
둥근 라운드 처리된 전기밥솥 형태의 Curve
를 이용한 모델링 완성)

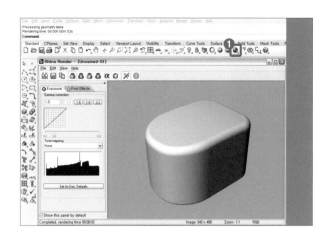

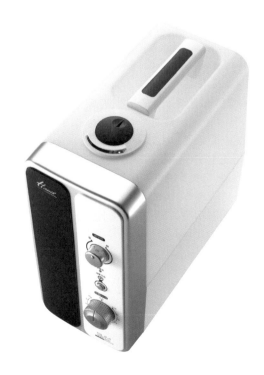

2 컵, 병, 주전자 모델링

Chapter

Line 또는 Curve를 이용하여 기초적인 2D 도면을 작도한 후 ❶번 Revolve를 활용하여 360° 또는 원하는 각도만큼 회전하여 원기둥 형태의 3D 모델링을 만든다. Revolve를 비롯한 Surface 관련 툴은 ❷번에 해당하며 Line과 Curve는 주로 오토캐드와 같은 2D 도면을 작도할 때 사용되는 툴들이며 그러한 작업 후 입체적인 면을 만들 때 사용되는 툴들이 ❷번에 해당하는 Surface 관련 툴이다.

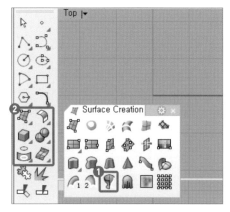

▲ [그림 2] Revolve를 비롯한 Surface 관련 툴

1 컵 모델링

01 New 도면을 연다. Open Template File 형식이 나오면 [Large Objects] – [Millimeters]를 클릭한다. 4개의 뷰포트 중에 Front View에서 기본적인 2D 도면을 그린다.

컵은 물체를 보았을 때 컵의 앞쪽이 정면에 해당하므로 이번에는 ❶ [Front View]를 기준으로 ❷ [Curve: interpolate points]를 클릭한다. 좌표의 X, Y축을 따라 그림과 같이 + 형태의 열십자 모양으로 교차하는 Curve 선을 그린다. 이때는 단축키 F8 (Ortho), F9 (Grid Snap)를 활용하여 눈금의 이동, 직교의 이동을 판단한다.

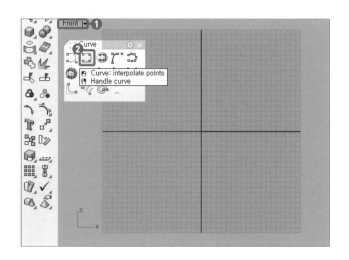

02 ❶번 [Front View] 기준 Z축의 ❷번 선을
선택 → ❸번 [Offset Curve] 클릭 → 치수
값 '100' 입력 후 Enter → 좌측 여백 ❹번 지
점에 클릭(마우스 왼쪽) → Z축의 ❷번 선
을 선택 → ❸번 [Offset Curve] 클릭 → 치
수 값 '100' 입력 후 Enter → 우측 여백 ❺번
지점을 클릭(마우스 왼쪽)한다.

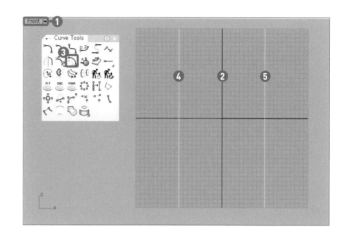

03 ❶번 [Front View] 기준 Z축의 ❷번 선을
선택 → ❸번 [Offset Curve] 클릭 → 치수
값 '60' 입력 후 Enter → 좌측 여백 ❹번 지
점에 클릭(마우스 왼쪽) → Z축의 ❷번 선
을 선택 → ❸번 [Offset Curve] 클릭 →
치수 값 '60' 입력 후 Enter → 우측 여백 ❺
번 지점을 클릭(마우스 왼쪽)한다.

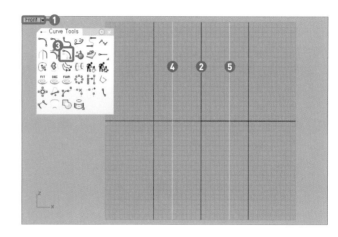

04 ❶번 선을 선택 → ❷번 [Offset Curve] 클
릭 → 치수 값 '150' 입력 후 Enter → 상단 여
백 ❸번 지점에 클릭(마우스 왼쪽) → Enter
(이전 명령어 반복 기능) → ❶번 선 선택
→ ❹번 지점에 해당하는 하단 여백에 클릭
(치수 값은 동일한 1500이므로 입력하지 않
는다.)

Tip 라이노는 기본적으로 바로 이전에 입력
하였던 치수 값을 인식하여 동일한 치수
값이 설정된다.

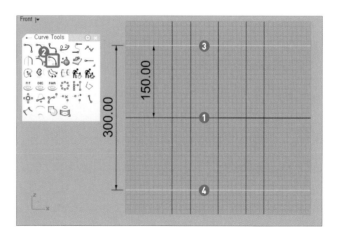

05 ❶번 Line 명령어를 선택 → ❷번에 해당하는
Cross Point(Int) 지점에 각각 클릭하여 ❸번
과 같은 선을 그린다.

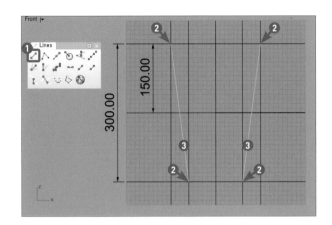

Tip ❷번 해당하는 Cross Point 지점에 각각 클릭하기 위해서는 [Osnap]의 End, Mid, Cen, Int, Perp를 켠다.

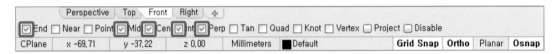

06 ❶번 선을 선택 → ❷번 [Offset Curve] 클릭
→ 치수 값 '5'를 입력 후 Enter → ❸번과 같이
내측으로 클릭

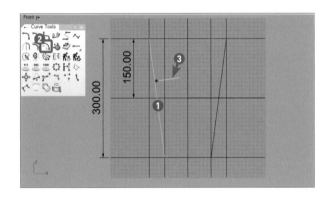

07 나머지 ❹, ❺, ❻번 선도 앞선 방법과 동일하
게 ❷번 [Offset Curve] 클릭 → 치수 값 '5' 입
력 후 Enter → 내측으로 각각 클릭하여 안쪽으
로 모두 5mm 만큼 Offset 한다.

Tip 앞선 명령어와 동일한 명령어를 반복 실행
할 때는 마우스 오른쪽을 한번 클릭하거나,
Enter 키를 한번 누르면 이전 명령어가 반복
된다.

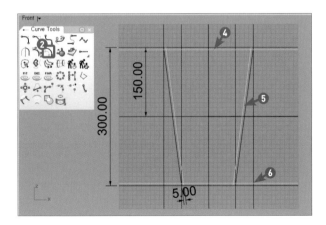

08 ❶ [Trim] 선택 → ❷번에 해당하는 노란색 선들을 모두 선택한다. (선택하는 순간 노란색으로 변한다.) → Enter를 클릭한다. → ❸번에 해당하는 선의 끝 지점을 각각 모두 클릭한다. (클릭하는 순간 잘린다.)

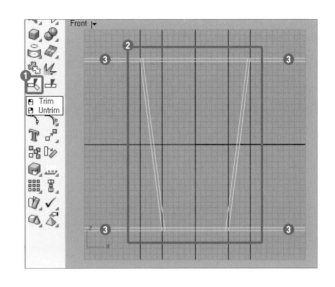

09 ❶, ❷번 지점을 확대하여 나머지 ⊗ 부분을 각각 클릭하여 자른다. (좌, 우 대칭 도면이므로 좌, 우 동일하게 반복한다.)

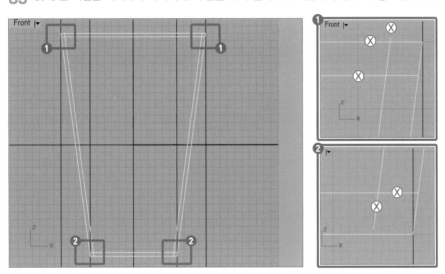

10 ❶번에 해당하는 선은 키보드의 Delete 키를 눌러 삭제한다.

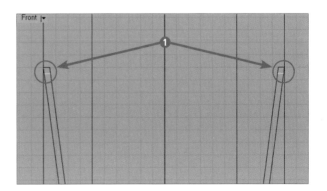

11 ❶ [Join] 선택 → ❷ 컵에 해당하는 선들 모두
선택

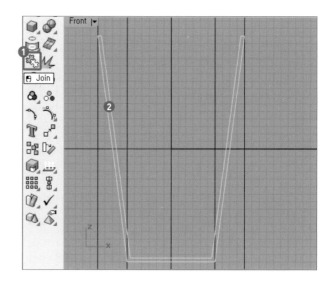

Tip [Join] 선택 시 인접하고 있는 선들부터 순
차적으로 선택해야 한다.

12 ❶ [Revolve] 선택 → ❷번 컵에 해당하는 선
을 선택 → Enter → ❸번에 해당하는 [Start of
revolve axis](중심축 시작점) 선택 → ❹번에
해당하는 [End of revolve axis](중심축 끝점)
를 선택한다.

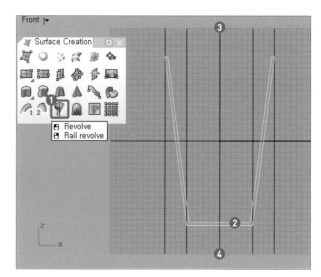

13 [Command] 창을 본다. → 'Start angle ⟨0⟩'
→ Enter → 'Revolution angle ⟨360⟩' → Enter

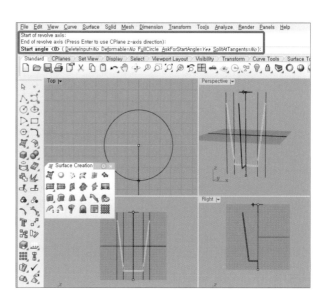

Tip 'Start angle'과 'Revolution angle'은 0°~
360°까지 원하는 각도를 기입하여 정원, 반
원, 등의 형태로 모델링한다.

14 ❶ [Perspective] 클릭 → ❷ [Ghosted] 선택
(반투명한 효과로 모델링 파일을 볼 수 있다.)

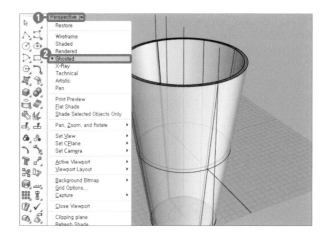

Part
4

Tip 복잡한 모델링 또는 내부를 선택해야할 때
는 'Shaded'가 아닌 'Ghosted'를 선택하면
반투명해진다.

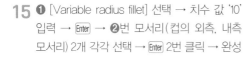

15 ❶ [Variable radius fillet] 선택 → 치수 값 '10'
입력 → Enter → ❷번 모서리(컵의 외측, 내측
모서리) 2개 각각 선택 → Enter 2번 클릭 → 완성

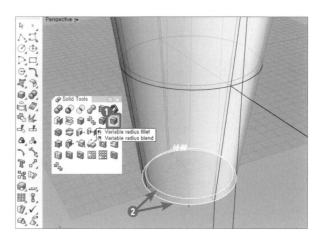

16 Render 완성(바닥면 모서리가 둥근 두께가
있는 컵)

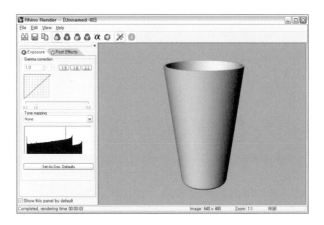

01 New 도면을 연다. [Open Template File] 형
식이 나오면 [Large Objects]–[Millimeters]
를 클릭한다. 4개의 뷰포트 중에 [Front View]
에서 기본적인 2D 도면을 그린다.
병은 물체를 보았을 때 병의 앞쪽이 정면에 해
당하므로 ❶ [Front View]를 기준으로 ❷
[Curve: interpolate points]를 클릭한다. 좌표의
X, Y축을 따라 그림과 같이 + 형태의 열십자
모양으로 교차하는 Curve 선을 그린다. 이때
는 단축키 [F8](Ortho), [F9](Grid Snap)를 활
용하여 눈금의 이동, 직교의 이동을 판단한다.

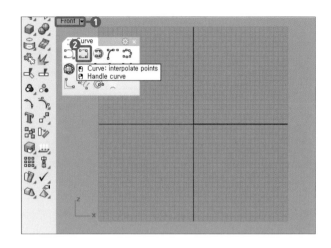

02 [Front View] → Z축에 해당하는 ❶번 선을
선택 → ❷번 [Offset curve] 선택 → 치수 값
'20' 입력 → [Enter] → 좌측 여백을 클릭하면 ❸
번 선이 생성된다. → ❶번 선을 선택 → ❷번
[Offset curve] 선택 → 치수 값 '50' 입력 후
좌측 여백에 클릭 하면 ❹번 선이 생성된다.

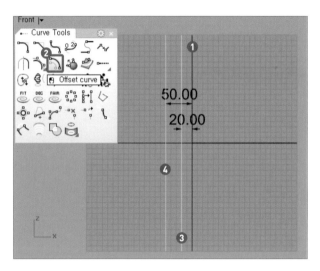

03 [Front View] → X축에 해당하는 ❶번 선을
선택 → ❷번 [Offset curve] 선택 → 치수 값
100 입력 → [Enter] → Z축의 상단 여백을 클릭
하면 ❸번 선이 생성된다. → ❸번 선을 선택
→ 마우스 오른쪽 또는 [Enter] 클릭(바로 이전의
명령어 반복 기능) → 치수 값 '60' 입력 → [Enter]
→ Z축 상단 여백에 클릭하면 ❹번 선이 생성
된다. → ❶번 선을 선택 → ❷번 Offset
curve 선택 → 치수 값 '150' 입력 후 Z축 하단
여백에 클릭하면 ❺번 선이 생성된다.

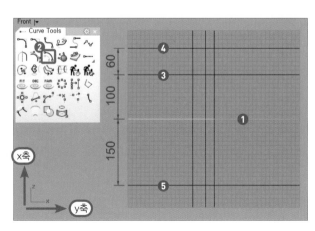

04 ❶ [Curve: interpolate points] 선택 →
❷번과 ❸번 지점을 클릭하여 직선 형태의
Curve 선을 그린다.(교차점을 클릭하기 위해
서는 ❹ [Osnap]의 ❺ Int를 반드시 ☑ 체크
한다.)

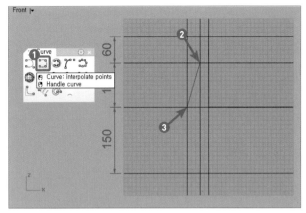

05 ❶번 선 선택 → ❷ [Points on] 클릭(마우스
왼쪽) → ❸번 점 2개 각각 클릭(2개 이상 중
복 선택 시 Shift 키를 누른다.) → 단축키 F8 에
해당하는 Ortho(직교)를 클릭하여 해제(Off)
한다. → ❹번 방향으로 이동한다. (마우스 왼
쪽을 길게 누르면서 드래그하여 이동한다.)

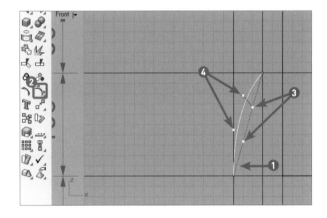

06 ❶ [Points off](마우스 오른쪽 클릭) → ❷번
지점에 있던 점들이 사라진다.

> **Tip** [Points on] 사용 후, [Points off] 하지 않으
> 면 해당 선(Curve, Line)은 선택(클릭)되지
> 않는다.

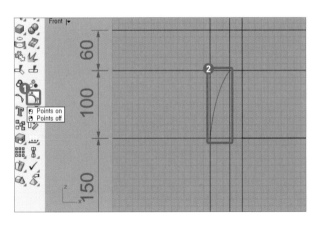

07 ❶ [Trim] 선택 → 우측에서 좌측으로 전체를 드래그 한다. (마우스 왼쪽을 길게 누르면 드래그) → [Enter]

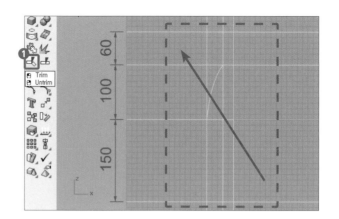

Tip 드래그하여 선택할 때 그림 ❶번과 같이 좌에서 우측으로 드래그하면 선택 영역의 사각 실선 기준으로 겹치지 않은 영역의 물체가 선택된다. 그림 ❷번과 같이 우에서 좌측으로 드래그하면 선택 영역의 사각 점선 기준으로 중첩되어 있는 물체가 모두 선택된다. 이와 같은 드래그 방법을 숙지하면 손쉽게 물체를 선택할 수 있다.

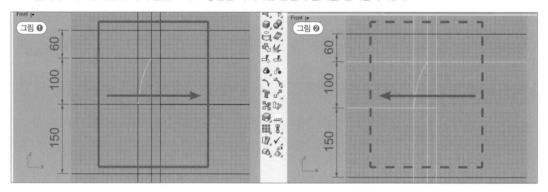

08 자를 선 ❶∼⓬번까지의 지점들을 클릭한다.
→ [Enter]

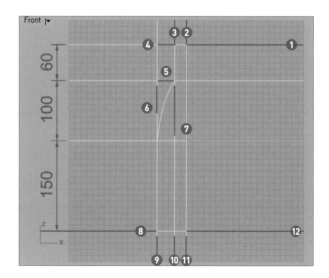

09 ❶ [Join] 선택 → ❷ 5개의 선을 인접 순서대로 연속 선택 → Enter

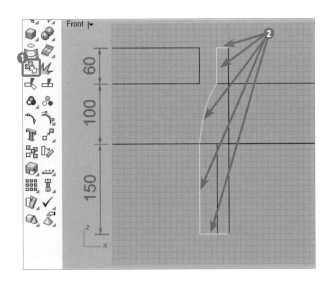

10 ❶ [Fillet curves] 선택 → 치수 값 '10' 입력 → Enter → ❷ 위치의 두 지점에 각각 클릭 → Enter (이전 명령어 반복기능) → 치수 값 '30' 입력 → Enter → ❸ 위치의 두 지점에 각각 클릭 → Enter (이전 명령어 반복기능) → 치수 값 '100' 입력 → Enter → ❹ 위치의 두 지점에 각각 클릭 → Enter (이전 명령어 반복기능) → 치수 값 '10' 입력 → Enter → ❺ 위치의 두 지점을 각각 클릭한다.

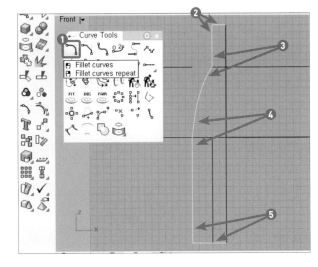

11 ❶ [Revolve] 선택 → ❷번 선택(Revolve 진행할 Curve 선에 해당한다.) → Enter → ❸번 끝점 선택(Start of revolve axis) → ❹번 끝점 선택(End of revolve axis) → [Command] 창에 숫자 '0' 입력(Start angle) → Enter → [Command] 창에 숫자 '360'을 입력(Revolve angle)한다. → Enter

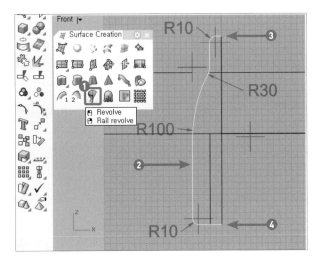

12 ❶ [Split] 선택 → ❷번 Solid(병) 선택 → [Enter]
→ ❸번 선을 선택(Select cutting objects)한
다. → [Enter]

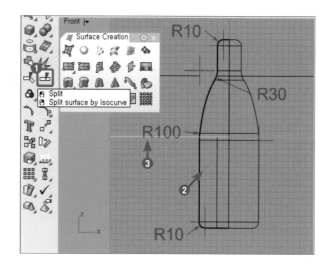

13 ❶번 선택 [Split]으로 잘린 병의 하단 부분) →
❷ [Layer]에서 임의의 색상으로 변경한다. →
완성

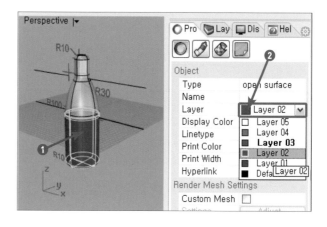

Tip [Layer] 색상 구분은 물체를 구분지어 Key
Shot 등의 렌더링 프로그램에서 각기 다른
소재의 맵핑(Mapping)을 적용할 수 있다.

14 ❶ [Render]를 선택한다. → 완성

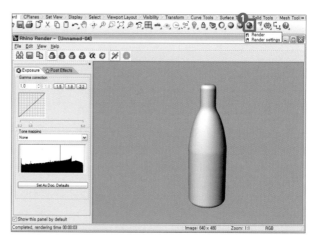

③ 주전자 모델링

01 New 도면을 연다. Open Template File 형식
이 나오면 [Large Objects]-[Millimeters]를
클릭한다. 4개의 뷰포트 중에 [Top View]에서
기본적인 2D 도면을 그린다.

❶ [Top View]를 기준으로 ❷ [Curve:
interpolate points]를 클릭한다. 좌표의 X, Y
축을 따라 그림과 같이 + 형태의 열십자 모양
으로 교차하는 Curve 선을 그린다. 이때는 단
축키 [F8](Ortho), [F9](Grid Snap)를 활용하여
눈금의 이동, 직교의 이동을 판단한다.

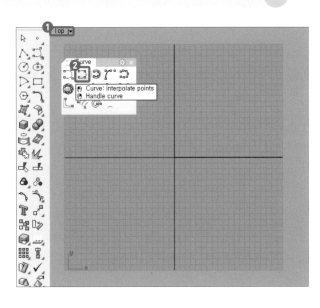

02 ❶ [Grid Snap], ❷ [Ortho], ❸ [Osnap]을 클릭 확인하고 [Osnap]의 ❹ [End, Mid, Cen, Int, Perp, Quad]의 체크를
확인한다.

03 [Top View] 기준 ❶ [Circle: center, radius]
선택 → ❷ 교차점 선택 → 치수 값 '100' 입력
→ [Enter]

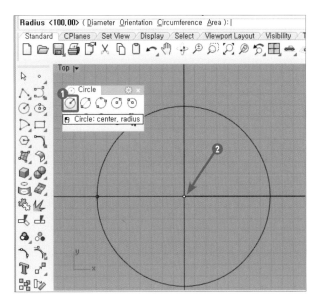

04 ❶ [Offset curve] 선택 → ❷번 선(Circle) 선택 → 치수 값 '100' 입력 → [Right View] → Z축 방향 위쪽으로 마우스 커서를 위치시키고 해당하는 임의의 지점에 클릭한다.

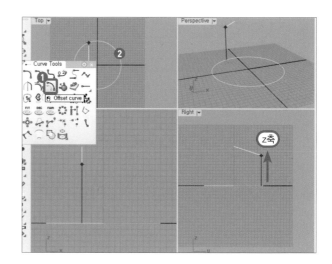

05 ❶ [Offset curve] 선택 → ❷번 선(Circle) 선택 → 치수 값 '50' 입력 → ❸번 지점에 해당하는 원형의 Curve 선 기준 내측 방향으로 클릭한다.

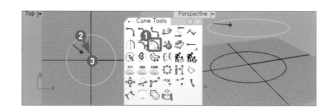

06 ❶ [Curve: interpolate points] 클릭 → ❷번과 ❸번 지점을 각각 클릭하여 그린다. ([Osnap]의 Quad, Perp 등의 접점을 활용하여 클릭한다.) → ❹번 선은 삭제(Delete)한다.

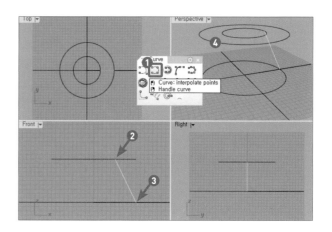

07 ❶ [Points on] 클릭 → ❷번 선 선택 → Enter
→ ❸번 Point 2개 선택 (Shift 키를 누르면 다
중 선택 가능) → F8 키를 눌러 직교점
(Ortho) 해제 → ❹번에 해당하는 임의의 지점
으로 드래그하여 이동한다.

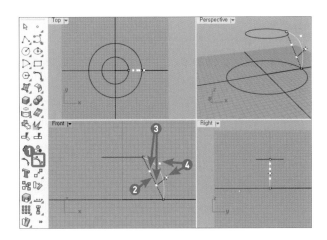

08 ❶ [Points off] 클릭 (마우스 오른쪽) → ❷ 포
인트가 모두 사라진다.

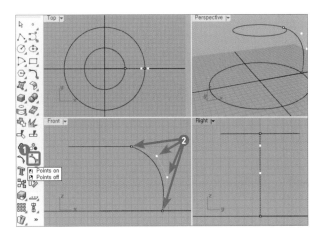

09 ❶번 [Mirror] 선택 → ❷번 선 선택 → Enter

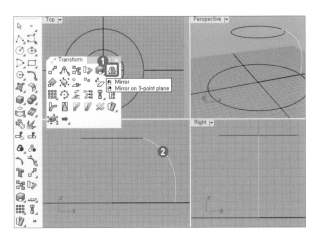

10 ❶번 포인트(Quad) 클릭 → ❷번 포인트 (Perp) 클릭 → 좌우로 반전된 ❸번 선이 완성 된다.

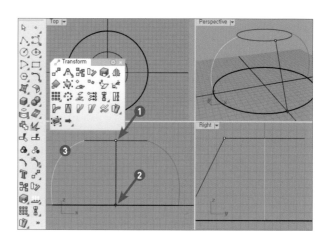

11 ❶ [Sweep 2 rails] 선택 → ❷, ❸, ❹, ❺번 선을 순차적으로 선택(Rail에 해당하는 ❹, ❺ 번 선을 나중에 선택한다.)한다.

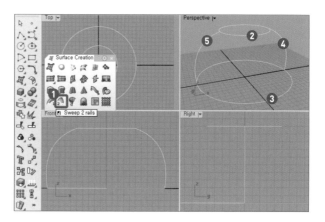

12 Enter → ❶ [Sweep 2 Rail Options] 창이 나온 다. → ❷ [Closed sweep]에 ☑ 체크 → ❸ OK 클릭 → 돔 형태의 반원이 완성된다.

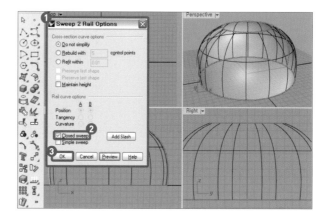

13 ❶ [Perspective View]에서 물체의 아랫쪽을 볼 수 있도록 회전(Rotate)시킨다. → ❷ [Surface from planar curves]를 선택한다. → ❸번 지점 모서리에 있는 Curve 선을 선택한다. → Enter → ❹번과 같이 하단 면이 닫힌다.

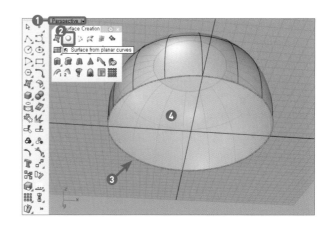

14 ❶번 지점 Curve 선을 선택한다. → ❷ [Offset curve] 선택 → [Front View]에서 Z축 위쪽 방향으로 마우스 커서를 위치시킨 후 치수 값 '15' 입력 → Enter → 해당 지점에 클릭한다.

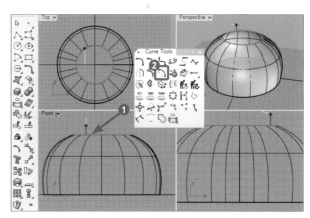

15 ❶ [Loft] 선택 → ❷번과 ❸번선 선택 → Enter → ❹번처럼 화살표 진행 방향이 보인다. → 화살표 진행 방향을 확인 후 Enter → Option 창이 나오면 OK 를 클릭한다.

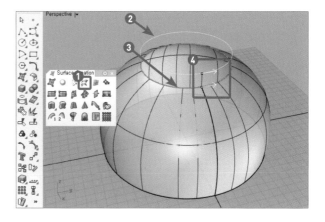

16 [Front View] → ❶ [Curve: interpolate points] 선택 → ❷번 지점을 클릭(클릭 시 Quad, Int, End 등의 Osnap point를 활용하여 클릭한다.) → Curve 선의 두 번째 지점에 해당하는 ❸번 지점에 클릭 → 마지막 끝점인 ❹번 지점을 클릭(정확한 치수 값은 없으며 임의의 지점에 클릭하여 그림과 같은 형태의 Curve를 그린다.)한다.

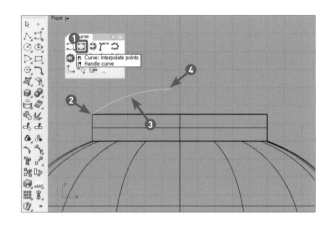

17 ❶ [Sweep 1 rail] 선택 → ❷번 ❸번 지점을 순차적으로 클릭 → Enter → Options 창이 나타나면 OK 를 클릭한다.

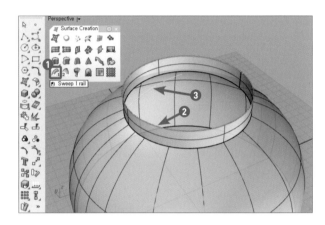

18 ❶ [Duplicate border] 선택 → 주전자 뚜껑에 해당하는 ❷번 Surface 선택 → Enter → Curve 선 ❸번과 ❹번이 생성되었다.

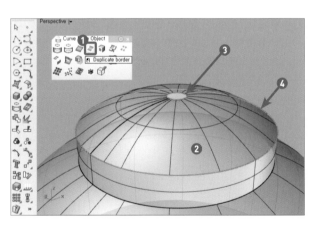

Tip [Duplicate border] – [Curve] 선을 생성시키는 기능

19 ❶ [Offset curve] 선택 → ❷번 선 선택
([Duplicate border]로 생성된 선) → [Front
View] 기준 Z축 방향으로 위치하여 치수 값
'15' 입력 → Enter → ❸번 해당 지점에 클릭
한다.

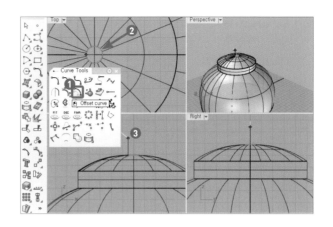

20 ❶번 선 선택 → ❷ [Offset curve] 선택 →
[Top View] 기준 선택한 ❶번 선의 외측(바
깥)으로 위치하여 치수 값 '5' 입력 → Enter →
해당 지점에 클릭한다. → ❸번 선이 생성된다.

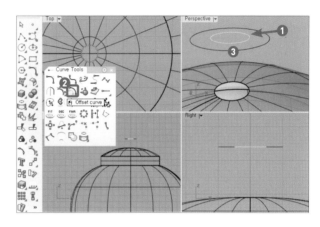

21 [Perspective View] → ❶ [Loft] 선택 → ❷번
선 ❸번 선 각각 클릭 → Enter → ❹번 화살표
의 진행 방향이 표시된다. → Enter → [Options]
창이 나오면 OK 를 클릭한다.

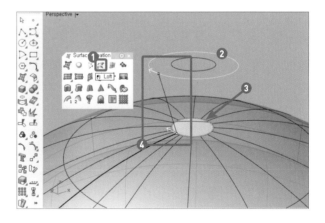

22 ❶ [Surface from planar curves] 선택 →
❷번 선 선택 → Enter → ❸번과 같은
Surface가 생성된다.

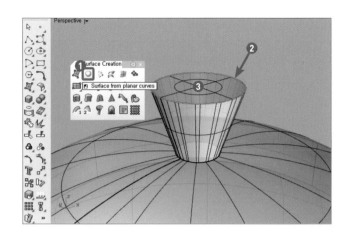

23 ❶ [Join] 선택 → ❷, ❸, ❹, ❺번 Surface
선택 → Enter → ❻ [Variable radius fillet]
선택 → 치수 값 '3' 입력 → Enter → ❼, ❽
번 모서리 지점을 각각 클릭(모서리 클릭
시 치수 값이 표기된다.)한다. → Enter 2번

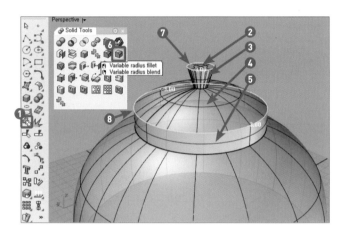

24 ❶ [Join] 선택 → ❷, ❸(주전자의 바닥 부
분) 번 [Surface] 선택 → Enter → ❹
[Variable radius fillet] 선택 → 치수 값
'30' 입력 → Enter → ❺번 지점을 클릭(모서
리 클릭 시 치수 값이 표기된다.)한다. →
Enter 2번

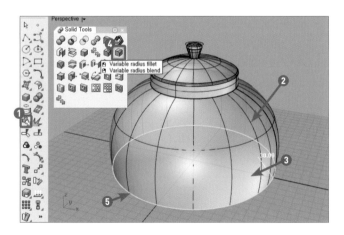

25 ❶ [Curve: interpolate points] 선택 → ❷ 주
전자의 주둥이에 해당하는 임의의 Curve 선
을 그린다. → ❸ 주전자의 손잡이 해당하는
임의의 Curve 선을 그린다. (❹번과 같이 주
전자에 중첩하여 그린다.)

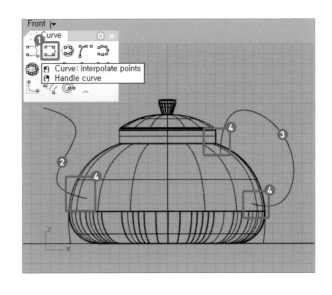

26 ❶ [Pipe: Flat caps] 선택 → ❷번 선 선택 →
❸번 지점 치수 값 '3' 입력(Start radius) → Enter
→ ❹번 지점 치수 값 '6'을 입력(End radius)
한다. → Enter 2번

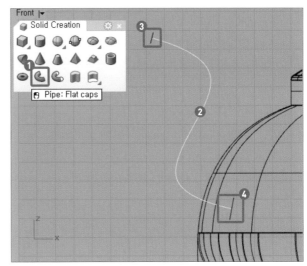

27 ❶ [Pipe: Flat caps] 선택 → ❷번 선 선택 →
❸번 지점 치수 값 '3' 입력(Start radius) →
Enter → ❹번 지점 치수 값 '6'을 입력(End
radius)한다. → Enter 2번

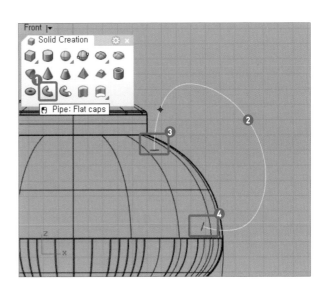

28 ❶ [Boolean union] 선택 → ❷번 주전자 주둥이 선택 → ❸번 주전자 선택 → ❹번 주전자 손잡이를 선택한다. → Enter

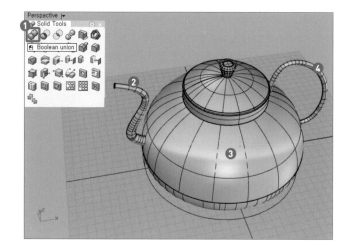

> **Tip** [Boolean union]은 Solid와 Solid를 하나의 객체로 합할 때 사용되므로 물체가 중첩하고 있어야 한다.

29 ❶ [Variable radius fillet] 선택 → 치수 값 '3' 입력 → Enter → ❷번 주전자의 주둥이 연결 부위에 해당하는 모서리 지점을 클릭 → Enter 2번 → ❶ [Variable radius fillet] 선택 → 치수 값 '1' 입력 → Enter → ❸번 주전 자의 손잡이 연결 부위에 해당하는 모서리 지점을 모두 각각 클릭한다. → Enter 2번

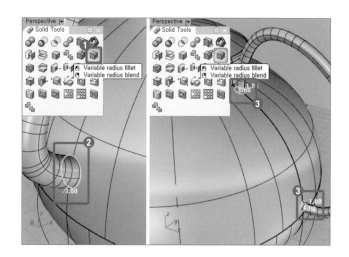

30 최종 완성

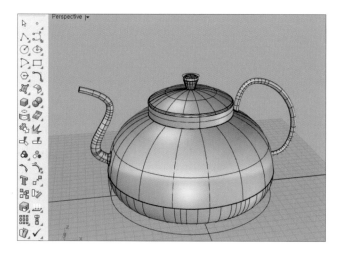

> **Tip** 모델링 최종 완성 작업 후, 차후 수정작 업을 고려하여 Curve 선 또는 Polyline 등 보조선들을 삭제하지 않는다.

3 스마트폰 모델링

Chapter

Part
4

01 New 도면을 연다. Open Template File 형식
이 나오면 [Large Objects]–[Millimeters]를
클릭한다. 4개의 뷰포트 중에 [Top View]에서
기본적인 2D 도면을 그린다. ❶ [Top View]를
기준으로 ❷ [Curve: interpolate points]를 클
릭한다. 좌표의 X, Y축을 따라 그림과 같이 +
형태의 열십자 모양으로 교차하는 Curve 선
을 그린다. 이때는 단축키 [F8](Ortho), [F9]
(Grid Snap)를 활용하여 눈금의 이동, 직교의
이동을 판단한다.

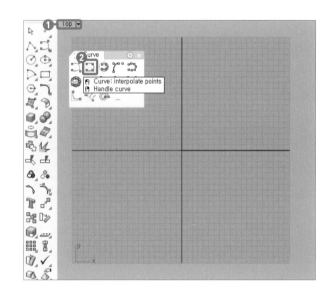

02 ❶ [Grid Snap], ❷ [Ortho], ❸ [Osnap]을 클릭 확인하고 [Osnap]의 ❹ [End, Mid, Cen, Int, Perp, Quad]의 체크를
확인한다.

03 ❶ [Offset curve] 선택 → 치수 값 '40' 입력
→ [Enter] → ❷번 선 선택 → ❸번 방향으로 좌
측에 클릭 → [Enter] (이전 명령어 반복 기능) →
❷번 선 선택 → ❹번 방향으로 우측에 클릭한
다.(라이노에서 동일한 명령어를 실행하면 바
로 이전에 입력하였던 치수 값이 그대로 자동
적용된다.) → [Enter] (이전 명령어 반복 기능) →
치수 값 '70' 입력 → [Enter] → ❺번 선 선택 ❻
번 방향으로 상단을 클릭한다. → [Enter] (이전
명령어 반복 기능) → ❺번 선 선택 → ❼번
방향으로 하단을 클릭한다.

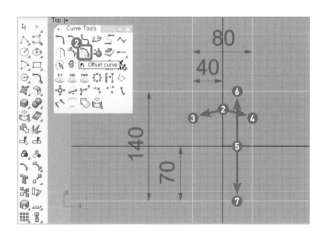

04 ❶ [Fillet curves] 선택 → 치수 값 '10' 입력 → Enter → ❷번 ❸번 지점 각각 클릭 → Enter (이전 명령어 반복) → ❹번 ❺번 지점 각각 클릭 → Enter (이전 명령어 반복) → ❻번 ❼번 지점 각각 클릭 → ❽번은 완성된 결과물(❽번 역시 앞선 방법과 동일하게 하면 된다.)

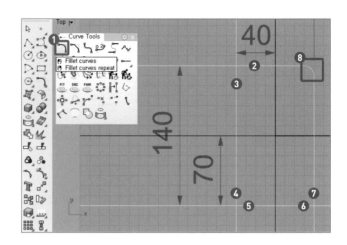

05 ❶ [Join] 선택 → ❷~❾번에 해당하는 8개의 선들을 모두 인접하고 있는 순서대로 선택하면 [Join] 된다.

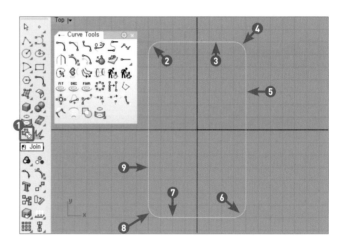

06 ❶ [Offset curve] 선택 → 치수 값 '9' 입력 → Enter → ❷번 선 선택 [Front View] 기준 Z축 임의의 지점을 클릭한다.

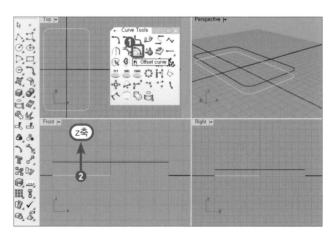

07 ❶ [Loft] 선택 → ❷번, ❸번 선 선택 →
Enter → 화살표 방향을 확인 후 Enter →
Options 창 [OK] 버튼을 클릭한다.

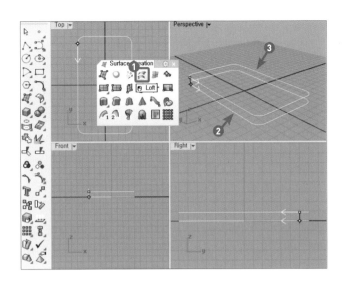

08 ❶ [Cap planar holes] 선택 → ❷번
Surface를 선택한다. → Enter

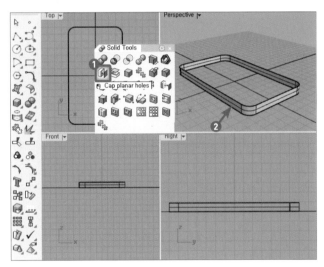

09 ❶ [Offset curve] 선택 → 치수 값 '35' 입
력 → Enter → ❷번 선 선택 → ❸번 방향으
로 좌측에 클릭 → Enter (이전 명령어 반복
기능) → ❷번 선 선택 → ❹번 방향으로 우
측에 클릭한다. (라이노에서 동일한 명령어
를 실행하면 바로 이전에 입력하였던 치수
값이 그대로 자동 적용된다.) → Enter (이전
명령어 반복 기능) → 치수 값 '50' 입력 →
Enter → ❺번 선 선택 ❻번 방향으로 상단
클릭 → Enter (이전 명령어 반복 기능) → ❺
번 선 선택 → ❼번 방향으로 하단을 클릭
한다.

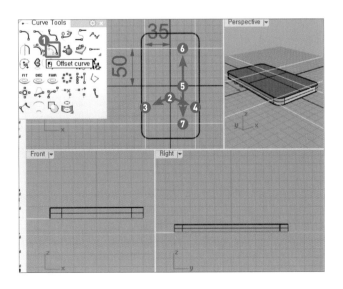

10 ❶ [Trim] 선택 → ❷~❺번 선 순차적으로
연속 선택 → Enter → 자를 선 ⊗를 순차적
으로 연속 선택한다. → Enter (❻번은 Trim
된 결과물로 앞선 방법과 같이 실행한다.)

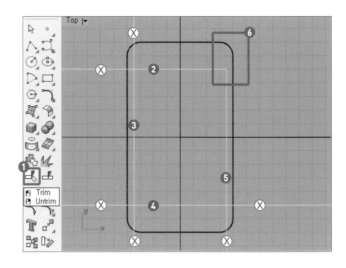

11 ❶ [Offset curve] 선택 → 치수 값 '15' 입력
→ Enter → ❷번 선 선택 → ❸번 방향으로
상단에 클릭 → Enter (이전 명령어 반복 기
능) → 치수 값 '10' 입력 → Enter → ❹번 선
선택 → ❺번 방향으로 하단을 클릭한다.

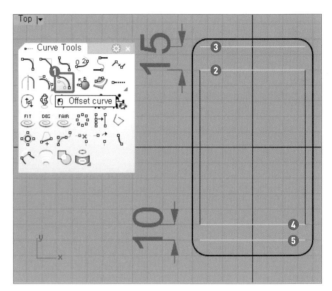

12 ❶ [Circle: center, radius] 선택 → ❷번
지점(교차점) 클릭 → 치수 값 '7'을 입력
(Radius 기준)한다. → Enter

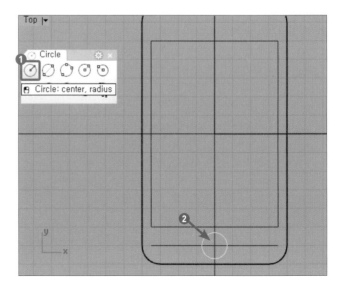

13 ❶ [Offset curve] 선택 → 치수 값 '3' 입력
→ [Enter] → ❷번 선 선택 → ❸번 방향으로
하단 클릭 → [Enter] (이전 명령어 반복 기능)
→ 치수 값 '15' 입력 → [Enter] → ❹번 선 선택
❺번 방향으로 좌측을 클릭한다. → [Enter] (이
전 명령어 반복 기능) → ❹번 선 선택 → ❻
번 방향으로 우측을 클릭한다.

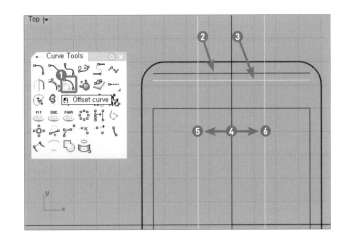

14 ❶번 [Circle tangent to 3 curves] 선택
→ ❷번(First tangent curve) 지점 클릭
→ ❸번(Second tangent curve or
radius) 지점 클릭 → ❹번(Third tangent
curve) 지점을 클릭한다. → ❺번 지점도
앞선 방법과 동일하게 반복한다.

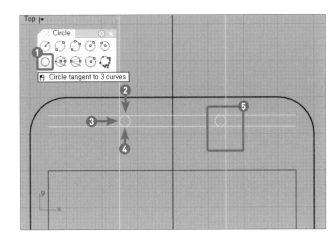

15 ❶ [Trim] 선택 → 자를 선 ❷~❺번까지 총
4개의 선을 선택한다. → [Enter].

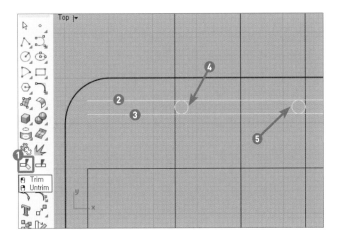

16 잘라서 삭제할 지점 ❶~❻번까지 지점을
순차적으로 클릭한다. (마우스 왼쪽)

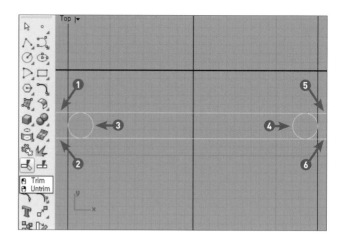

Tip 라이노에서 '클릭'이라 하면 기본적으로
마우스 '왼쪽'을 클릭한다.

17 ❶ [Join] 선택 → ❷번 지점의 4개의 선들
을 연속적으로 인접 순서대로 선택한다.

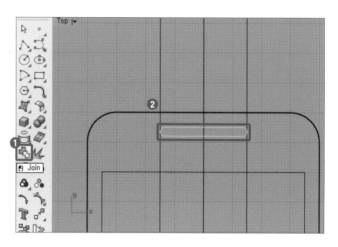

18 ❶ [Text object] 선택 → ❷ [Text to
create] 창에 원하는 문구를 적는다. (예 :
Smartphone) → ❸ 서체를 정한다. → ❹
Curve, Surface, Solid 3가지 중 Curves
를 선택한다. → ❺ [Text size]에 숫자 '4'
를 기입한다. → ❻ OK 를 클릭한다.

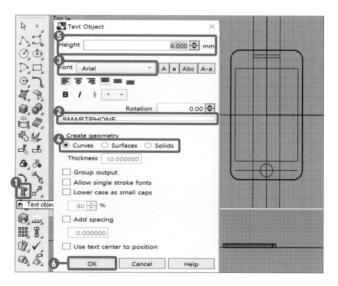

19 ❶번 위치를 클릭한다.

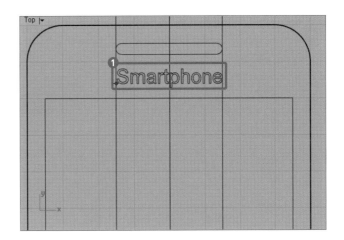

20 ❶ [Join] 선택 → ❷번 스마트폰 화면에 해당하는 4개의 선을 모두 선택한다.

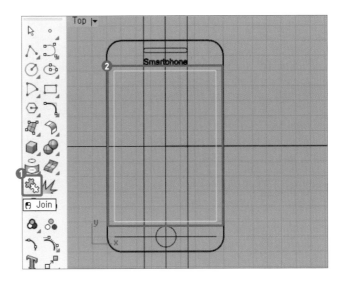

21 ❶ [Explode] 선택 → ❷번 스마트폰 선택 → Enter

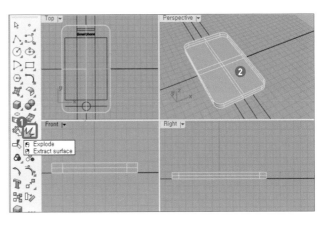

Tip [Explode]는 Solid, Surface, Curve 등의 결합된 형태를 모두 폭파시켜 분리되도록 한다.

22 ❶ [Split] 선택 → ❷번 스마트폰의 상판을 클릭 → Enter → ❸번 보라색에 해당하는 Curve 선을 모두 선택한다.(클릭 또는 드래그 기능을 활용하여 선택한다.) → Enter

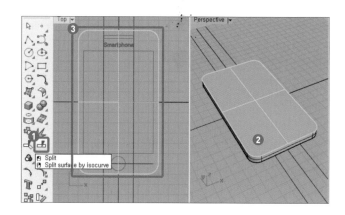

23 ❶ [Properties] 선택한다. → ❷ [Layer]를 클릭하면 지정된 Layer 번호를 이용하여 색상을 변경할 수 있다.

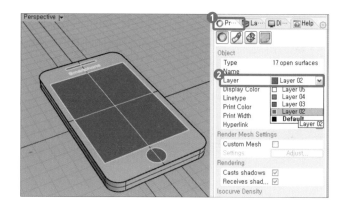

24 ❶ [Duplicate border] 선택 → ❷번 스마트폰 상판 선택 → Enter → ❸번 스마트폰 버튼을 삭제(Delete)한다.

Tip [Duplicate border]를 활용하면 Surface 모서리를 따라 Curve 선이 생성된다. 이를 활용한다면 별도의 Curve 선을 작도하지 않고도 모델링이 가능하다.

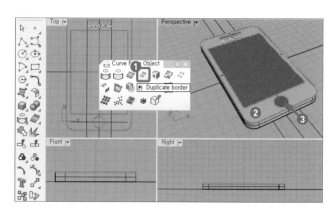

25 ❶ [Offset curve] 선택 → ❷번 선 선택 → 치수 값 2 입력 → Enter → ❸번 방향 내측으로 해당 위치를 클릭 → Enter (이전 명령어 반복 기능) → ❸번 선 선택 → 치수 값 '1' 입력 → Enter → [Front View]로 마우스를 이동 → ❹번 방향 하단으로 해당 위치 클릭 → ❸번 선을 삭제(Delete)한다.

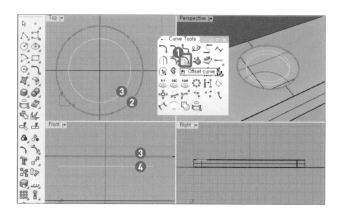

26 ❶ [Patch] 선택 → ❷번 ❸번 선 순차적으로 각각 선택 → Enter → [Patch Surface Options] 창이 나오면 OK 를 클릭한다.

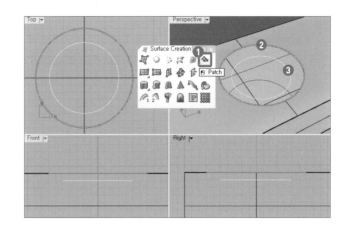

27 ❶ [Surface] 선택 → ❷ [Properties] 선택 → ❸ [Layer]를 클릭하면 지정된 Layer 번호를 이용하여 색상을 변경할 수 있다.

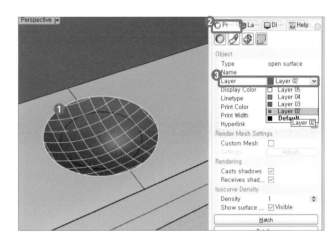

28 ❶ [Extrude straight] 선택 → ❷번 Curve 선 선택 → Enter → 치수 값 '0.5'을 입력한다. → Enter

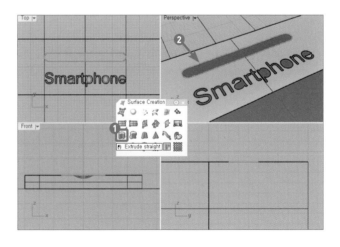

29 ❶ [Cap planar holes] 선택 → ❷번 [Surface]를 선택한다. → Enter

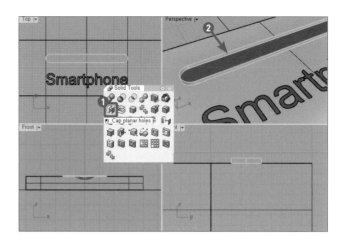

30 ❶ [Variable radius fillet] 선택 → 치수 값 '0.5' 입력 → Enter → ❷번 모서리 지점을 모두 선택한다. → Enter 2번

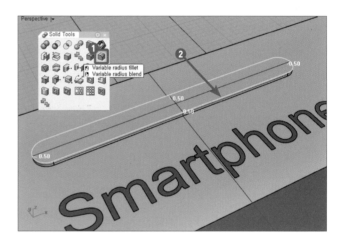

31 ❶ [Solid] 선택 → ❷ [Properties] 선택한다. → ❸ [Layer]를 클릭하면 지정된 Layer 번호를 이용하여 색상을 변경할 수 있다.

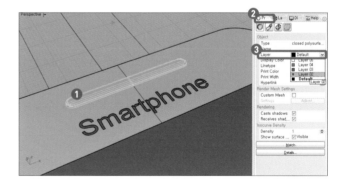

32 ❶ [Offset curve] 선택 → ❷ 모서리 Curve 선 선택 → 치수 값 '2' 입력 → Enter – ❸번 방향으로 위치하여 클릭 → Enter (이전 명령어 반복) → ❹번 선 선택 (치수 값은 이전과 동일한 '2' 이므로 따로 입력할 필요가 없다.) → ❺번 방향으로 위치하여 클릭한다.

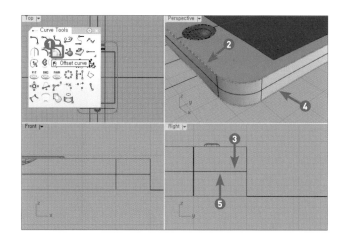

33 ❶ [Offset curve] 선택 → ❷번 Curve 선 선택 → 치수 값 '1' 입력 → Enter – ❸번 방향 외측에 위치하여 클릭 → Enter (이전 명령어 반복) → ❹번 선 선택(치수 값은 이전과 동일한 '1' 이므로 따로 입력할 필요가 없다.) → ❸번 방향 외측에 위치하여 클릭한다.

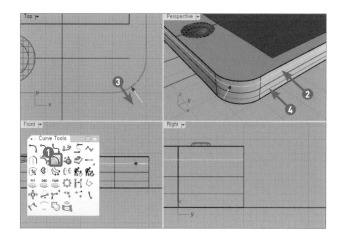

34 ❶번 Curve 선 4개 선택(Shift 키 누르면서 선택하면 다중 선택 가능) → ❷번 Properties 선택한다. ❸번 Layer를 클릭하면 지정된 Layer 번호를 이용하여 색상을 변경할 수 있다. (도면이 복잡하면 Layer 색상을 변경하면 편리하다.)

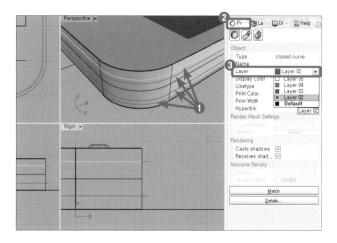

35 ❶ [Loft] 선택 → ❷, ❸번 선 연속 선택 →
Enter 2번 → [Loft Options] 창에 OK 선
택 → Enter (이전 명령어 반복) → ❹, ❺번
선 연속 선택 → Enter 2번 → [Loft Options]
창에 OK 를 선택한다.

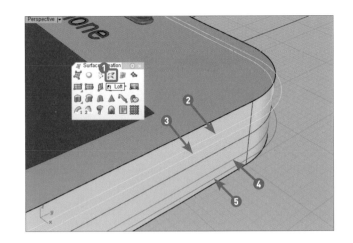

36 ❶번 [Loft] 선택 → ❷, ❸번 선 연속 선택
→ Enter 2번 → [Loft Options] 창에 OK
를 선택한다.

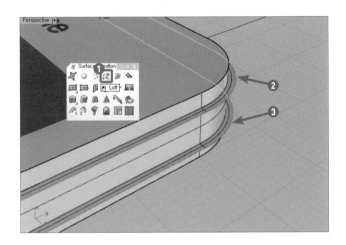

37 ❶ [Join] 선택 → 스마트 폰의 앞면에 해당
하는 ❷번 선택, 측면에 해당하는 ❸번 선
택, 뒷면에 해당 ❹번을 선택한다. → Enter

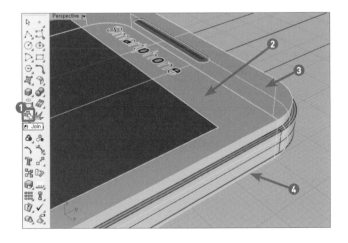

38 ❶ [Variable radius chamfer] 선택 → 치수 값 '1' 입력 → Enter → ❷, ❸번 모서리를 각각 선택한다. → Enter 2번

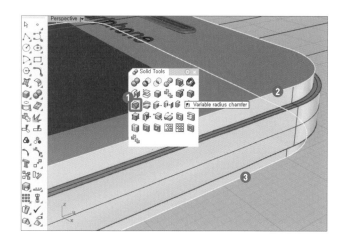

39 스마트폰 완성(Key Shot 같은 렌더링 프로그램과의 호환을 고려하여 맵핑하고자 하는 부분의 Layer 색상을 구분한다.)

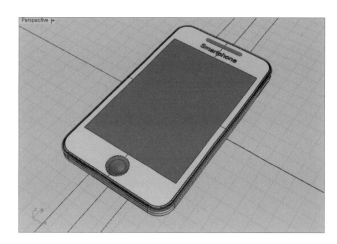

4
Chapter

카메라 모델링

01 New 도면을 연다. Open Template File 형식이 나오면 [Large Objects]-[Millimeters]를 클릭한다. 4개의 뷰포트 중에 [Top View]에서 기본적인 2D 도면을 그린다.

❶ [Top View]를 기준으로 ❷ [Curve: interpolate points]를 클릭한다. 좌표의 X, Y축을 따라 그림과 같이 + 형태의 열십자 모양으로 교차하는 Curve 선을 그린다. 이때는 단축키 F8(Ortho), F9(Grid Snap)를 활용하여 눈금의 이동, 직교의 이동을 판단한다.

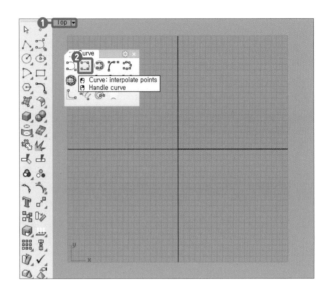

02 ❶ [Grid Snap], ❷ [Ortho], ❸ [Osnap]을 클릭 확인하고 [Osnap]의 ❹ [End, Mid, Cen, Int, Perp, Quad]의 체크를 확인한다.

03 ❶ [Offset curve] 선택 → 치수 값 '60' 입력 → Enter → ❷번 선 선택 → ❸번 방향으로 좌측에 클릭 → Enter (이전 명령어 반복 기능) → ❷번 선 선택 → ❹번 방향으로 우측을 클릭한다. (라이노에서 동일한 명령어를 실행하면 바로 이전에 입력하였던 치수 값이 그대로 자동 적용된다.) → Enter (이전 명령어 반복 기능) → 치수 값 '20' 입력 → Enter → ❺번 선 선택 ❻번 방향으로 상단 클릭 → Enter (이전 명령어 반복 기능) → ❺번 선 선택 → ❼번 방향으로 하단을 클릭한다.

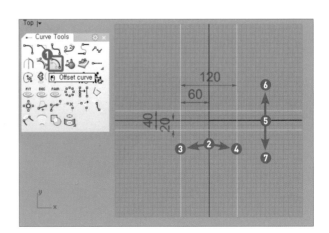

04 ❶ [Trim] 선택 → ❷~❺번까지의 선 선택
→ Enter → 잘라 버릴 영역에 해당하는 ⊗
지점 선의 끝부분을 클릭한다.

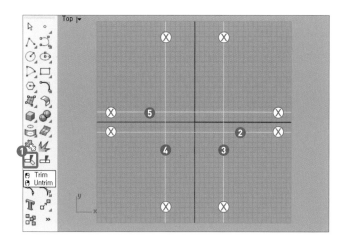

05 ❶ [Offset curve] 선택 → 치수 값 '20' 입
력 → Enter → ❷번 선 선택 → ❸번 방향으
로 좌측을 클릭한다. → Enter (이전 명령어
반복 기능) → 치수 값 '30' 입력 → ❷번 선
선택 ❹번 방향으로 좌측 클릭 → Enter (이
전 명령어 반복 기능) → 치수 값 '10' 입력
→ Enter → ❺번 선 선택 ❻번 방향으로 하
단을 클릭한다. → Enter

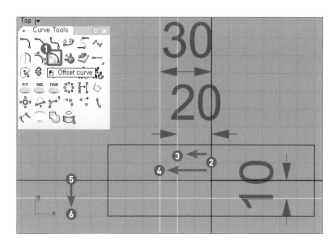

06 ❶ [Curve: interpolate points] 선택 →
❷번 지점과 ❸번 지점을 각각 클릭하여
Curve 선을 그린다. → ❹ [Trim] 선택 →
❺~❽번까지의 선을 선택 → Enter → ⊗
지점을 클릭하여 선을 자른다. → Enter

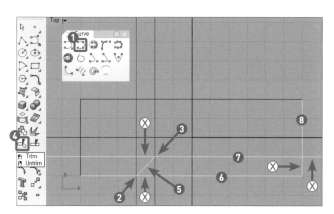

07 ❶, ❷번 선 삭제(Delete) → ❸ [Fillet
curves] 선택 → 치수 값 '10' 입력 → Enter
→ ❹, ❺번 지점 각각 클릭 → Enter (이전
명령어 반복 기능) → ❻, ❼번 지점 각각
클릭 → Enter (이전 명령어 반복 기능) →
❽, ❾번 지점 각각 클릭 → Enter (이전 명령
어 반복 기능) → ❿, ⓫번 지점 각각 클릭
→ Enter (이전 명령어 반복 기능) → ⓬, ⓭
번 지점 각각 클릭 → Enter (이전 명령어 반
복 기능) → ⓮, ⓯번 지점을 각각 클릭한다.

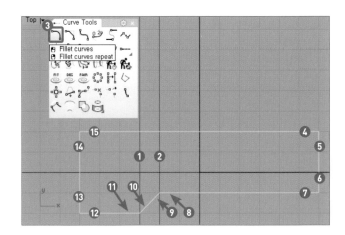

08 ❶ 좌측에서 우측으로 지금까지 그린 도면
을 마우스 왼쪽을 누른 상태에서 모두 드래
그 한다. → ❷ [Join] 선택

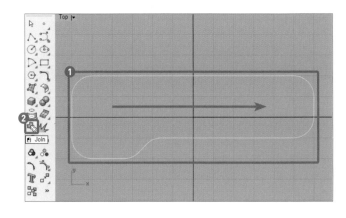

Tip [Join] 작업 시 선을 각각 선택하기 보다
는 드래그 한 후 [Join]하면 과정을 단축
할 수 있다.

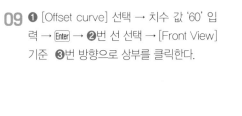

09 ❶ [Offset curve] 선택 → 치수 값 '60' 입
력 → Enter → ❷번 선 선택 → [Front View]
기준 ❸번 방향으로 상부를 클릭한다.

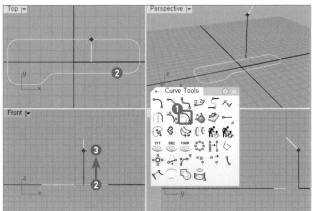

10 ❶ [Loft] 선택 → ❷, ❸번 선 선택 → Enter
→ ❹화살표 [Loft] 진행 방향 확인 → Enter
→ [Loft Options] 창에서 OK 를 클릭
한다.

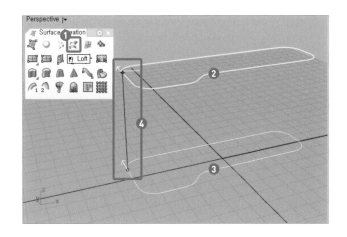

11 ❶ [Cap planar holes] 선택 → ❷ 카메라
본체를 선택한다. → Enter

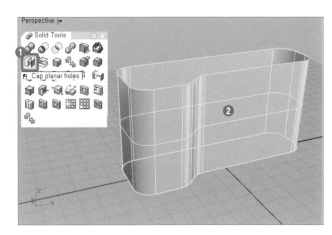

12 ❶ [Variable radius chamfer] 선택 → 치
수 값 '3' 입력 → Enter → ❷, ❸번 모서리
지점을 각각 선택한다. → Enter 2번

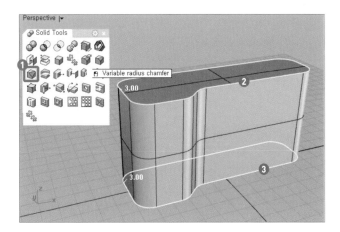

13 ❶ [Curve: interpolate points] 선택 →
「Front View」에서 ❷번과 같이 Z축의 중심
끝에서 끝까지 선을 긋는다.

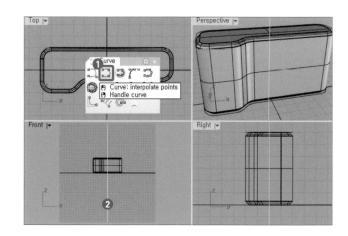

14 ❶ [Offset curve] 선택 → 치수 값 '15' 입
력 → Enter → ❷번 선 선택 ❸번 방향으로
우측을 클릭 → Enter (이전 명령어 반복 기
능) → 치수 값 '30' 입력 → Enter → ❹번 선
선택 → ❺번 방향으로 하단을 클릭한다.

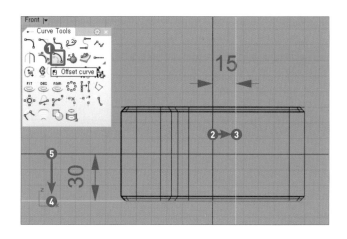

15 ❶ [Circle: center, radius] 선택 → 앞서
그린 ❷, ❸번 선의 교차점(Int)인 ❹번 지
점에 클릭한다. → 치수 값 '22'를 입력한다.
→ Enter (❺번과 같은 원이 생성된다.)

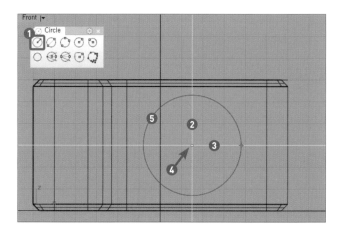

16 ❶ [Offset curve] 선택 → 치수 값 '10' 입력 → Enter → ❷번 선(Circle) 선택 → [Top View] 기준 ❸번 방향으로 하단을 클릭한다.

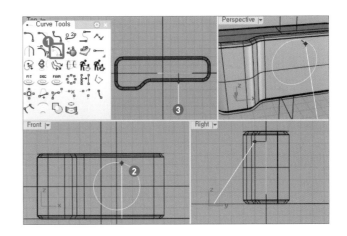

17 ❶ [Offset curve] 선택 → 치수 값 '20' 입력 → Enter → ❷번 선(Circle) 선택 → [Top View] 기준 ❸번 방향으로 하단을 클릭한다.

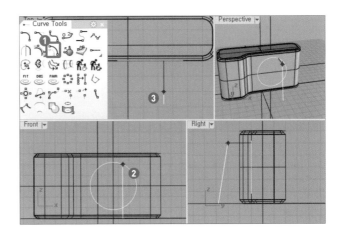

18 ❶ [Loft] 선택 → ❷, ❸번 선 선택 → Enter → ❹화살표 [Loft] 진행 방향 확인 → Enter → [Loft Options] 창에서 OK 를 클릭한다.

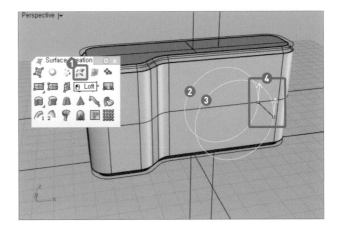

19 ❶ [Cap planar holes] 선택 → ❷번
Surface 선택 → Enter

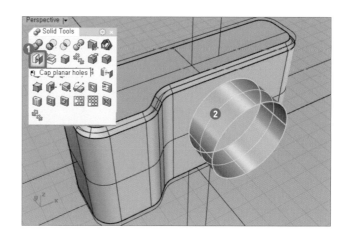

20 ❶ [Copy] 선택 → ❷번 카메라 렌즈 선택
→ Enter → ❸번 지점에서 ❹번 지점으로 이
동 복사한다.

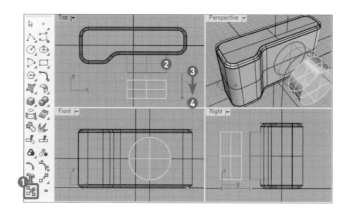

21 ❶ [Scale 3–D] 선택 → ❷번(복사한 렌
즈) 선택 → Enter → ❸번 지점(중심점) 선택
([Osnap]의 Cen, 또는 Int 지점) → ❹번
임의의 지점 클릭 → ❺번 임의의 지점을
클릭(마우스를 ❹번 지점에서 ❺번 지점으
로 이동하여 클릭)한다.

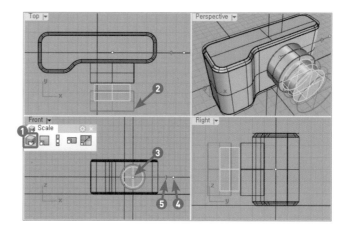

22 ❶ [Move] 선택 → ❷번 Solid 선택 →
❸번 지점 내측으로 이동한다.

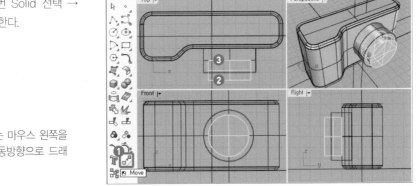

Part
4

> **Tip** Move, 즉 이동 명령어는 마우스 왼쪽을
> 길게 누른 상태에서 이동방향으로 드래
> 그하면 된다.

23 ❶ [Boolean difference] 선택 → ❷번
Solid(렌즈) 선택 → Enter → ❸번 Solid를
선택한다. → Enter

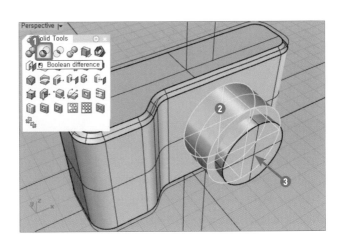

24 ❶ [Variable radius chamfer] 선택 → 치
수 값 '1' 입력 → Enter → ❷번 모서리 지점
을 선택한다. → Enter 2번

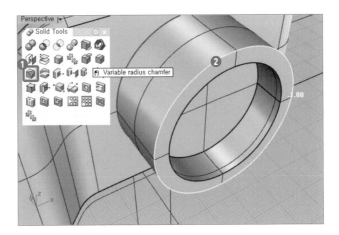

25 ❶ [Sphere: Diameter] 선택 → ❷번 지점
클릭 → ❸번 지점을 클릭([Osnap]의 Mid,
End 등의 지점을 활용한다.)한다.

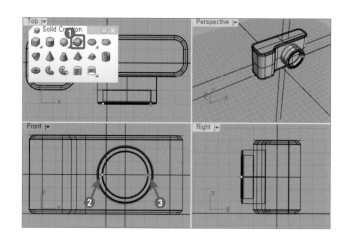

26 ❶ [Scale 1–D] 선택 → ❷번(구: Sphere)
선택 → Enter → ❸번 지점(교차점에 해당:
[Osnap]의 포인트를 활용) 선택 → ❹번
지점 선택(치수는 없으며 방향 설정에 해
당하므로 임의의 지점에 클릭한다. 이때 단
축키 F8에 해당하는 [Ortho]는 활성화되
어 있어야 수직 방향으로 정확한 선택이 가
능하다.) → 드래그하여 임의의 ❺번 지점
을 클릭한다. 〈구(Sphere) 형태가 타원
(Ellipse) 형태가 되도록 변형한다.〉

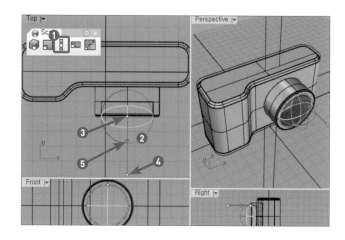

27 ❶ [Move]를 활용하여 렌즈를 ❷번 방향
안쪽으로 적당히 밀어 넣는다.

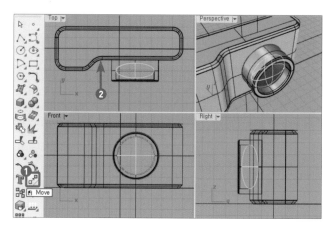

28 ❶번 카메라 렌즈 선택 → ❷번 [Pro
perties]를 선택한다. → ❸번 [Layer]를 클
릭하면 지정되어진 Layer 번호를 이용하
여 색상을 변경할 수 있다.(도면이 복잡하
면 Layer 색상을 변경하면 편리하다.)

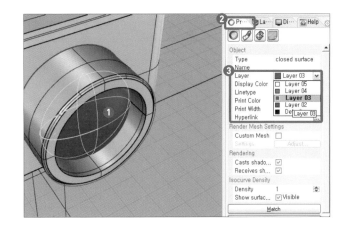

Part
4

29 ❶ [Offset curve] 선택 → ❷번 선 선택
(도면 작도 시 처음 그렸던 보조선에 해당)
→ 치수 값 '40' 입력 → Enter → ❸번 지점
의 좌측에 클릭 → ❹ [Circle: center,
radius] 선택 → ❺번 지점 클릭([Osnap]
의 포인트 지점을 활용한다.) → 치수 값
'10'을 입력한다. → Enter

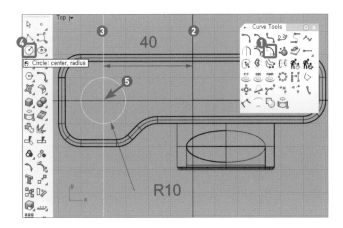

30 ❶ [Offset curve] 선택 → ❷번 Circle 선
택 → 치수 값 '60' 입력 → Enter → [Front
View] 기준 ❸번 방향으로 상단을 클릭
한다.

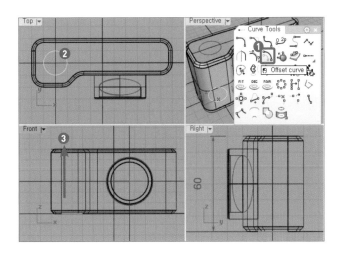

31 ❶ [Extrude straight] 선택 → ❷번 Circle
선택 → 치수 값 '3'을 입력한다. → Enter

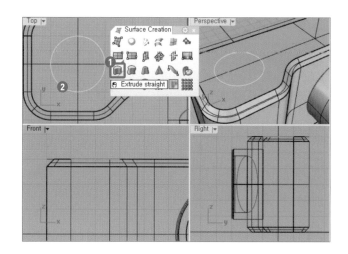

32 ❶ [Cap planar holes] 선택 → ❷번
Surface를 선택한다. → Enter

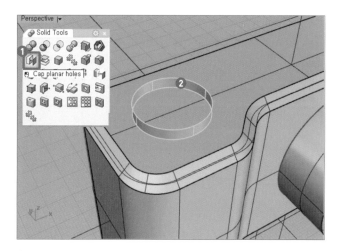

33 ❶ [Variable radius fillet] 선택 → 치수 값
'1' 입력 → Enter → ❷번 모서리 지점을 선택
한다. → Enter 2번

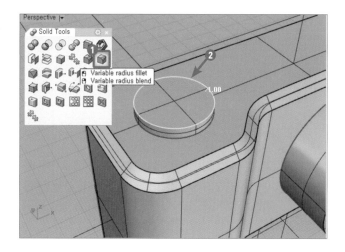

34 [Front View] → ❶ [Rectangle: Corner to corner] 선택 → ❷번 지점을 임의로 드래그하여 그림과 같은 사각형을 그린다.

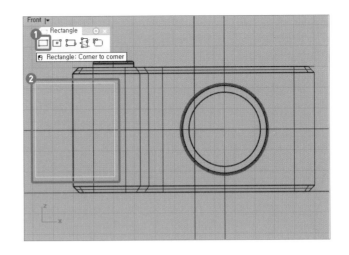

35 [Fillet curves] 선택 → 치수 값 '5' 입력 → Enter → ❷, ❸번 지점 각각 클릭 → ❹ 영역 또한 동일한 [Fillet curves]를 적용한다.

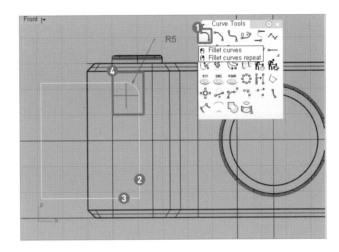

36 ❶ [Split] 선택 → ❷ 카메라 본체 선택 → Enter → ❸번 선을 선택(자를 영역)한다. → Enter

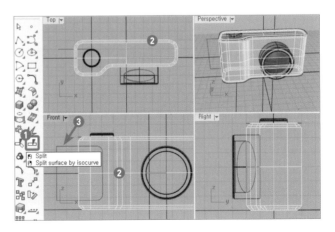

37 ❶ [Offset Surface] 선택 → ❷번 Surface 선택(카메라 손잡이 부분) → Enter → ❸ 화살표 방향을 확인한다. (화살표 방향은 Offset 진행 방향을 나타내며 반대 방향을 원할 때는 화살표 부분을 [Perspective View]에서 클릭하면 방향이 바뀐다.) → 치수 값 '3'을 입력한다. → Enter 2번

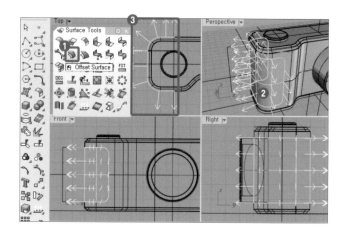

38 ❶ [Variable radius fillet] 선택 → 치수 값 '1' 입력 → Enter → ❷번 모서리 지점을 모두 선택한다. (회전(Rotate) 기능을 이용하여 뒷면까지 돌려서 선택한다.) → Enter 2번

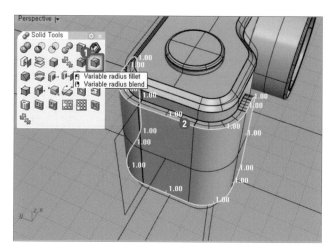

39 ❶ [Offset curve] 선택 → ❷번 선택(중심선) → 치수 값 '15' 입력 → Enter → [Front View] 기준 ❸번 방향으로 상단 클릭 → Enter (이전 명령어 반복 기능) → ❹번 선택 (원: Circle) → ❺ [Selection Menu]에는 마우스가 가리키고 있는 곳에 위치하고 있는 Curve, Surface, Solid 등을 나타낸다. 중복되어 물체 중에 하나를 선택한다. → ❻번 Curve 중에 좌표의 중심점에 있는 Curve 선 선택(❷번 중심선과 좌표 상에 나란히 위치하고 있는 Curve 선택) → 치수 값 '3' 입력 → Enter → ❼번 지점을 클릭한다. (원(Circle)의 외곽 방향)

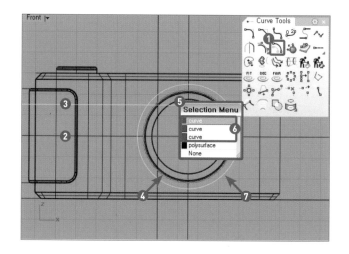

40 ❶ [Trim] 선택 → ❷, ❸번 선 선택 → Enter → 자를 영역 ⊗ 지점을 클릭하여 자른다.

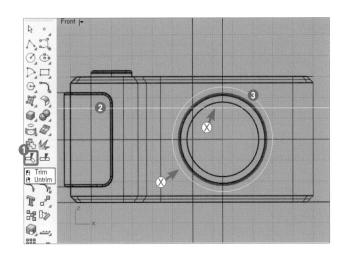

Part
4

41 ❶ [Fillet curves] 선택 → 치수 값 '5' 입력 → Enter → ❷, ❸번 지점 각각 클릭 → Enter (이전 명령어 반복 기능) → ❹, ❺번 지점을 각각 클릭(치수 값은 이전과 동일한 5이므로 따로 입력할 필요 없음)한다.

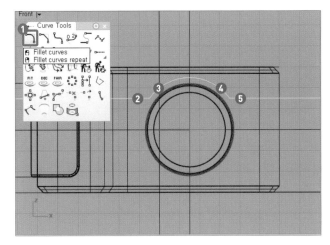

42 ❶ [Join] 선택 → 붙이고자 하는 선 ❷~❻번까지의 선을 인접하고 있는 선의 순서대로 연속 선택한다. → Enter

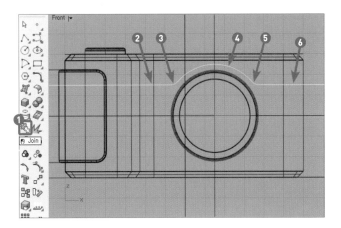

43 ❶ [Split] 선택 → ❷번 카메라 본체 선택
→ Enter → ❸번 선을 선택([Split]을 활용하
여 자를 부분)한다. → Enter

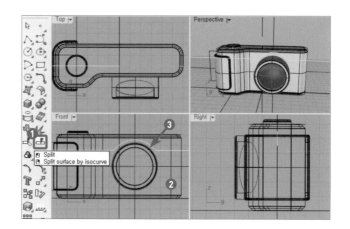

44 ❶번 [Split]으로 자른 카메라 상단 부분 선택 → ❷번 [Properties]를 선택한다. → ❸번 Layer를 클릭하면 지정된
Layer 번호를 이용하여 색상을 변경할 수 있다. (도면이 복잡하면 Layer 색상을 변경하면 편리하다.)

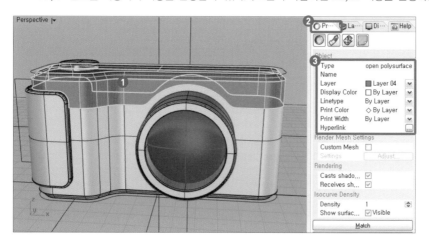

45 렌더링을 위해 각각의 물체마다 Layer의
색상을 변경한다. 최종 완성 후에도 수정을
염두에 두어 보조선에 해당하는 Curve 선
들은 지우지 않는다.

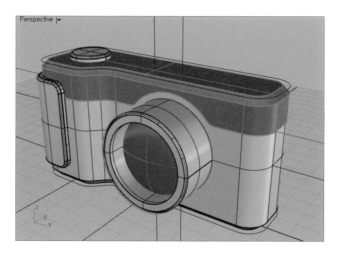

5 시계 모델링

Chapter

01 New 도면을 연다. [Open Template File] 형식이 나오면 [Large Objects] – [Millimeters]를 클릭한다. 4개의 뷰포트 중에 [Top View]에서 기본적인 2D 도면을 그린다.

❶ [Top View]를 기준으로 ❷ [Curve: interpolate points]를 클릭한다. 좌표의 X, Y축을 따라 그림과 같이 + 형태의 열십자모양으로 교차하는 Curve 선을 그린다. 이때는 단축키 F8 (Ortho), F9 (Grid Snap)를 활용하여 눈금의 이동, 직교의 이동을 판단한다.

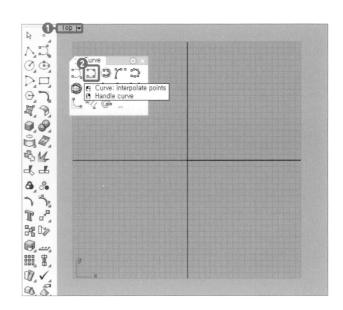

02 ❶ [Grid Snap], ❷ [Ortho], ❸ [Osnap]을 클릭 확인하고 [Osnap]의 ❹ [End, Mid, Cen, Int, Perp, Quad]의 체크를 확인한다.

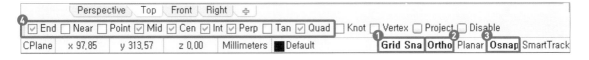

03 ❶ [Circle: center, radius] 선택 → ❷번 지점([Osnap]의 교차점을 활용한다.) 클릭 → 치수 값 '30' 입력 → Enter (❸번과 같은 Circle 완성) → ❹ [Offset curve] 선택 → 치수 값 '40' 입력 → Enter → ❺번 선 선택 → ❻번 방향 상단 클릭 → Enter (이전 명령어 반복 기능) → ❺번 선 선택(치수는 동일하므로 입력하지 않는다.) → ❼번 방향 하단 클릭 → Enter (이전 명령어 반복 기능) → ❽번 선 선택 → 치수 값 '20' 입력 → Enter → ❾번 방향 좌측에 클릭 → Enter (이전 명령어 반복 기능) → ❽번 선 선택(치수는 동일하므로 입력하지 않는다.) → ❿번 방향 우측에 클릭 → Enter (이전 명령어 반복 기능) → ❾번 선 선택 → 치수 값 '5' 입력 → Enter → ⓫번 방향 좌측 클릭 → Enter (이전 명령어 반복 기능) → ❿번 선 선택(치수는 동일하므로 입력하지 않는다.) → ⓬번 방향 우측을 클릭한다.

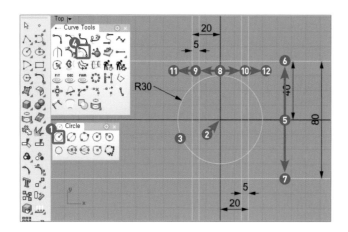

04 ❶ [Trim]을 선택한다. → 열십자(+) 형태의
중심선을 제외한 모든 선 선택(클릭 또는
드래그하여 선택) → Enter → ⊗ 지점을 모
두 클릭하여 자른다.

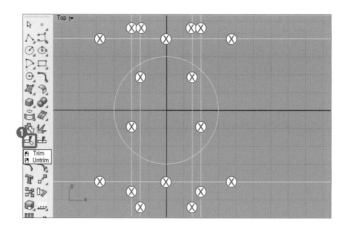

05 ❶ [Offset curve] 선택 → ❷번 선 선택 →
치수 값 '8' 입력 → Enter → [Front View]
기준 ❸번 방향 상단을 클릭한다.

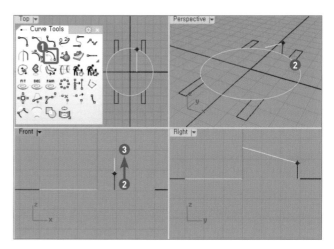

06 ❶ [Curve: interpolate points] 선택 → ❷
번 Quad(Osnap) 지점 클릭 → ❸번
Quad 또는 Int 지점 클릭 → Enter → ❹번
선 선택 → ❺ [Points on]을 선택한다.

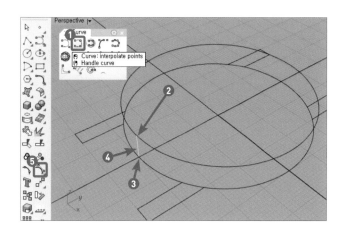

07 [Right View] → ❶번 포인트 2개를 선택
한다. (Shift 키를 누르면 다중 선택 가능) →
❷번 방향으로 모눈종이 그리드 3칸(1칸은
1mm에 해당)만큼 드래그하여 이동(단축키
F8 에 해당하는 [Ortho]가 활성화된 상태
에서 작업한다.)

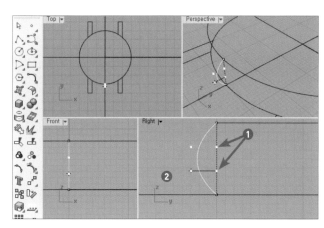

08 ❶ [Scale 1-D] 선택 → ❷번 포인트 2개
선택 → Enter → ❸번 Mid(미들 포인트) 지
점 클릭 → ❹번 지점 클릭(Offset 으로 그
린 시계 도면의 끝 지점에 해당) → ❺번
지점 클릭(모눈종이 5칸 위에 해당) → ❻
[Points off] 선택(마우스 오른쪽) → 점(포
인트)이 모두 사라진다.

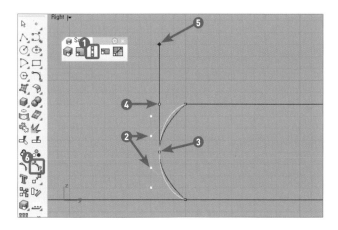

09 [Right View] → ❶ [Mirror] 선택 → ❷번
선 선택 → Enter → ❸번(Z축에 해당하는
녹색의 중심축) 지점에서 ❹번 지점으로 드
래그하여 클릭 → ❺번 위치에 ❷번과 동
일한 곡선이 생성된 것을 확인한다.

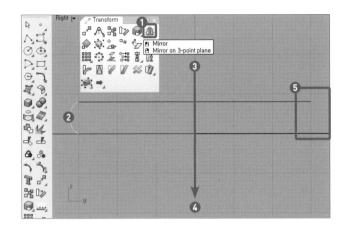

10 [Perspective View] → ❶ [Sweep 2
rails] 선택 → ❷, ❸, ❹, ❺번 선 순서대로
선택

Tip [Sweep 2 rails] 작업 시 레일에 해당하
는 ❷, ❸번을 먼저 선택하고 교차 선에
해당하는 ❹, ❺번을 나중에 선택한다.
이는 모든 [Sweep 2 rails] 작업의 공통
된 순서이다.

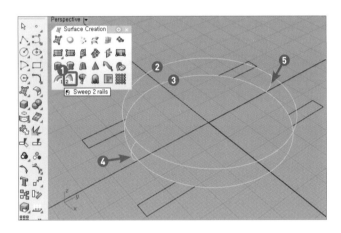

11 Enter → ❶ [Sweep 2 Rail Options] 창 확
인 → ❷번 'Simple sweep' 체크 → ❸번
OK 버튼을 클릭한다.

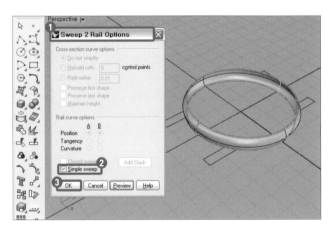

12 ❶ [Surface from planar curves] 선택 →
❷번 Curve 선 선택 → Enter

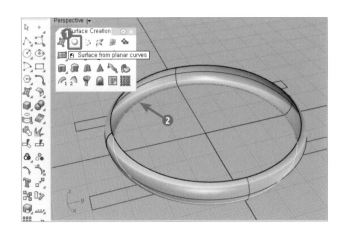

13 ❶ [Offset curve] 선택 → ❷번 Curve 선
선택 → 치수 값 '2' 입력 → Enter → ❸번 방
향에 마우스를 위치시킨 후 클릭한다.

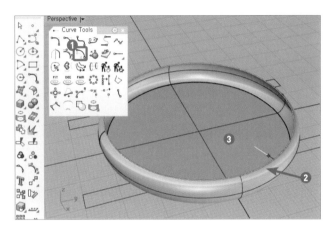

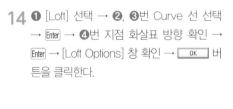

Tip 대부분의 2D 도면 작업 시 Top, Front,
Right View를 활용하나 복잡하지 않은
간략한 Offset 이나 Trim 정도의 도면 작
업은 [Perspective View]에서 바로 작
업하면 시간을 단축할 수 있다.

14 ❶ [Loft] 선택 → ❷, ❸번 Curve 선 선택
→ Enter → ❹번 지점 화살표 방향 확인 →
Enter → [Loft Options] 창 확인 → OK 버
튼을 클릭한다.

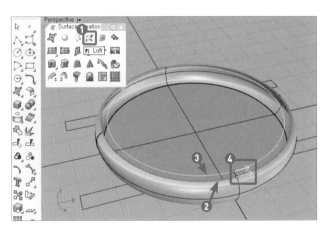

15 ❶ [Extrude straight] 선택 → ❷번 Curve
선 선택 → Enter → 치수 값 '-3'(마이너스)
입력 → Enter

Tip [Extrude straight] 등을 활용하여 치수
값을 입력할 때 [Perspective View] 기
준 +(플러스) 치수는 Z축의 상단으로
Extrude , −(마이너스) 치수는 Z축 하단
으로 Extrude 된다.

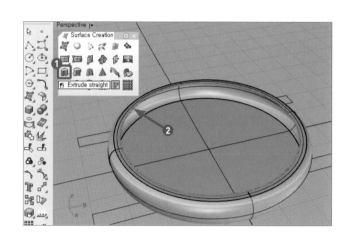

16 ❶ [Surface from planar curves] 선택 →
❷번 Curve 선 선택 → Enter

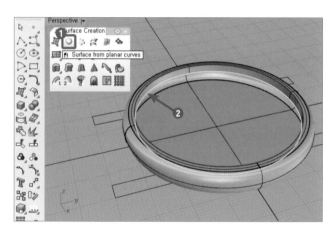

17 ❶ [Join] 선택 → ❷번 시계에 해당하는 모
든 Surface 선택(Join은 인접하고 있는
Curve와 Curve, Surface와 Surface를
순서대로 선택한다.)

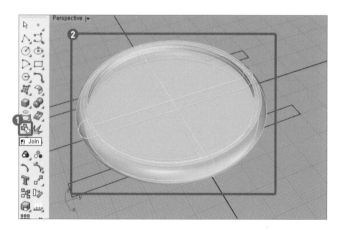

18 [Top View] → ❶ [Box: Corner to Corner, Height] 선택 → ❷번 지점(Y축의 중심점 기준 좌측 1칸 교차점) 클릭 → 치수 값 '2' 입력(X축) → Enter → 치수 값 '-10'(마이너스) 입력(Y축) → Enter → 치수 값 '1'을 입력(Z축)한다. → Enter

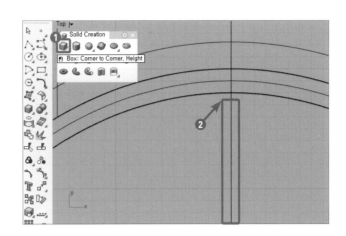

19 [Right View] → ❶ [Move] 선택 → ❷번 사각형 선택 → Enter → ❸지점 클릭 → 치수 값 '5' 입력 → Enter → ❹번 지점을 클릭하여 이동한다.

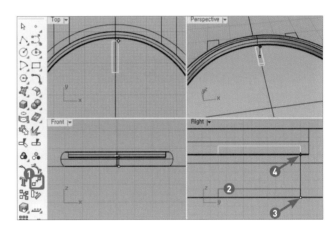

20 [Top View] → ❶ [Polar array] 선택 → ❷번 사각형 선택 → Enter → ❸번 교차점 선택(Center of polar array) → '12' 입력(Number of items) → Enter → '360'을 입력(Angle)한다. → Enter

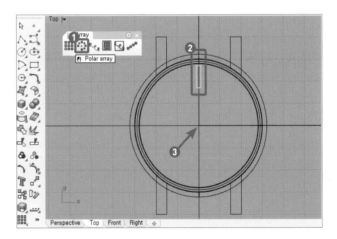

21 ❶ [Circle: center, radius] 선택 → ❷번 지점 클릭 → 치수 값 '2' 입력 → Enter → ❸ [Offset curve] 선택 → 치수 값 '25' 입력 → Enter → ❹번 선 선택 ❺번 방향으로 상단 클릭 → Enter (이전 명령어 반복 기능) → 치수 값 '1' 입력 → Enter → ❻번 선 선택 → ❼번 방향으로 좌측 클릭 → Enter (이전 명령어 반복 기능) → 치수 값 '1' 입력 → Enter → ❻번 선 선택 → ❽번 방향으로 우측을 클릭한다.

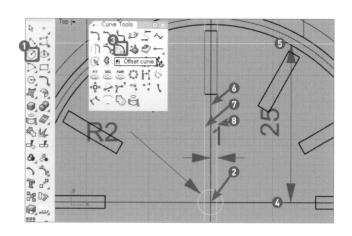

22 ❶ [Polyline] 선택 → ❷, ❸, ❹번 지점을 연속적으로 클릭하여 시계 바늘을 그린다. (연속적으로 클릭하여 그리면 [Join]이 필요 없다.) → ❺, ❻, ❼번 보조선을 선택하여 삭제한다(Delete).

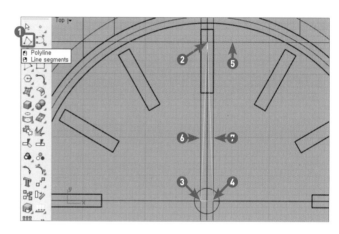

23 ❶ [Offset curve] 선택 → 치수 값 '1' 입력 → Enter → ❷번 선 선택 → ❸번 방향으로 상단에 클릭 → Enter (이전 명령어 반복 기능) → 치수 값 '1' 입력 → Enter → ❷번 선 선택 → ❹번 방향으로 하단 클릭 → Enter (이전 명령어 반복 기능) → 치수 값 '15' 입력 → Enter → ❺번 선 선택 → ❻번 방향으로 우측을 클릭한다.

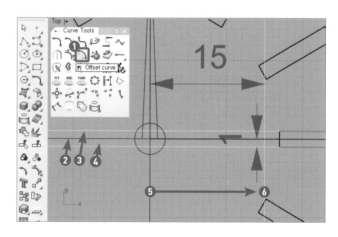

24 ❶ [Polyline] 선택 → ❷, ❸, ❹번 지점을
연속적으로 클릭하여 시계 바늘을 그린다.
(연속적으로 클릭하여 그리면 [Join]이 필
요 없다.) → ❺, ❻, ❼번 보조선을 선택하
여 삭제한다(Delete).

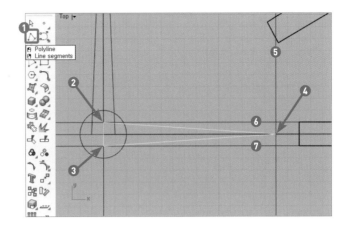

25 ❶ [Move] 선택 → ❷번 선택(시계바늘,
중심축) → Enter → ❸번 지점 클릭(Osnap
활용) → 치수 값 '6' 입력 → Enter → ❹번
지점 확인 후 클릭한다.

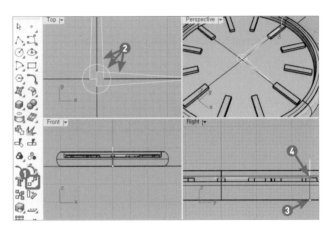

26 ❶ [Extrude straight] 선택 → ❷번 선택
(시계 바늘) → Enter → 치수 값 '0.2' 입력
→ Enter → Enter (이전 명령어 반복 기능) →
❸번 선 선택(중심 축) → Enter → 치수 값
'0.3'을 입력한다. → Enter

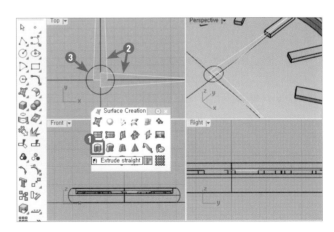

27 [Perspective View] → ❶ [Cap planar holes] 선택 → ❷번 모두 선택(시계바늘 2개, 중심축)한다. → Enter

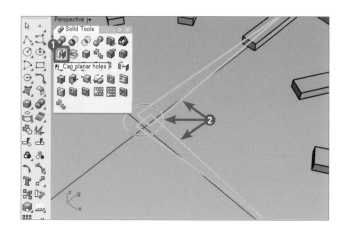

28 ❶ [Variable radius chamfer] 선택 → 치수 값 '0.3' 입력 → Enter → ❷번 모서리 지점을 선택한다. → Enter 2번

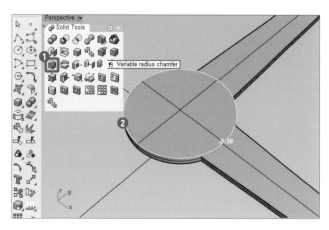

29 ❶ [Text object] 선택 → ❷ 옵션 창 확인 → ❸ 문자 입력('QUARTZ') → ❹ [Solids](3D 입체 형상) 체크 ❺ 'Text size' 입력(높이) 'Height: 2', (두께) 'Solid thickness: 0.1' 입력) → ❻ ⌈ OK ⌋ 버튼을 클릭한다.

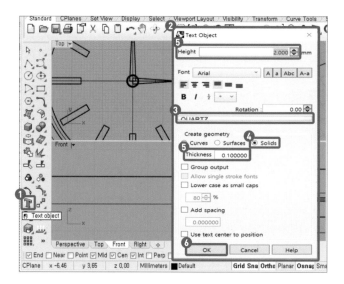

30 [Top View] → ❶번 지점 클릭 → ❷ [Move] 선택 → [Top View]에 입력한 ❶번 문자를 모두 클릭하거나 좌측에 우측으로 드래그하여 선택한다. → Enter → [Right View] → ❸번 지점 클릭([Osnap] 활용) → 치수 값 '5' 입력 → Enter → ❹번 지점을 클릭한다.

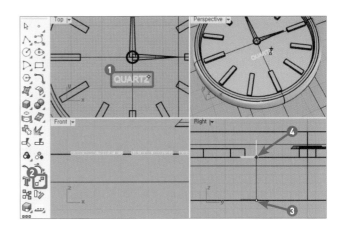

31 [Top View] → ❶ [Polyline] 선택 → ❷, ❸번 지점 각각 클릭([Osnap] 활용)하여 ❹번 선을 그린다. → ❺ [Join] 선택 → ❹, ❻, ❼, ❽번 연속적으로 선택한다.

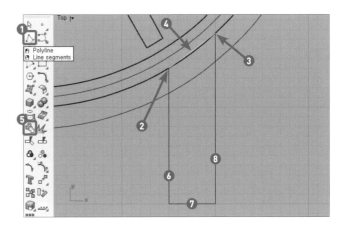

32 ❶ [Offset curve] 선택 → ❷번 선택 → 치수 값 '2' 입력 → Enter → [Right View] ❸번 지점에 클릭 → ❷번 선은 삭제(Delete)한다.

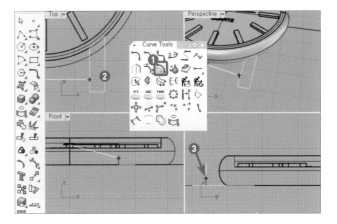

33 ❶ [Extrude straight] 선택 → ❷번 선택
→ Enter → 치수 값 '4'를 입력 → Enter

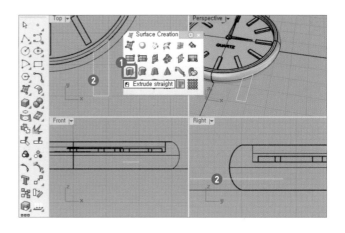

34 ❶ [Cap planar holes] 선택 → ❷번
Surface를 선택한다. → Enter

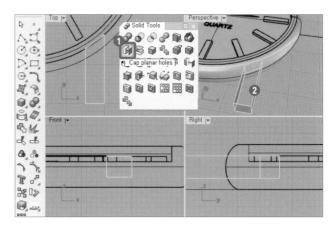

35 ❶ [Variable radius fillet] 선택 → 치수 값
'1.5' 입력 → Enter → ❷번 모서리 지점을 각
각 선택한다. → Enter 2번

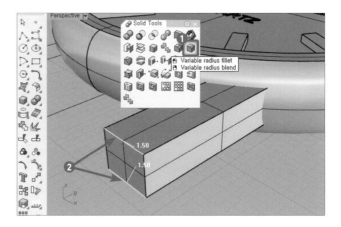

36 ❶ [Variable radius chamfer] 선택 →
치수 값 '0.5' 입력 → Enter → ❷번 모서리
지점을 모두 선택힌다. → Enter 2번

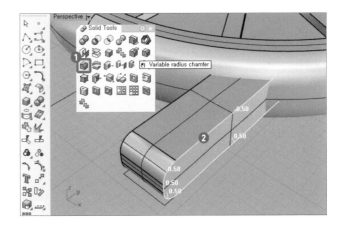

37 ❶ [Mirror] 선택 → ❷번 선택 → Enter →
❸번 중심축을 클릭하여 ❹번 하단 방향으
로 드래그하여 임의의 지점을 클릭한다.

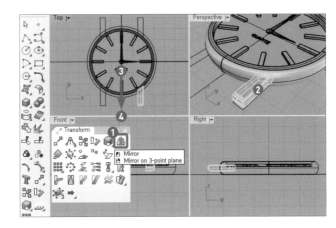

38 ❶ [Mirror] 선택 → ❷번 Solid 2개 선택
→ Enter → ❸번 중심축을 클릭하여 ❹번 우
측 방향으로 드래그하여 임의의 지점을 클
릭한다.

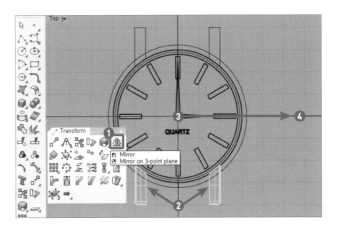

39 ❶ [Boolean union] 선택 → ❷~❻번까지의 Solid를 연속적으로 모두 선택 → Enter

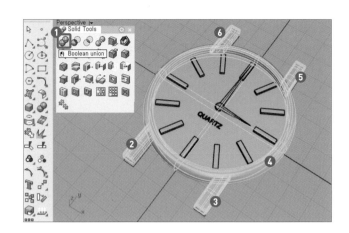

40 ❶ [Cylinder] 선택 → [Right View] ❷번 지점 클릭 → 치수 값(Radius) '3' 입력 → Enter → 치수 값(End of cylinder) '2' 입력 → Enter

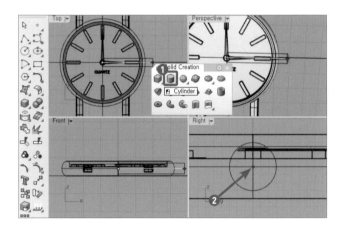

41 ❶ [Move] 선택 → ❷번 Cylinder(시계의 용두 축에 해당) 클릭 → Enter → ❸번 지점 클릭 → 치수 값 '31' 입력 → Enter → ❹번 지점을 클릭한다.

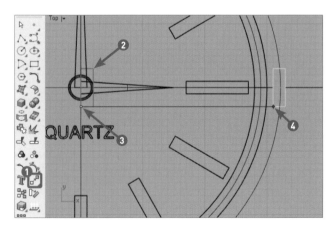

42 ❶ [Cylinder] 선택 → Right View → ❷번 지점 클릭([Osnap]의 Cen 지점이 나오면 클릭) → 치수 값(Radius) '4' 입력 → Enter → 치수 값(End of cylinder) '3' 입력 → Enter

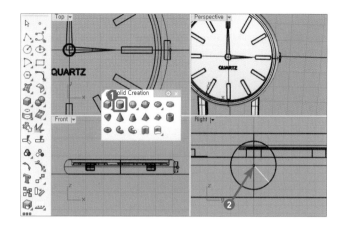

43 ❶ [Boolean union] 선택 → ❷~❸번까지의 Solid를 연속적으로 모두 선택한다. → Enter

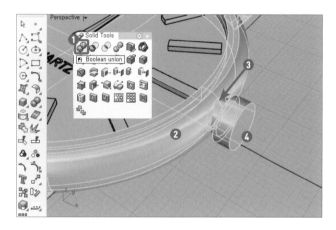

44 ❶ [Variable radius fillet] 선택 → 치수값 '0.5' 입력 → Enter → ❷번 모서리 지점을 선택한다. → Enter 2번

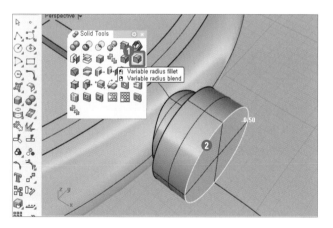

45 [Top View] → ❶ [Offset curve] 선택 → ❷번 선택 → 치수 값 '35' 입력 → ❸번 지점에 클릭 → Enter (이전 명령어 반복 기능) → ❸번 선 선택 → 치수 값 '120' 입력 → Enter → ❹번 지점에 클릭 → Enter (이전 명령어 반복 기능) → ❺번 선 선택 → 치수 값 '15' 입력 → Enter → ❻번 지점에 클릭 → Enter (이전 명령어 반복 기능) → ❺번 선 선택 → ❼번 지점에 클릭(앞선 15와 동일한 간격이므로 치수 입력은 하지 않는다.) → ❽번 [Trim] 선택 → ❸, ❹, ❻, ❼번 선 선택 → Enter → ⊗에 해당하는 지점을 모두 클릭하여 자른다.

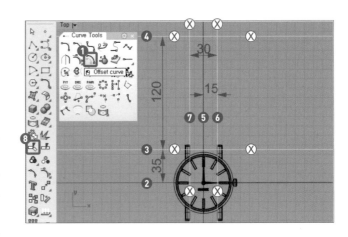

46 ❶번 선 선택 → ❷ [Rebuild curve] 선택 → ❸ [Rebuild] 창에서 'Point count' '5', 'Degree' '3'을 입력한다. → ❹ OK 버튼을 클릭한다.

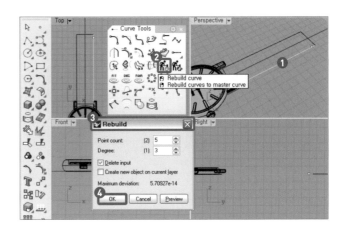

47 ❶ [Points on] 선택 → ❷번 선 클릭 → Enter → [Right View]의 ❸번에 해당하는 점 3개를 클릭(드래그 또는 Shift 키를 눌러 다중선택) → 임의의 ❹번 지점으로 이동한다(마우스 왼쪽을 길게 누르면서 드래그하면 [Move]와 동일 기능). → ❶ [Points off]를 선택(마우스 오른쪽 클릭)한다.

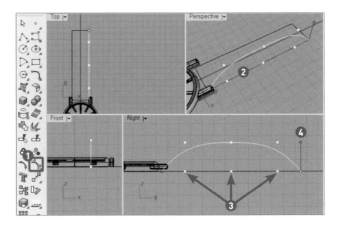

48 ❶ [Copy] 선택 → ❷번 선 클릭 → Enter →
❸번 지점에 클릭 → ❹번 지점을 클릭
한다.

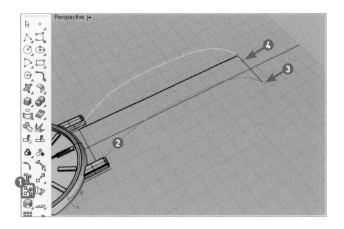

Tip 특정한 지점을 클릭할 때는 [Osnap]의
End, Mid, Cen, Int, Quad 등을 활용
한다.

49 ❶ [Loft] 선택 → ❷, ❸번 Curve 선 선택
→ Enter → ❹ [Loft Options] 확인 → ❺
◻◻ OK ◻◻ 버튼을 클릭한다. → ❻번과 같은
Surface를 생성한다.

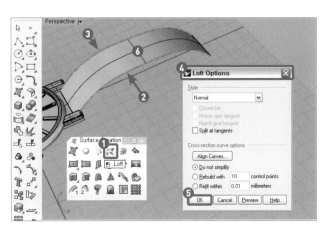

50 ❶ [Offset Surface] 선택 → ❷번 Surface
(시계 줄)선택 → Enter → ❸번 화살표 진행
방향 확인(흰색 화살표를 클릭하면 반대
방향으로 진행한다.) → 치수 값 '2'를 입력
한다. → Enter 2번

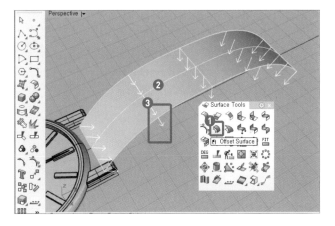

51 ❶ [Offset curve] 선택 → ❷번 선 선택 → 치수 값 '30' 입력 → Enter → ❸번 지점에 클릭 → ❹ [Polyline] 선택 → ❺, ❻번 지점 클릭하여 직선을 그린다. → Enter → Enter (이전 명령어 반복 기능) → ❼, ❽번 지점 클릭하여 직선을 그린다. → Enter

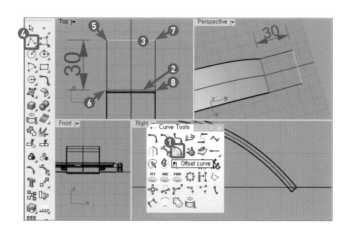

52 [Top View] → ❶ [Offset curve] 선택 → ❷번 선 선택 → 치수 값 '3' 입력 → Enter → ❸번 지점 클릭 → Enter (이전 명령어 반복 기능) → ❹번 선 선택 → ❺번 지점 클릭 → Enter (이전 명령어 반복 기능) → ❻번 선 선택 → 치수 값 '5' 입력 → Enter → ❼번 지점을 클릭한다.

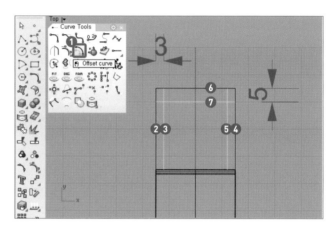

53 ❶ [Fillet curves] 선택 → 치수 값 '5' 입력 → Enter → ❷, ❸번 지점 각각 클릭 → Enter (이전 명령어 반복 기능) → ❹, ❺번 지점 각각 클릭 → ❻ [Trim] 선택 → ❼, ❽, ❾번 선 선택 → Enter → ⊗ 지점을 각각 클릭하여 자른다. → Enter

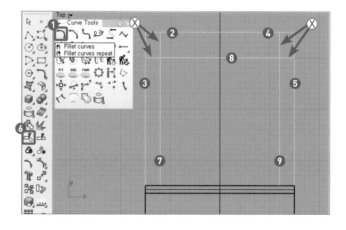

54 ❶ [Polyline] 선택 → ❷, ❸번 지점 클릭하여 선을 그린다. → Enter → Enter (이전 명령어 반복 기능) → ❹, ❺번 지점을 클릭하여 선을 그린다. → Enter → ❻ [Join] 선택 → ❼~⓰번까지의 선을 인접한 순서대로 연속 클릭한다.

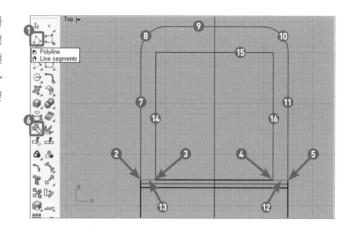

55 ❶ [Extrude straight] 선택 → ❷번 선 선택 → Enter → 치수 값 '−2'(마이너스)를 입력한다. → Enter

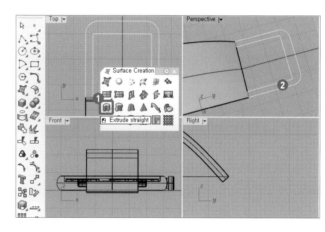

Tip 마이너스 치수는 뺄셈의 개념이 아닌 좌표의 0점을 기준으로 하여 상단 이동은 +(플러스) 치수, 하단 이동은 −(마이너스) 치수를 의미한다.

56 ❶ [Cap planar holes] 선택 → ❷번 Surface 선택 → Enter

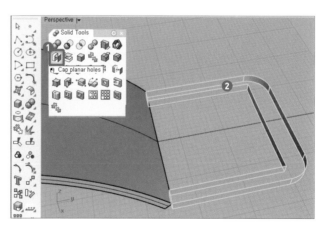

57 ❶ [Variable radius fillet] 선택 → 치수 값
'1' 입력 → Enter → ❷, ❸번 모서리 지점 모
두 선택 → Enter 2번

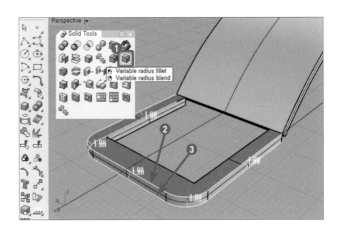

58 [Top View] → ❶ [Offset curve] 선택 →
❷번 선 선택 → 치수 값 '35' 입력 → Enter
→ ❸번 지점 클릭 → Enter (이전 명령어 반
복 기능) → ❸번 선 선택 → 치수 값 '165'
입력 → Enter → ❹번 지점에 클릭 → Enter
(이전 명령어 반복 기능) → ❺번 선 선택
→ 치수 값 '15' 입력 → Enter → ❻번 지점
클릭 → Enter (이전 명령어 반복 기능) →
❺번 선 선택 → ❼번 지점에 클릭 → ❽
[Trim] 선택 → ❸, ❹, ❻, ❼번 선 선택 →
Enter → ⊗ 지점을 클릭하여 자른다.

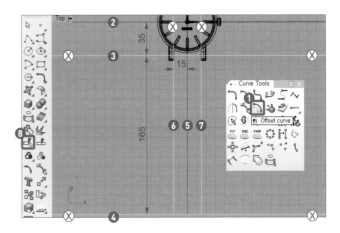

59 ❶ [Circle tangent to 3 curves] 선택 →
❷, ❸, ❹번 지점 선택 → ❺번과 같은
Circle을 생성한다.

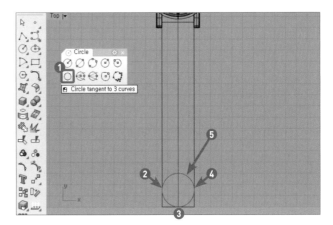

60 ❶ [Circle: center, radius] 선택 → ❷번 지점(Osnap의 Int, Quad에 해당) 클릭 → 치수 값 '2' 입력 → Enter → ❸ [Rectangular array] 선택 → ❹번 Circle 선택 → Enter → 치수 값(Number in X direction) '1' 입력 → Enter → 치수 값(Number in Y direction) '6' 입력 → Enter → 치수 값(Number in Z direction) '1' 입력 → Enter → ❷번 교차점 클릭 → 치수 값 '10' 입력 → Enter → 해당하는 지점 클릭 → Enter → ❺번과 같은 5개의 Circle이 배열 복사된다.

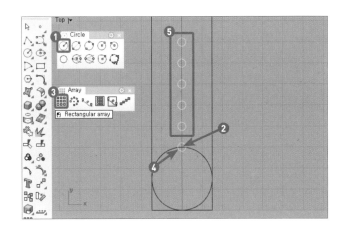

61 ❶ [Trim] 선택 → ❷, ❸, ❹번 선 클릭 → Enter → ⊗ 지점을 클릭하여 자른다.

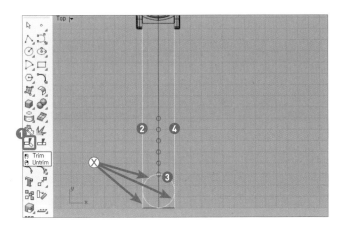

62 ❶ [Join] 선택 → ❷번 선택(시계 줄에 해당하는 선들을 인접 순서대로 연속 선택) → ❸ [Extrude straight] 선택 → ❹번 선(Join을 완료한 시계 줄) 선택 → Enter → 치수 값 '2'를 입력한다. → Enter

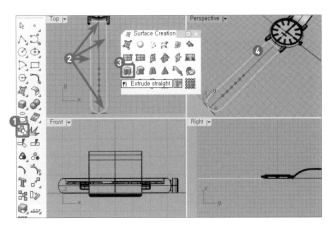

63 ❶ [Cap planar holes]를 선택한다. → ❷ 번 Surface를 선택한다. → Enter

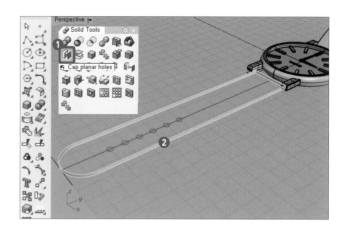

64 ❶ [Extrude straight] 선택 → ❷번 6개의 Circle을 선택(좌에서 우로 드래그하면 손쉽게 선택할 수 있다.)한다.

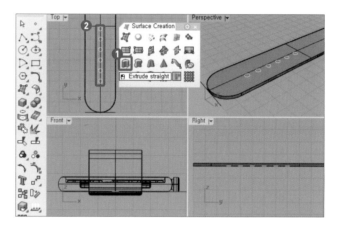

65 Enter → [Command] 창에 ❶번 'BothSides =No'를 클릭하면 그림과 같이 'BothSides =Yes'로 변한다. (한 방향 돌출이 아닌 양방향 돌출로 변경하는 기능) → 치수 값 '5'를 입력한다. → Enter

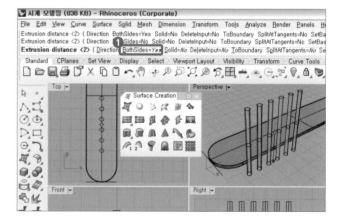

66 ❶ [Cap planar holes] 선택 → ❷번 Surface 선택(좌에서 우로 드래그하면 손쉽게 선택할 수 있다.) → [Enter] → 6개의 원기둥 뚜껑이 상하 방향으로 닫힌다. → ❸ [Boolean difference] 선택 → ❹번(시계 줄) 선택 → [Enter] → ❷번 선택(좌에서 우로 드래그하면 손쉽게 선택할 수 있다.) → [Enter] → 구멍 뚫린 시계 줄 형태의 결과물이 나온다.

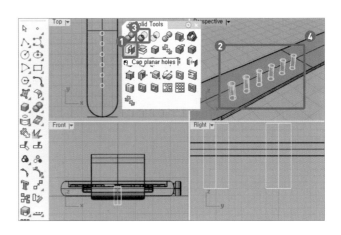

67 ❶ [Move] 선택 → ❷번(시계 줄) 선택 → [Enter] → ❸번 지점 클릭 → ❹번 지점을 클릭하여 이동한다.

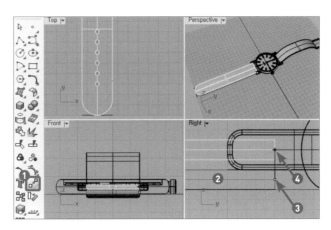

68 ❶ [Properties] 선택 → ❷ [Layer]를 클릭하면 지정된 Layer 번호를 이용하여 색상을 변경할 수 있다. (Key Shot 프로그램의 렌더링 작업을 위해 Layer 색상을 변경하면 편리하다.)

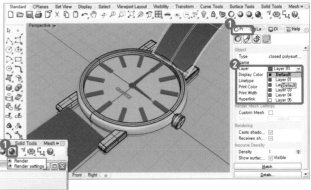

69 ❶ [Render]를 선택한다. → 완성

Chapter 5 · 시계 모델링　**171**

Rhino
3D

Part 5

라이노 8
프로 제품디자이너를
위한 디자인 품평과
모델링(중급)

미니콘(Mini Cone) 가습기 제품디자인 품평과 모델링

1
Chapter

1 미니콘(Mini Cone) 가습기 디자인 품평

지금부터 살펴보려는 제품 디자인은 '미니콘 (Mini Cone)'이라는 제품명으로 사무실이나 일반 가정에서 사용할 수 있는 퍼스널 제품이며 물통의 용량은 와인 한 잔 정도의 분량이다. 가습기 물통이 따로 없으며 본체와 물통이 일체형으로 구성되어 있으며 상부 급수 방식으로 편리하게 사용할 수 있다. 위 사진에서처럼 일반적으로 제품의 형태 또는 크기에 대한 구분이 사진으로 명확하게 나타나지 않을 때에는 주변에서 흔하게 찾을 수 있는 제품과 나란히 둔다면 크기에 대한 짐작을 쉽게 할 수 있다. 미니콘 가습기는 콤팩트한 크기와 상부 급수의

▲ [그림 1] 상부 급수 방식의 미니콘 가습기.

장점을 표현하기 위해 사진과 같은 와인 잔으로 물을 붓는 형태로 연출하였다. 국내에 시판되었으며 한국 Good Design상, 독일 IF 디자인상을 수상하였다.

원뿔 형태의 기본 구조로서 디자인 콘셉트는 미니멀리즘을 추구한다. 마시던 물을 부어서 물을 보충한다는 아이디어 발상으로 쉽고 간편하게 사용할 수 있다. 가습의 강, 약 조절 없이 기본적으로 On, Off 타입의 원 버튼으로 디자인하였으며 제품 구동 시 가습기 바닥 받침대와 원뿔 형태의 본체 사이에 Blue LED 효과를 통하여 빛의 신비감을 연출하였다. 전원은 어댑터 또는 USB 방식을 사용할 수 있다. 색상은 Wine Red를 기본 색상으로 White, Silver, Sand Gold 등으로 구성되어 있다.

▲ [그림 2] 본체와 받침대 사이의 Blue LED 효과에 다양한 색상 구성.

01 New 도면을 연다. Open Template File 형식이 나오면 [Large Objects]-[Millimeters]를 클릭한다. 4개의 뷰포트 중에 [Front View]에서 기본적인 2D 도면을 그린다. 미니콘 가습기는 앞쪽이 정면에 해당하므로 ❶ [Front View]를 기준으로 ❷ [Curve: interpolate points]를 클릭한다. 좌표의 X, Y축을 따라 그림과 같이 + 형태의 열십자 모양으로 교차하는 Curve 선을 그린다. 이때는 단축키 F8 (Ortho), F9 (Grid Snap)를 활용하여 눈금의 이동, 직교의 이동을 판단한다.

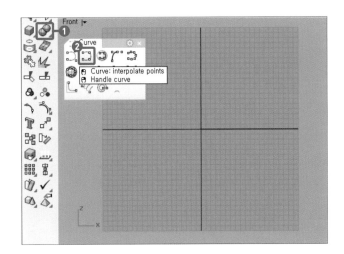

02 ❶ [Grid Snap], ❷ [Ortho], ❸ [Osnap]을 클릭 확인하고 [Osnap]의 ❹ [End, Mid, Cen, Int, Perp, Quad]의 체크를 확인한다.

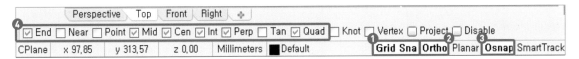

Part
5

03 ❶ [Offset curve] 선택 → 치수 값 '20' 입력 → Enter → ❷번 선 선택 → ❸번 방향 좌측에 클릭 → Enter (이전 명령어 반복 기능) → 치수 값 '80' 입력 → Enter → ❷번 선 선택 → ❹번 방향 좌측 클릭 → Enter (이전 명령어 반복 기능) → 치수 값 '100' 입력 → Enter → ❺번 선 선택 → ❻번 방향 상단에 클릭 → Enter (이전 명령어 반복 기능) → 치수 값 '100' 입력 → Enter → ❺번 선 선택 → ❼번 방향 하단을 클릭한다.

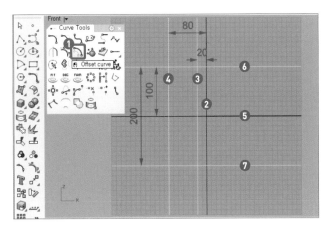

04 ❶ [Curve: interpolate points] 선택 →
❷, ❸ 교차점을 각각 클릭하여 그린다.

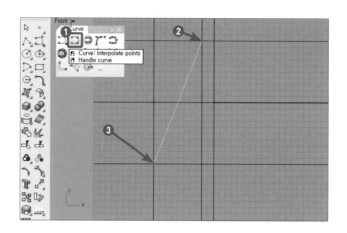

05 ❶ [Mirror] 선택 → ❷번 선 선택 → Enter
→ ❸번 교차점(Start of mirror plane) 클
릭 하여 하단으로 드래그하여 ❹번 교차점
(End of mirror plane)에 클릭 → ❺번 과
같은 선이 Mirror 복사된다. → 보조선에 해
당하는 ❻번 선은 삭제(Delete)한다.

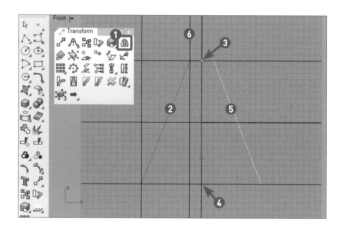

06 ❶ [Circle tangent to 3 curves] 선택 →
❷번 [First tangent curve], ❸번 [Second
tangent curve or radius], ❹번 [Third
tangent curve] 지점을 연속으로 선택한
다. → Enter

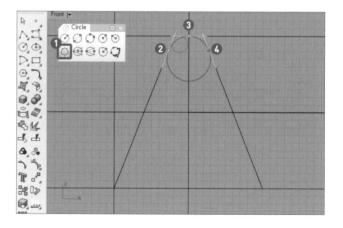

07 ❶ [Trim] 선택 → ❷, ❸, ❹번 선 선택 →
Enter → 자를 지점 ⊗ 클릭 → Enter

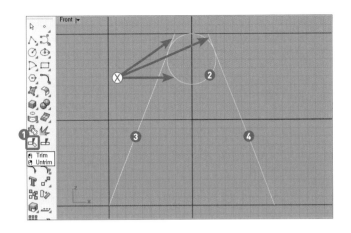

08 ❶ [Join] 선택 → ❷, ❸, ❹ 번 선 선택 →
Enter → [Revolve] 선택 → [Join]된 ❷번 선
클릭 → Enter → 중심축 ❺번 지점 클릭
(Start of revolve axis) → 끝 지점 ❻번
클릭(End of revolve axis) → '360' 입력
(회전각도) → Enter 2번

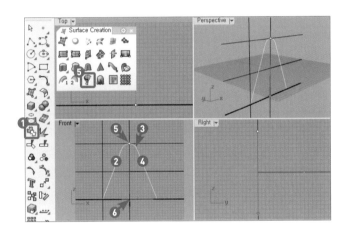

Part
5

09 ❶ [Cap planar holes] 선택 → ❷번
Surface 선택 → Enter (원뿔 바닥이 막힌다.)

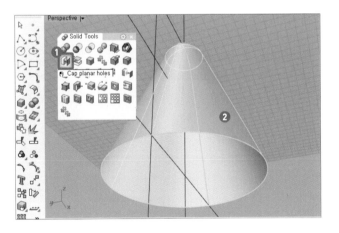

10 ❶ [Offset curve] 선택 → 치수 값 '15' 입
력 → Enter → ❷번 선 클릭 → ❸번 방향
상단에 클릭 → Enter (이전 명령어 반복 기
능) → 치수 값 '10' 입력 → Enter → ❸번 선
클릭 → ❹번 방향 상단을 클릭한다.

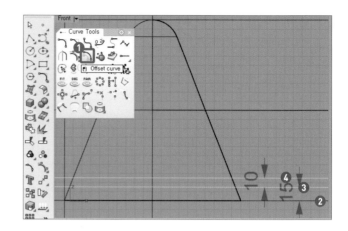

11 [Front View] → ❶ [Box: Coner to
Corner, Height] 선택 → ❷번 끝점 클릭
→ ❸번 끝점 클릭 → [Top View] → ❹번
방향으로 드래그하여 임의의 지점 클릭(원
뿔 보다 크게 그린다.)

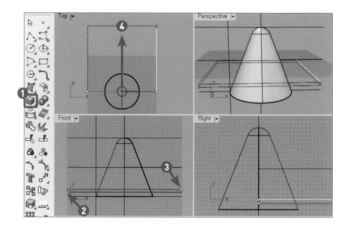

12 ❶ [Move] 선택 → 완성된 Box를 ❷번과
같이 원뿔을 관통하도록 이동한다. →
❸ [Boolean difference] 선택 → ❹번 원
뿔 선택 → Enter → ❷번 박스 선택 → Enter

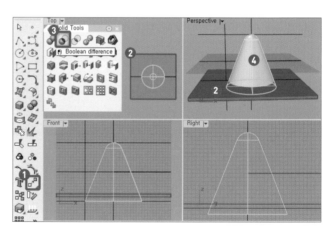

13 ❶ [Variable radius fillet] 선택 → 치수 값 '2' 입력 → Enter → ❷번 모서리 지점 선택 → Enter 2번

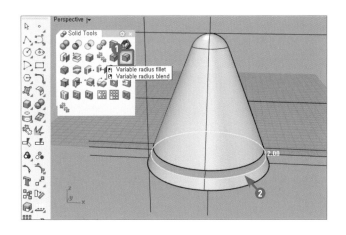

14 ❶ [Offset curve] 선택 → 치수 값 '145' 입력 → Enter → ❷번 선 선택 → ❸번 방향 상단에 클릭 → Enter (이전 명령어 반복 기능) → 치수 값 '5' 입력 → Enter → ❸번 선 선택 → ❹번 방향 상단을 클릭한다.

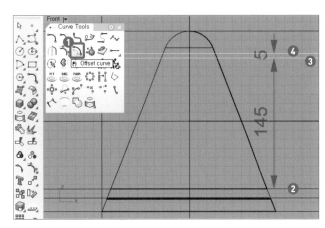

15 [Front View] → ❶ [Box: Coner to Corner, Height] 선택 → ❷번 끝점 클릭 → ❸번 끝점 클릭 → [Top View] → ❹번 방향으로 드래그하여 임의의 지점을 클릭(원뿔 보다 크게 그린다.)한다.

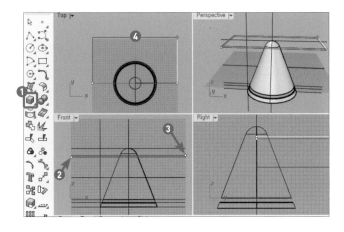

16 ❶ [Move] 선택 → 완성된 Box를 ❷번과 같이 원뿔을 관통하도록 이동한다. → ❸ [Boolean difference] 선택 → ❹번 원뿔 선택 → Enter → ❷번 박스를 선택한다. → Enter

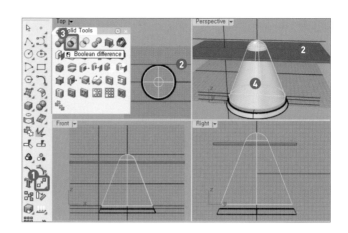

17 [Front View] → ❶ [Sphere: Center, Radius] 선택 → ❷번 지점 클릭([Osnap]의 포인트 이용) → 치수 값 '4'를 입력한다. → Enter

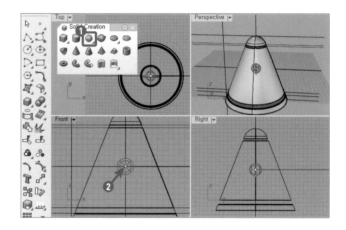

18 [Right View] → ❶번 구(Sphere)를 ❷번 위치로 이동(Move)한다. (마우스 왼쪽 길게 누르면서 드래그하면 [Move]와 같은 기능을 한다.)

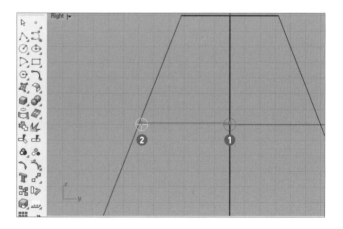

19 ❶ [Cylinder] 선택 → ❷번 지점 클릭
([Osnap]의 Cen 지점에 나오면 클릭한
다.) → 치수 값 '20' 입력 → Enter → '−160'
(마이너스) 입력 → Enter → ❸번과 같은 원
기둥(Cylinder)이 만들어 진다.

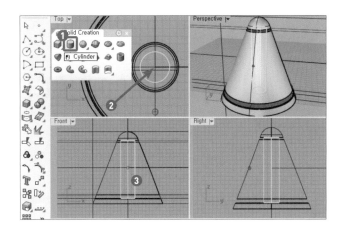

20 ❶ [Render] 선택 → 미니콘(Mini Cone)
가습기가 완성된다.

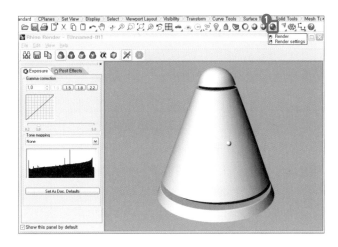

2 Chapter 미니믹서 제품디자인 품평과 모델링

1 미니믹서 디자인 품평

지금부터 살펴볼 제품디자인 [그림 3]은 가정에서 간편하게 사용할 수 있는 미니믹서로 믹서, 다지기, 분쇄 등의 기능으로 구성되었다. 유선형의 기본 디자인으로 안정감과 그립감을 중요시하였다. On, Off 버튼이 따로 없으며 상부 믹서컵을 장착하여 시계 방향 또는, 반시계 방향으로 회전하여 작동한다. 중간에 크롬 띠를 두어 디자인 포인트를 강조하였으며 White & Crome의 색상 구성으로 위생과 청결 이미지를 강조하였다.

[그림 4]는 미니 형태의 기본 믹서 컵 이외에 중형의 믹서 컵을 따로 두어 사용 편의성을 고려하였다. 더불어 작은 손잡이를 컵에 부착하여 착탈 시 또는 이동 시 손쉽게 사용할 수 있다. 과일이나 채소의 블렌딩을 고려하여 믹서 컵 투입구의 폭을 넓게 하였으며 믹싱(mixing)의 효율을 높이기 위해 칼날 부분의 컵은 점점 좁아지도록 디자인하였다. 디자인 콘셉트로는 인체의 곡선과 물의 흐름이 연상되도록 '조화'라는 모티브에서 출발하였다. 국내에 오랫동안 판매되었던 모델로 향후 백색 제품 이외에 다양한 색상으로 출시되었다.

▲ [그림 3] 가정용 미니믹서

▲ [그림 4] 중형 믹서 컵을 별도로 두어 편의성을 고려하였다.

② 미니믹서 모델링

01 New 도면을 연다. Open Template File 형식이 나오면 [Large Objects] – [Millimeters]를 클릭한다. 4개의 뷰포트 중에 [Front View]에서 기본적인 2D 도면을 그린다. 미니믹서는 앞쪽이 정면에 해당하므로 이번에는 ❶ [Front View]를 기준으로 ❷ [Curve: interpolate points]를 클릭한다. 좌표의 X, Y축을 따라 그림과 같이 + 형태의 열십자 모양으로 교차하는 Curve 선을 그린다. 이때는 단축키 F8 (Ortho), F9 (Grid Snap)를 활용하여 눈금의 이동, 직교의 이동을 판단한다.

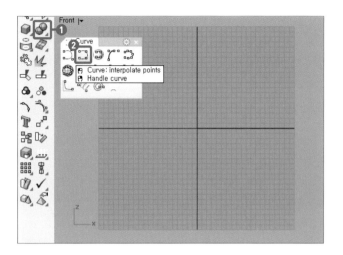

02 ❶ [Grid Snap], ❷ [Ortho], ❸ [Osnap]을 클릭 확인하고 [Osnap]의 ❹ [End, Mid, Cen, Int, Perp, Quad]의 체크를 확인한다.

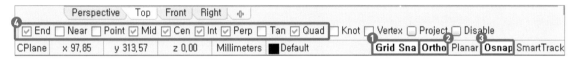

03 ❶ [Offset curve] 선택 → 치수 값 '35' 입력 → Enter → ❷번 선 선택 → ❸번 방향 좌측 클릭 → Enter (이전 명령어 반복 기능) → 치수 값 '25' 입력 → Enter → ❸번 선 선택 → ❹번 방향 좌측을 클릭 → Enter (이전 명령어 반복 기능) → 치수 값 '35' 입력 → Enter → ❷번 선 선택 → ❺번 방향 우측 클릭 → Enter (이전 명령어 반복 기능) → 치수 값 '25' 입력 → Enter → ❺번 선 선택 → ❻번 방향 우측 클릭 → Enter (이전 명령어 반복 기능) → 치수 값 '105' 입력 → Enter → ❼번 선 선택 → ❽번 방향 상단 클릭 → Enter (이전 명령어 반복 기능) → 치수 값 '140' 입력 → Enter → ❼번 선 선택 → ❾번

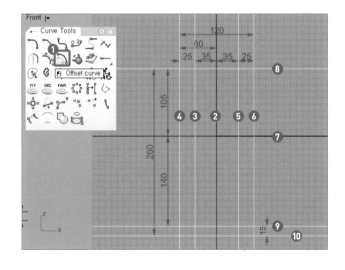

방향 하단 클릭 → Enter (이전 명령어 반복 기능) → 치수 값 '15' 입력 → Enter → ❾번 선 선택 → ❿번 방향 하단을 클릭한다.

04 ❶ [Trim] 선택 → ❷~❺번 선 각각 선택
→ [Enter] → 자를 지점 ⊗를 모두 클릭한다.
→ [Enter]

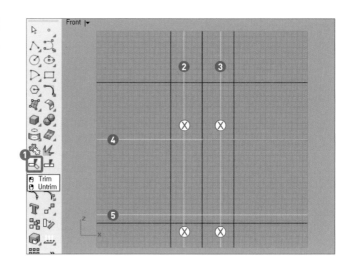

05 ❶번 선 선택 → ❷ [Rebuild curve]
선택 → ❸번 Rebuild 하위 화면이 나오면
'Point count' '5', 'Degree' '3'을 입력하
고 [OK]를 클릭한다. → ❹ [Points on]
을 선택한다.

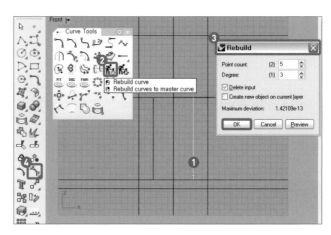

06 ❶번 지점 클릭 → ❷번 지점으로 드래그
하여 이동한다. → ❸ [Points off]를 선택
(마우스 오른쪽 클릭)한다.

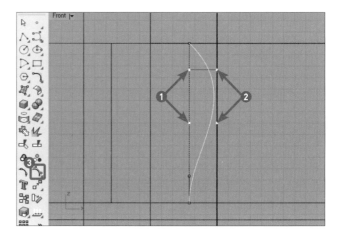

07 ❶ [Offset curve]를 선택한다. → 치수 값 '30'을 입력한다. → Enter → ❷번 선 선택 → ❸번 방향 우측에 클릭 → ❹ [Trim]을 선댁한다. → ❸, ❺, ❻번 신 신택 → Enter → 자를 지점 ⊗를 각각 클릭한다.

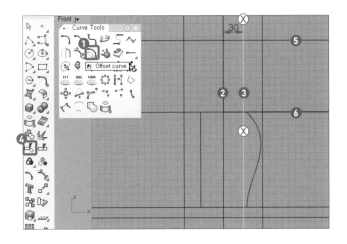

08 ❶번 선 선택 → ❷ [Rebuild curve] 선택 → ❸번 Rebuild 하위 화면이 나오면 'Point count' '5', 'Degree' '3'을 입력하고 ⬚ OK ⬚ 버튼을 클릭한다. → ❹ [Points on]을 선택한다.

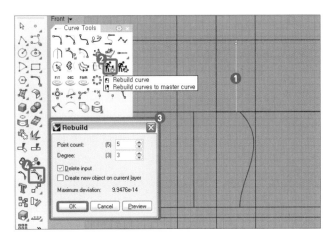

09 ❶번 지점을 클릭한다. → ❷번 지점으로 드래그하여 이동한다. → ❸ [Points off]를 선택(마우스 오른쪽 클릭)한다.

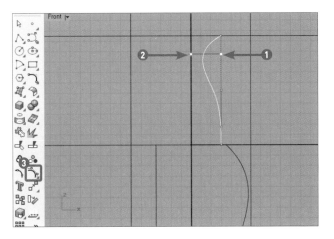

10 ❶ [Revolve]를 선택한다. → ❷, ❸번 선
클릭 → Enter → 중심축 ❹번 지점 클릭
(Start of revolve axis) → 끝 지점 ❺번
클릭(End of revolve axis) → '360'을 입
력(회전각도)한다. → Enter 2번

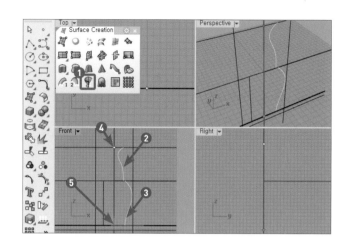

11 ❶ [Cap planar holes]를 선택한다. → ❷
번 Surface 선택 → Enter → Enter (이전 명령
어 반복 기능) → ❸번 Surface 선택 →
Enter

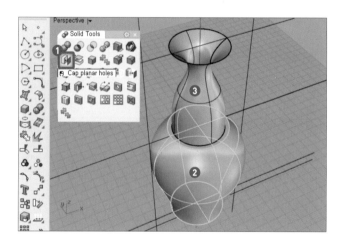

12 ❶ [Offset curve]를 선택한다. → 치수 값
'30' 입력 → Enter → ❷번 선 선택 → ❸번
방향 좌측을 클릭 → ❹ [Trim] 선택 → ❸,
❺, ❻번 선 선택 → Enter → 자를 지점 ⊗를
각각 클릭한다.

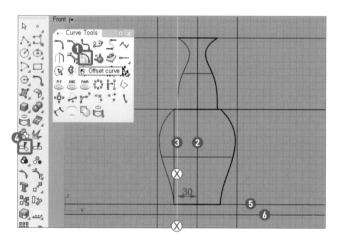

13 ❶번 선 선택 → ❷ [Rebuild curve] 선택 → ❸번 Rebuild 하위 화면이 나오면 'Point count' '5', 'Degree' '3'을 입력하고 ⌐ OK ⌐ 버튼을 클릭한다. → ❹ [Points on]을 선택한다.

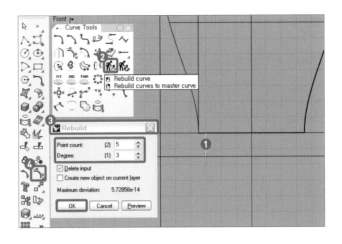

14 ❶번 지점 클릭 → ❷번 지점으로 드래그하여 이동한다. → ❸ [Points off]를 선택 (마우스 오른쪽 클릭)한다.

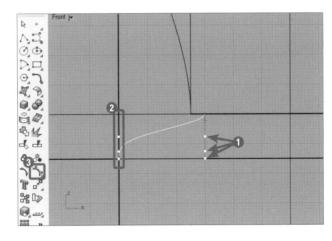

15 ❶ [Revolve]를 선택한다. → ❷번 선 클릭 → Enter → 중심축 ❸번 지점 클릭(Start of revolve axis) → 끝 지점 ❹번 클릭 (End of revolve axis) → '360'을 입력(회전각도)한다. → Enter 2번

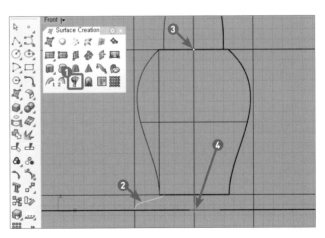

16 [Top View] → ❶ [Circle: center, radius]
선택 → ❷번 중심점 클릭 → 치수 값 '70'
을 입력한다. → Enter

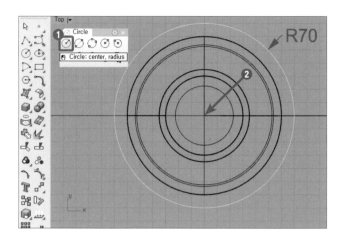

17 ❶번 선 선택 → ❷ [Rebuild curve]를 선
택한다. → ❸번 Rebuild 하위 화면이 나오
면 Point count '12', Degree '3'을 입력하
고 OK 버튼을 클릭한다. → ❹ [Points
on] 선택한다.

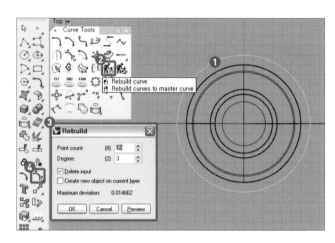

18 [Top View] → ❶번 포인트 6개를 클릭한
다. (하나씩 건너뛰어 선택) → Right View
→ 선택한 6개의 포인트 지점인 ❶번을
❷번 지점으로 이동(드래그)시킨다. (치수
없이 해당 그림처럼 임의로 작업한다.)
→ ❸[Points off]를 선택(마우스 오른쪽 클
릭)한다.

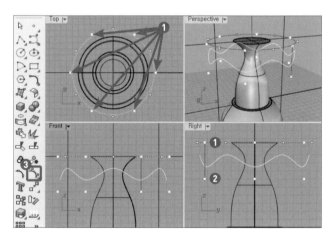

19 ❶ [Patch] 선택 → ❷번 선 선택 → Enter → ❸ [Patch Surface Options] 확인 → ⬚OK⬚ 버튼을 클릭한다.

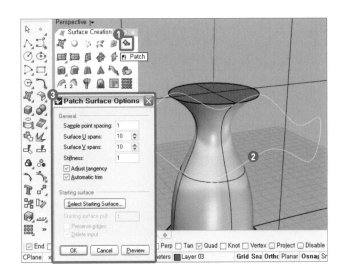

20 [Front View] → ❶번 Surface 선택 → ❷ 번 방향으로 이동한다. (마우스 왼쪽 길게 누르며 드래그)

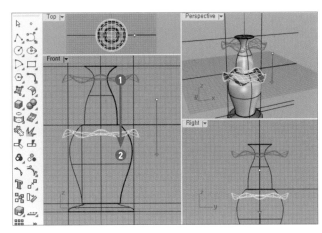

21 [Front View] → ❶ [Copy] 선택 → ❷번 Surface 선택 → ❸번 방향을 클릭(치수 없이 해당 그림처럼 임의로 작업한다.)한다.

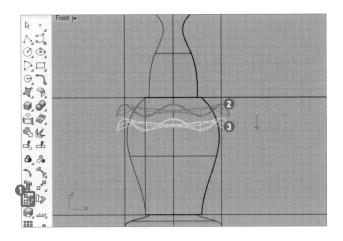

22 [Perspective View] → ❶ [Split]을 선택한
다. → ❷번 Solid 선택 → Enter → ❸, ❹번
선택(Cutting object) → Enter → ❸, ❹번을
삭제(Delete)한다.

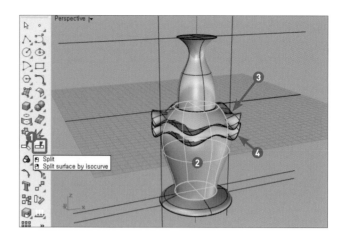

23 ❶번 [Surface] 선택(Split으로 잘린 면) → ❷ [Properties] 선택 → ❸ [Layer]에서 색상을 변경한다.

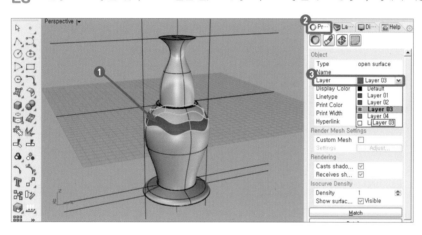

24 ❶ [Variable radius fillet]를 선택한다. →
치수 값 '2' 입력 → Enter → ❷번 지점을 클
릭한다. → Enter 2번

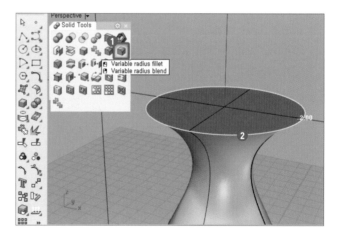

25 ❶ [Cap planar holes]를 선택한다. → ❷
번 Surface를 선택한다. → Enter

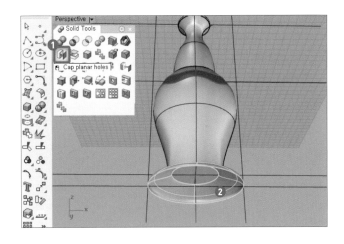

26 [Front View] → ❶ [Offset curve]를 선택
한다. → 치수 값 '20' 입력 → Enter → ❷번
선 선택 → ❸번 지점을 클릭한다.

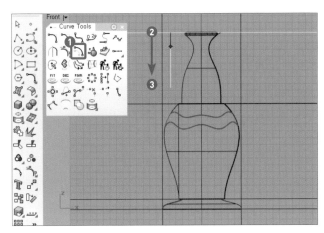

27 ❶ [Rectangular plane: Corner to
corner] 선택 → [Front View] → ❷번 지
점 클릭 → [Top View] → 치수 없이 ❸번
에 해당하는 임의 지점을 클릭한다.

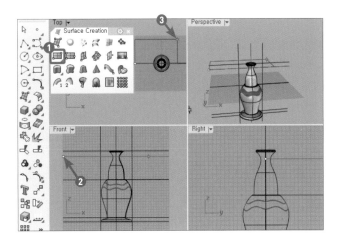

28 ❶ [Move] 선택 → ❷번 [Rectangular plane]을 ❸번 지점으로 이동한다. (미니믹서를 관통할 수 있도록 이동) → ❹ Split 선택 → ❺번 선택(미니믹서 컵) → Enter → ❸번 [Rectangular plane] 선택 → Enter → ❸번 [Rectangular plane]을 삭제(Delete)한다.

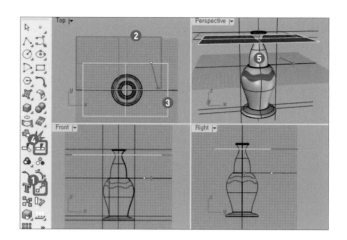

29 ❶번 [Surface] 선택([Split]으로 잘린 면) → ❷ [Properties] 선택 → ❸ [Layer]에서 색상을 변경한다.

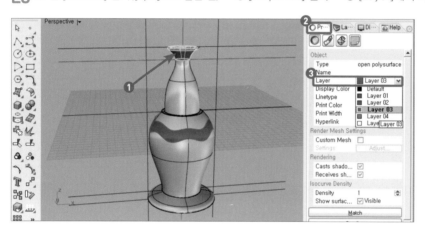

30 완성(Key Shot이나 3D MAX를 활용하여 렌더링한다.)

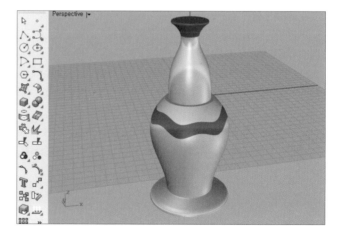

3

Chapter

믹서기 제품디자인 품평과 모델링

① 믹서기 디자인 품평

[그림 5]는 1,600cc 중형 믹서로 일반 가정에서 쥬서 및 블렌딩 용도로 사용된다. 투명한 유리컵과 본체의 알루미늄 소재를 활용하여 위생적이고 견고한 이미지를 전달하고자 하였다. 유리컵의 곡선과 본체의 직선적인 디자인의 조화를 강조하였으며 알루미늄 소재 외에 하이글로시 블랙을 적용하여 신뢰감을 높일 수 있도록 디자인하였다. 정지, 약, 강의 단순한 기능은 회전형 다이얼을 통하여 더욱 직관적으로 표현하였으며 손잡이 주변 크롬 도금 형태의 포인트를 활용하여 아이코닉 형태의 디자인을 완성하였다.

[그림 6]은 국내에 시판된 중형 믹서로 가장 보편적인 기본형 디자인에 속한다. 원형의 유리컵과 직선 형태의 본체, 원기둥 형태의 버튼과 버튼 주변의 데코링으로 구성되었으며 직선과 곡선 형태의 모델링 학습에 유용한 구조이며 유리컵의 손잡이 모델링을 통하여 비교적 난이도가 높은 학습이 가능하다.

▲ [그림 5] 일반 가정용 쥬서 및 믹서

▲ [그림 6] 국내 가장 보편적인 기본형 믹서 디자인.

01 New 도면을 연다. Open Template File 형식이 나오면 [Large Objects] - [Millimeters]를 클릭한다. 4개의 뷰포트 중에 [Top View]에서 기본적인 2D 도면을 그린다. ❶ [Top View]를 기준으로 ❷ [Curve: interpolate points]를 클릭한다. 좌표의 X, Y축을 따라 그림과 같이 + 형태의 열십자 모양으로 교차하는 Curve 선을 그린다. 이때는 단축키 [F8](Ortho), [F9] (Grid Snap)를 활용하여 눈금의 이동, 직교의 이동을 판단한다.

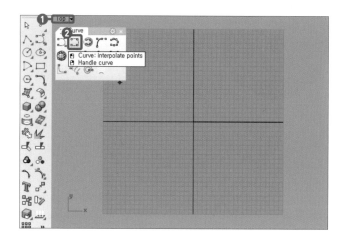

02 ❶ [Grid Snap], ❷ [Ortho], ❸ [Osnap]을 클릭 확인하고 [Osnap]의 ❹ [End, Mid, Cen, Int, Perp, Quad]의 체크를 확인한다.

03 ❶ [Offset curve] 선택 → 치수 값 '90' 입력 → [Enter] → ❷번 선 선택 → ❸번 방향 상단 클릭 → [Enter] (이전 명령어 반복) → ❷번 선 선택(치수는 동일하므로 입력하지 않는다.) → ❹번 방향 하단 클릭 → [Enter] (이전 명령어 반복) → ❺번 선 선택 → 치수 값 '70' 입력 → [Enter] → ❻번 방향 좌측에 클릭 → [Enter] (이전 명령어 반복) → ❺번 선 선택(치수는 동일하므로 입력하지 않는다.) → ❼번 방향 우측을 클릭한다.

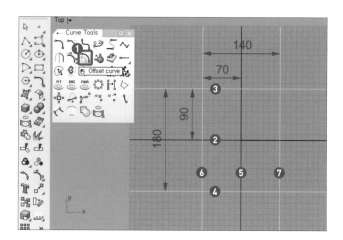

04 ❶ [Circle tangent to 3 curves] 선택 →
Tangent 지점에 해당하는 ❷, ❸, ❹번 지
점을 각각 클릭하여 원을 그린다.

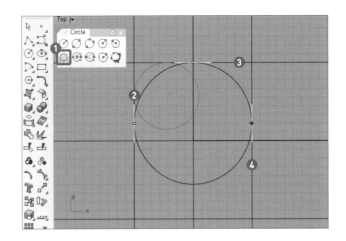

05 ❶ [Trim] 선택 → ❷~❺번까지의 선 선택
→ Enter → ⊗ 지점을 모두 클릭하여 자른다.

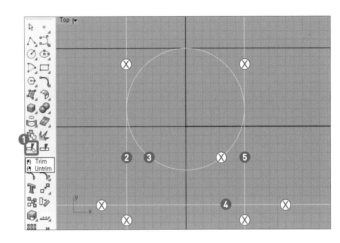

06 ❶ [Join] 선택 → ❷~❺번까지의 선을 인
접 순서대로 모두 선택한다.

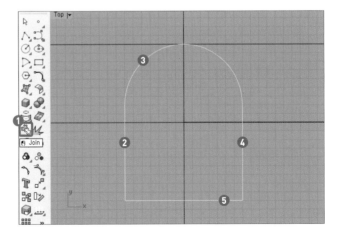

07 ❶ [Offset curve] 선택 → 치수 값 '150' 입력 → Enter → ❷번 선 선택 → [Right View] → ❸번 방향을 클릭 → ❸번 선 선택 → Enter (이전 명령어 반복 기능) → 치수 값 '20' 입력 → Enter → ❹번 방향 내측 클릭 → ❸번을 선택하여 삭제(Delete)한다.

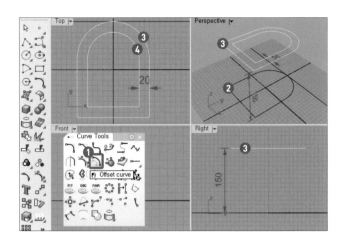

08 ❶ [Curve: interpolate points] 선택 → ❷, ❸번 지점을 각각 클릭하여 그린다. → ❹ 번 선 선택 → ❺ [Points on]을 선택한다.

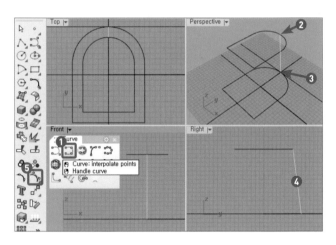

09 [Right View] → ❷, ❸번 포인트를 각각 클릭하여 ❹, ❺번 방향에 해당하는 임의의 지점으로 이동한다. (단축키 F8 직교(Ortho)를 해제하면 자유롭게 이동할 수 있다.) → ❻ [Points off] 선택(마우스 오른쪽)한다.

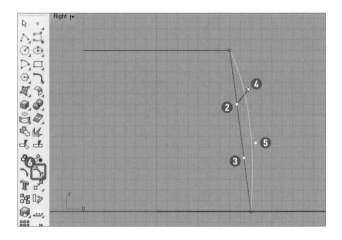

10 ❶ [Sweep 1 rail] 선택 → ❷번 ❸번 순으로 선택한다. → Enter

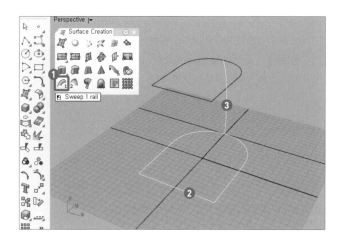

11 ❶ [Cap planar holes] 선택 → ❷번 Surface를 선택한다. → Enter

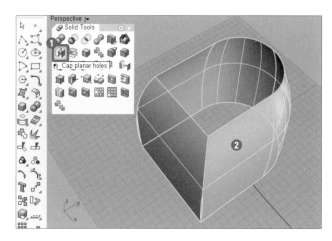

12 [Right View] → ❶ [Curve: interpolate points] 선택 → ❷번과 같이 중심점을 기준으로 한 선을 긋는다.

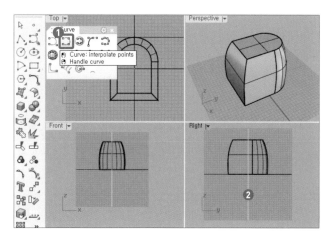

13 [Right View] → ❶ [Offset curve] 선택 →
치수 값 '120' 입력 → Enter → ❷번 선 선택
→ ❸번 방향 상단을 클릭 → Enter (이전 명
령어 반복) → 치수 값 '20' 입력 → Enter →
❸번 선 선택 → ❹번 방향 상단을 클릭 →
Enter (이전 명령어 반복) → 치수 값 '20' 입
력 → Enter → ❷번 선 선택 → ❺ 방향 하단
을 클릭 → Enter (이전 명령어 반복) → 치수
값 '30' 입력 → Enter → ❻번 선 선택 → ❼
번 방향 좌측 클릭 → Enter (이전 명령어 반
복) → 치수 값 '40' 입력 → Enter → ❼번 선
선택 → ❽번 방향 좌측 클릭 → Enter (이전
명령어 반복) → 치수 값 '100' 입력 → Enter
→ ❻번 선 선택 → ❾번 방향 우측을 클릭
한다.

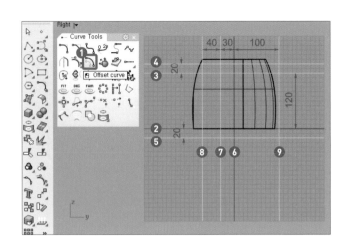

14 ❶ [Polyline]을 선택한다. → ❷, ❸, ❹ 지
점은 [Osnap]을 활용하여 순서대로 클릭
하여 Polyline을 그린다. → ❺, ❻, ❼ 지점
은 임의 지점에 클릭한다. → ❷번 지점에
마지막으로 클릭하여 선을 연결한다.

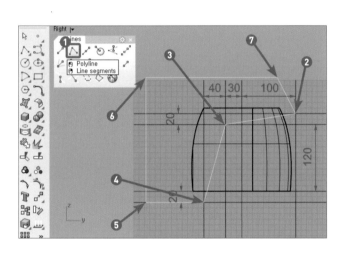

15 ❶ [Fillet curves] 선택 → 치수 값 '30' 입
력 → Enter → ❷, ❸번 지점을 각각 클릭
한다.

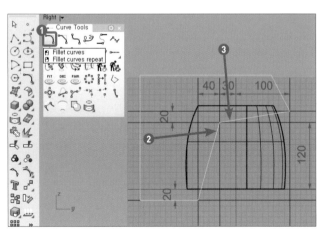

16 ❶ [Extrude straight]을 선택한다. → 앞 단계에서 그렸던 ❷번 선 선택 → Enter → [Command] 창에 ❸번 'BothSides=No' 를 클릭하여 그림과 같이 'BothSides =Yes'로 바꾼다. (양쪽 방향에서 동시에 Extrude 된다.) → 치수 값 '100'을 입력한다. → Enter

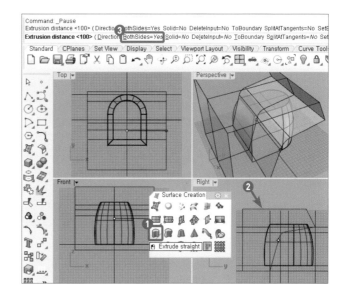

17 ❶ [Cap planar holes] 선택 → ❷번 Surface 선택 → Enter

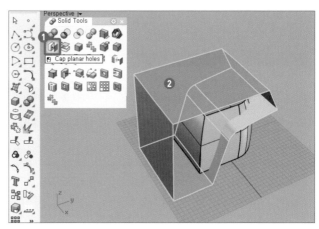

18 ❶ [Boolean difference] 선택 → ❷번 선택 → Enter → ❸번을 선택한다. → Enter

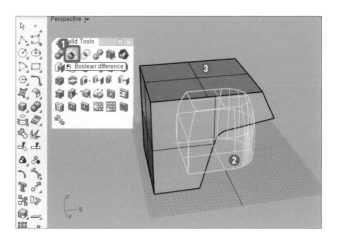

19 ❶ [Explode] 선택 → ❷번 선 클릭 → Enter

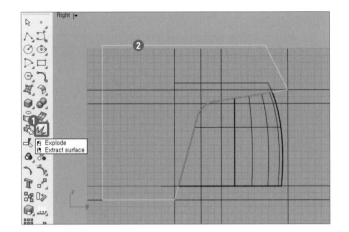

Tip [Explode]는 Polyline, Surface, Solid
등을 분해할 때 사용하는 명령어이다.
이를 다시 붙일 때는 [Join]을 사용한다.

20 ❶ [Join] 선택 → ❷, ❸, ❹번 선을 순차적
으로 선택 → Enter → ❺~❽번 선을 삭제
(Delete)한다.

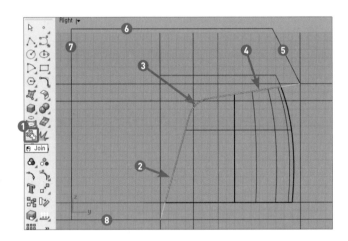

21 ❶ [Offset curve] 선택 → ❷번 선 선택 →
치수 값 '5' 입력 → Enter → ❸번 방향을
클릭한다.

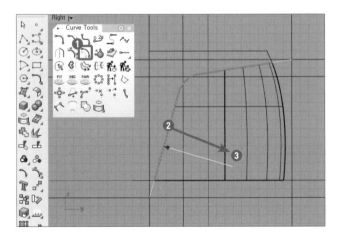

22 ❶ [Split] 선택 → ❷번 선택 → Enter → ❸
번 선을 선택한다. → Enter

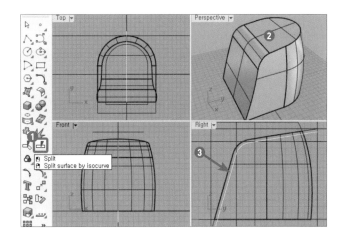

23 [Top View] → ❶ [Circle: center, radius]
선택 → ❷번 지점 클릭 → 치수 값 '40'을
입력한다. → Enter

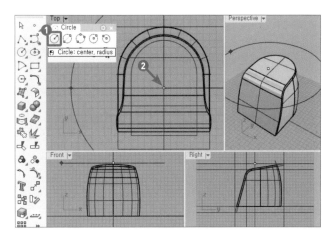

24 ❶번 Circle을 선택 → ❷번 방향으로 드래
그하여 이동한다.

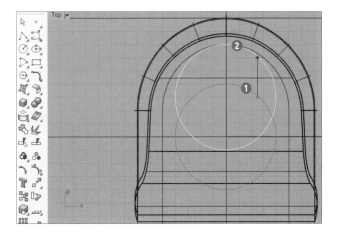

25 ❶ [Extrude straight] 선택 → ❷번 Circle 선택 → Enter → 치수 값 '30'을 입력한다. → Enter

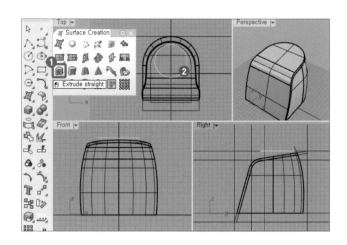

26 ❶ [Offset Surface] 선택 → ❷번 Surface 선택 → Enter → ❸번과 같은 흰색 화살표 생성 → ❹번 방향으로 클릭하여 화살표의 방향을 그림과 반대 방향인 외측에서 내측으로 바꾼다. (화살표의 방향에 따라 Offset 방향이 결정된다.) → 치수 값 '5' 입력 → Enter 2번

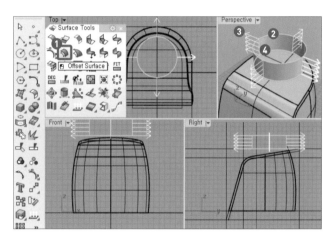

27 ❶ [Variable radius fillet] 선택 → 치수 값 '1' 입력 → Enter → ❷, ❸번 지점의 모서리를 모두 선택한다. → Enter 2번

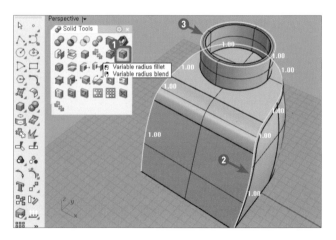

28 ❶번 선택 → ❷번 방향으로 드래그하여
이동한다.

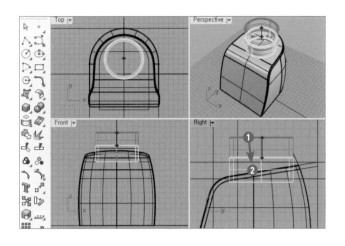

29 Top View → ❶ [Offset curve] 선택 →
치수 값 '7' 입력 → Enter → ❷번 선택 → ❸
번 방향을 클릭한다.

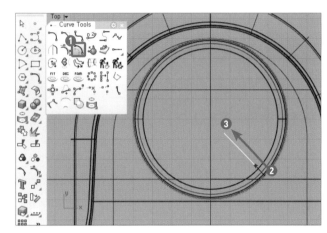

30 Right View → ❶ [Offset curve] 선택 →
앞 단계에서 Offset한 ❷번 선 선택 → 치
수 값 '10' 입력 → Enter → ❸번 방향 상단에
클릭 → Enter (이전 명령어 반복) → ❸번 선
선택 → 치수 값 '160' 입력 → Enter → ❹번
방향 상단을 클릭한다.

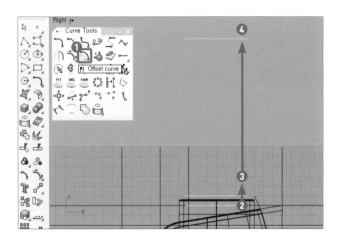

31 [Top View] → ❶ [Offset curve] 선택 →
치수 값 '30' 입력 → Enter → ❷번 선 선택
→ ❸번 방향 외측을 클릭한다.

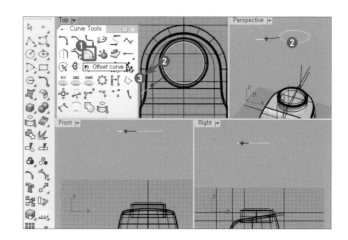

32 [Right View] → ❶ [Curve: interpolate
points] 선택 → ❷, ❸번 지점([Osnap]의
Quad, Perp, 포인트를 이용하여 클릭)을
각각 클릭하여 그린다.

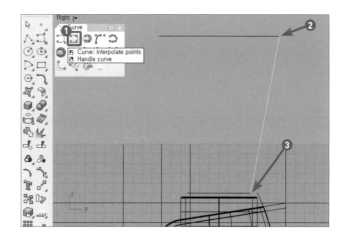

33 ❶ [Points On] 선택 → 앞 단계에서 그렸
던 ❷번 선 클릭 → Enter → ❸번과 같은 포
인트 4개가 생성된다. → ❸번 포인트 2개
를 클릭한다. (드래그 또는 Shift 키를 누르
면서 클릭하면 다중 선택 가능.) → ❹번 방
향으로 이동한다. (치수 값은 없으며 그림
과 같은 임의 지점으로 이동) → ❶ [Points
Off] 선택(마우스 오른쪽 클릭) → 포인트
가 사라진다.

Tip 직교 점 단축키 F8 에 해당하는 [Ortho]
를 일시적으로 해제할 때는 Shift 키를 누
른 상태에서 이동하면 잠시 해제된다.

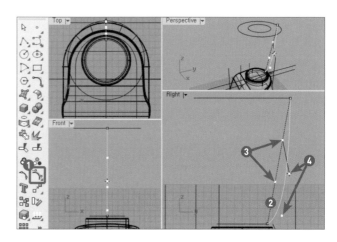

34 ❶ [Mirror] 선택 → ❷번 선 선택 → Enter →
❸번 지점 클릭([Osanp]의 End, Int,
Quad, Cen 등을 활용) → ❹번에 해당하
는 수직 임의의 지점에 클릭(단축키 F8,
[Ortho] 활성화) → ❺번과 같은 동일한 선
이 반전 복사된다.

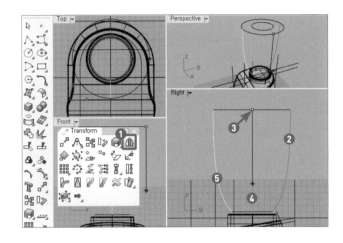

35 ❶ [Sweep 2 rails] 선택 → ❷, ❸, ❹, ❺
번 선을 순차적으로 클릭 → Enter →
[Sweep 2 Rail Options] 창이 나오면 하단
의 [Simple sweep]에 ☑ 체크하고 OK
버튼을 클릭한다.

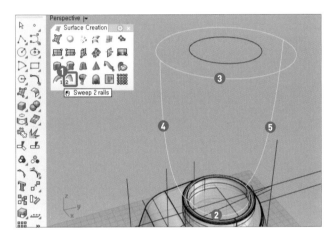

36 ❶ [Offset Surface] 선택 → ❷번 Surface
선택 → Enter → ❸번과 같은 흰색 화살표
생성 → 화살표가 외측으로 향하고 있으면
내측으로 클릭하여 화살표의 방향을 바꾼
다. (화살표의 방향에 따라 Offset 방향이
결정된다.) → 치수 값 '3'을 입력한다. →
Enter 2번

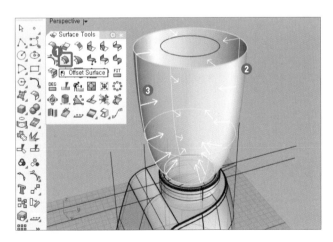

37 ❶ [Variable radius fillet] 선택 → 치수 값 '0.5' 입력 → Enter → ❷번 지점의 모서리를 선택한다. → Enter 2번

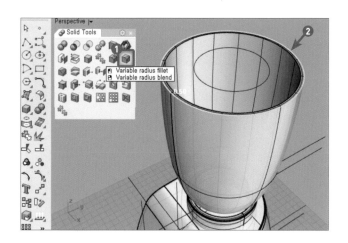

38 ❶ [Hide object] 선택 → [Front View] → ❷번과 같이 좌측에서 우측으로 드래그하여 해당하는 물체를 모두 선택한다. (좌측에서 우측으로 드래그하면 해당 영역에 있는 물체만 선택. 우측에서 좌측으로 드래그하면 해당 영역에 중첩되는 모든 물체가 선택된다.) → Enter (사라진다.)

Tip [Hide](숨기기) 기능은 복잡한 모델링 작업 시 효율적이며 Hide 아이콘 위에 마우스 오른쪽을 클릭하면 [Show Objects] 할 수 있다.

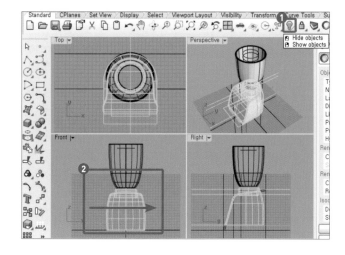

39 ❶ [Offset curve] 선택 → 치수 값 '15' 입력 → Enter → ❷번 선 선택 → [Front View] → ❸번 방향 하단에 클릭 → ❹번 선이 생성된다.

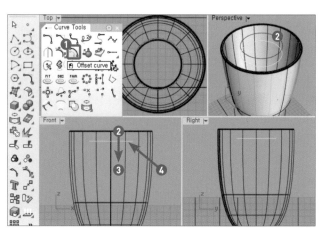

40 ❶ [Offset curve] 선택 → 치수 값 '25' 입력 → Enter → ❷번 선 선택 → [Top View] → ❸번 방향 외측을 클릭한다.

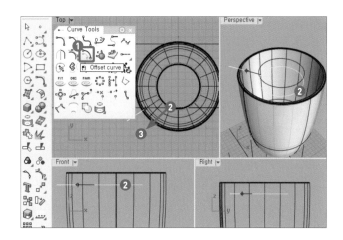

41 ❶ [Extrude straight] 선택 → ❷번 선 선택 → Enter → 치수 값 '22' 입력 → Enter → ❸, ❹번 Circle은 삭제(Delete)한다.

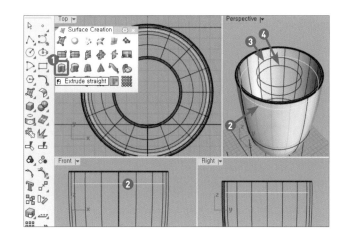

42 ❶ [Offset curve] 선택 → 치수 값 '10' 입력 → Enter → ❷번 모서리 선택 → [Top View] → ❸번 방향 외측을 클릭한다.

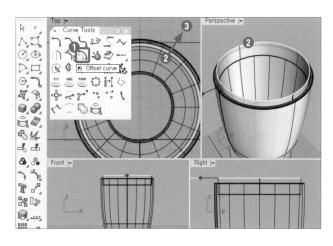

Tip [Offset curve]는 선(Line)뿐만 아니라 Surface의 모서리에서도 적용된다.

43 ❶ [Surface from planar curves] 선택 →
❷, ❸번 지점을 클릭한다. → Enter

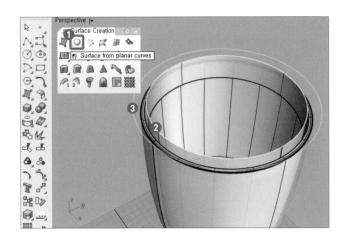

44 ❶ [Extrude straight] 선택 → ❷번 선 선택
→ Enter → 치수 값 '3'을 입력한다. → Enter

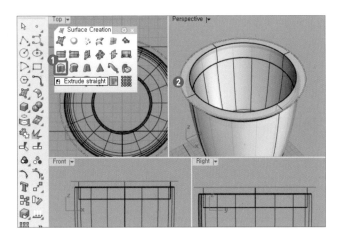

45 ❶ [Offset curve] 선택 → 치수 값 '50' 입
력 → Enter → ❷번 모서리 선택 → [Top
View] → ❸번 방향 내측을 클릭한다.

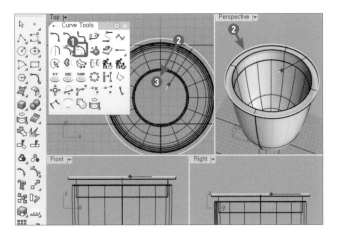

46 ❶ [Offset curve] 선택 → 치수 값 '10' 입력 → Enter → ❷번 선 선택 → [Front View] → ❸번 방향 상단을 클릭한다.

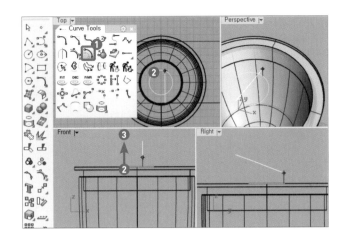

47 [Perspective View] → ❶ [Curve: interpolate points] 선택 → ❷, ❸번 지점에 각각 클릭하여 선을 그린다. (Osnap의 Quad, Perp 지점을 활용하여 클릭한다.) → 생성된 ❹번 선 선택 → ❺ [Points On]을 선택한다.

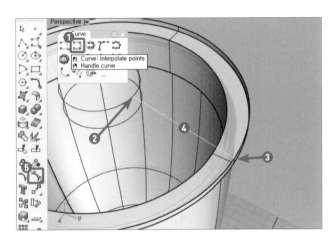

48 [Right View] → ❷, ❸번 포인트를 클릭하여 ❹, ❺번 지점으로 이동한다. (치수 없이 임의의 지점에 그림과 같이 이동) → ❻ [Points Off](마우스 오른쪽) 선택

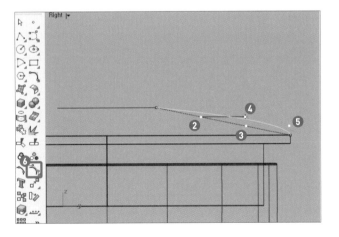

49 [Right View] → **①** [Mirror] 선택 →
②번 선 선택 → Enter → **③**번 지점 클릭
([Osnap]의 End, Int, Quad, Cen 등을
활용) → **④**번 에 해당하는 수직 임의의 지
점을 클릭한다. (단축키 F8, Ortho 활성
화) → **⑤**번과 같은 동일한 선이 반전 복사
된다.

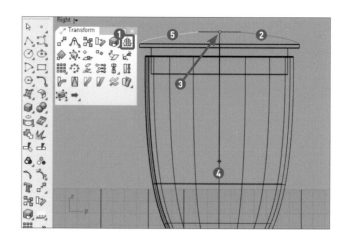

50 **①** [Sweep 2 rails] 선택 → **②**, **③**(모서
리), **④**, **⑤**번을 순차적으로 선택 → Enter

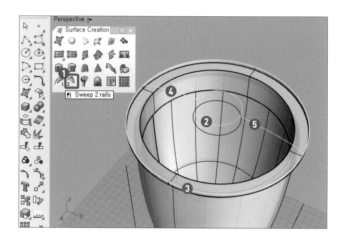

> **Tip** [Sweep 2 rails] 역시 선(Line)뿐만 아니
> 라 Surface의 모서리 부분을 이용하여
> 선택할 수 있다.

51 **①** [Sweep 2 Rail Options] → [☑ Simple
sweep] 체크 → OK

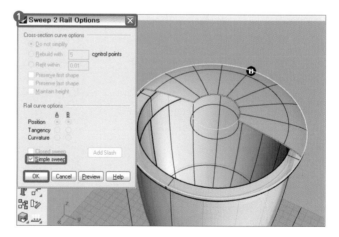

52 ❶ [Extrude straight] 선택 → ❷번 선 선
택 → Enter → 치수 값 '10'을 입력한다. →
Enter

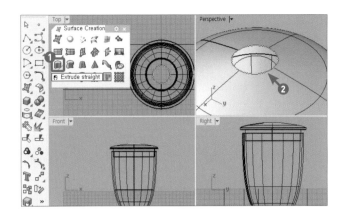

53 ❶ [Offset Surface] 선택 → ❷번 Surface
선택 → Enter → ❸번 화살표 방향으로 내측
을 클릭한다. → 치수 값 '2'를 입력한다. →
Enter 2번

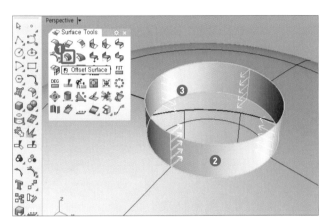

54 ❶ [Variable radius fillet] 선택 → 치수 값
'1' 입력 → Enter → ❷번 모서리를 선택한다.
→ Enter 2번

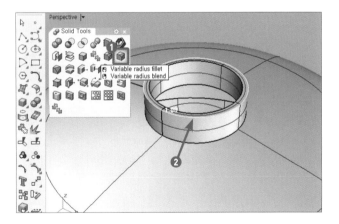

55 ❶ [Join] 선택 → 믹서기 뚜껑에 해당하는
❷번 Surface를 모두 선택한다. → Enter

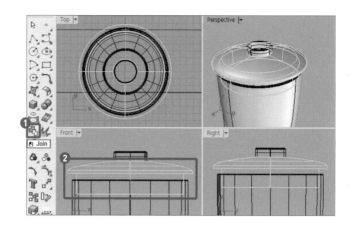

56 [Right View] → 믹서기 뚜껑을 ❶번 위치
에서 ❷번 위치로 드래그하여 이동한다.

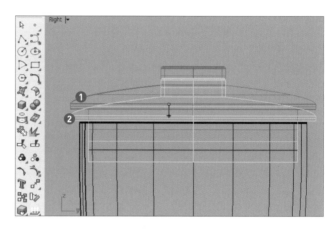

57 [Front View] → ❶ [Polyline] 선택 → ❷
번과 같은 손잡이를 그린다. (그림과 같이
임의의 지점에 클릭하여 그린다.) → ❸
[Fillet curves] 선택 → 치수 값 '20' 입력
→ Enter → ❹, ❺ 번 지점을 각각 클릭 →
Enter (이전 명령어 반복 기능) → ❻, ❼번
지점을 각각 클릭(치수 값은 전과 동일한
20이므로 입력하지 않는다.)한다.

Tip 라이노는 기본적으로 이전 명령어 또는
이전 치수를 반복할 때는 Enter 또는 마우
스 오른쪽을 클릭한다.

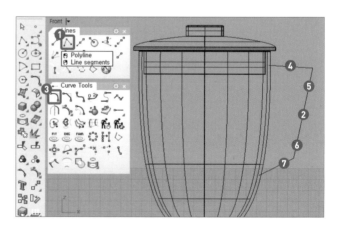

58 ❶ [Offset curve] 선택 → 치수 값 '8' 입력
→ Enter → ❷번 선 선택 → ❸번 방향 내측
으로 클릭한다.

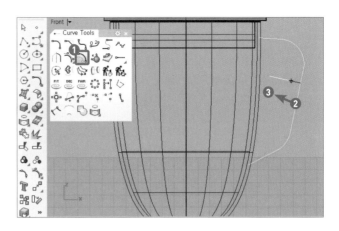

59 ❶ [Line] 선택 → ❷, ❸번 지점을 각각 클
릭하여 선을 그린다. → Enter (이전 명령어
반복 기능) → ❹, ❺번 지점 각각 클릭하여
선을 그린다.

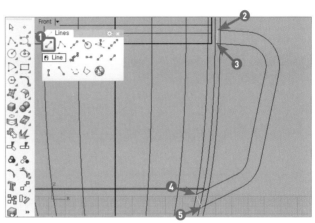

> **Tip** Line 또는 Polyline, Curve 등 모든
> 2D 도면 작도 시 [Osnap]의 End, Mid,
> Cen, Perp, Cen 등의 연결점들을 활용
> 한다.

60 ❶ [Join] 선택 → 손잡이에 해당하는 ❷번
선들을 연속적으로 모두 선택하여 모두
[Join]한다. → [Top View] → [Join]된
❷번 선을 ❸번에 해당하는 믹서 뚜껑의
중심점으로 드래그하여 이동한다.

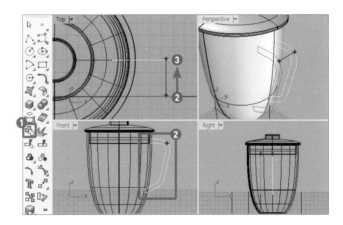

61 ❶ [Extrude straight] 선택 → ❷번 선 (Join된 손잡이) 선택 → Enter → ❸ [Command] 창에 'Both Sides=Yes'로 클릭 → 치수 값 '10'을 입력한다. → Enter

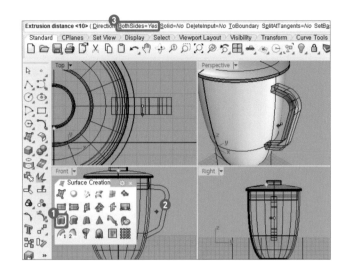

62 ❶ [Cap planar holes] 선택 → ❷번 손잡이를 선택한다. → Enter

63 ❶ [Variable radius fillet]을 선택한다. → 치수 값 '3' 입력 → Enter → 손잡이의 모서리 부분에 해당하는 ❷, ❸, ❹, ❺번 지점을 모두 클릭한다. → Enter 2번

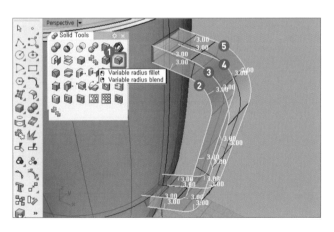

64 ❶ [Boolean union] 선택 → ❷번(믹서 컵) 선택 → Enter → ❸번(손잡이)을 선택한 다. → Enter

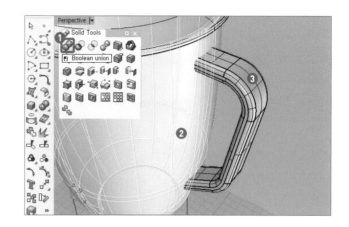

65 ❶ [Variable radius fillet] 선택 → 치수 값 '1' 입력 → Enter → ❷번 지점 모서리 모두 선택 → ❸번 지점 모서리를 모두 선택한 다. → Enter 2번

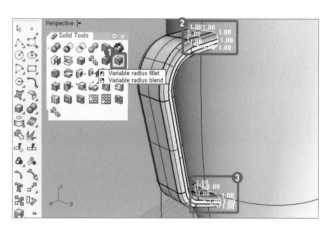

66 ❶ [Show objects] 선택(마우스 오른쪽) → 숨긴 부분을 나타내어 전반적인 모델링 사항을 점검한다.

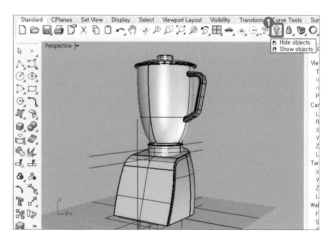

67 [Right View] → ❶ 좌에서 우측으로 드래 그 하여 선택 → ❷ [Hide objects] 선택 (마우스 왼쪽) → 믹서 컵을 숨긴다.

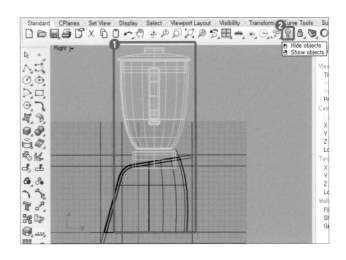

68 [Right View] → ❶ [Rotate 2–D] 선택 → ❷ 좌에서 우측으로 드래그하여 믹서 본체 를 모두 선택 → Enter → ❸번 회전 축 (Center of rotate) 선택 → 단축키 F8 (Ortho) 해제(Off) → ❹번 회전 시작점 (Angle or first reference point) 선택 (Osnap 활용) → 단축키 F8 (Ortho) 클릭 (On) → ❺번 마지막 지점을 선택(Second reference point)한다.

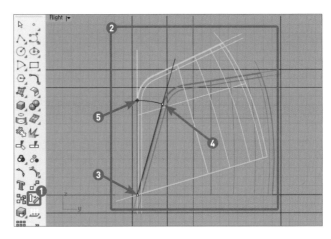

69 [Front View] → ❶ [Offset curve] 선택 → 치수 값 '90' 입력 → Enter → ❷번 선 선택 → ❸번 방향 상단을 클릭한다.

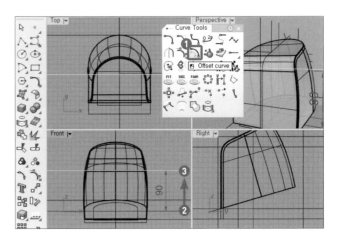

70 ❶ [Rectangular planar: Corner to corner] 선택 → 이전에 Offset하였던 ❷번 선의 끝 지점 클릭([Osnap] 활용) → Top View → ❸번과 같이 임의의 끝점을 선택하여 클릭하다. → ❹번 [Move] 또는 드래그 하여 [Rectangular planar]를 그림과 같이 중심으로 이동한다.

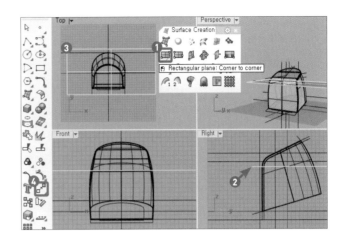

71 ❶ [Split] 선택 → ❷번 Surface 선택 → Enter → ❸번 Surface 선택 → Enter → ❸번 Surface를 삭제(Delete)한다.

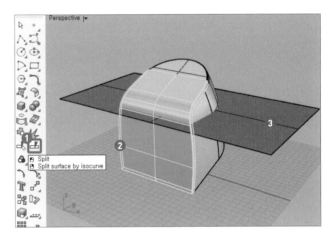

72 ❶번 Surface 선택([Split]으로 잘린 면) → ❷ [Properties] 선택 → ❸ [Layer]에서 색상을 변경한다.

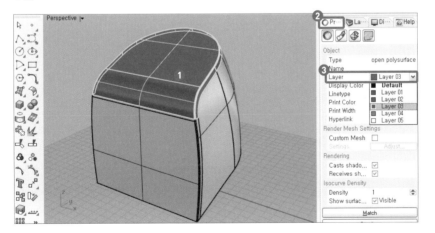

73 [Front View] → ❶ [Offset curve] 선택 → 치수 값 '54' 입력 → Enter → ❷번 선 선택 → ❸번 방향으로 하단을 클릭한다.

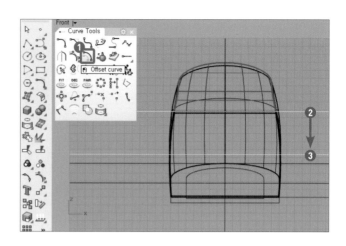

74 ❶ [Circle: center, radius] 선택 → ❷ 지점 선택([Osnap] 활용), [Top View] 또는 [Front View] 활용 → 치수 값 '30' 입력 → Enter

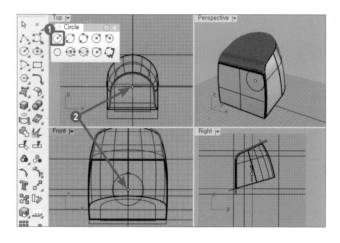

75 [Front View] → ❶ [Offset curve] 선택 → 치수 값 '25' 입력 → Enter → ❷번 선 선택 → ❸번 방향으로 내측을 클릭한다.

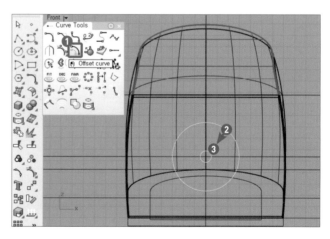

76 ❶번 Circle 선택 → 그림과 같이 ❷번 방향으로 드래그하여 이동한다. 또는 ❸번 [Move] 활용한다.

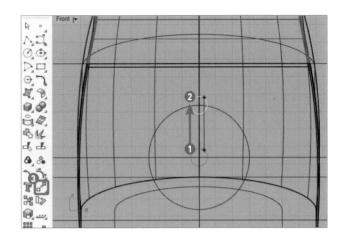

77 ❶ [Scale 1-D] 선택 → ❷번 Circle 클릭 → Enter → ❸번 지점 클릭 → ❹번에 해당하는 임의의 지점에 클릭하여 그림과 같은 타원 형태로 변형시킨다. (단축키 F8, [Ortho] 활용)

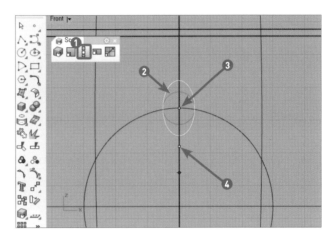

78 ❶ [Trim] 선택 → ❷, ❸번 선 선택 → Enter → 자를 지점 ⊗를 선택한다. → Enter

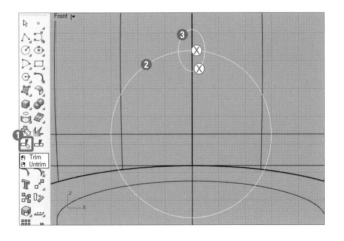

79 ❶ [Join 선택] → ❷, ❸번 선 클릭 → Enter
→ ❹ [Fillet curves] 선택 → 치수 값 '2'
입력 → Enter → ❺, ❻번 지점 클릭 → Enter
(이전 명령어 반복 기능) → ❼, ❽번 지점
을 클릭한다.

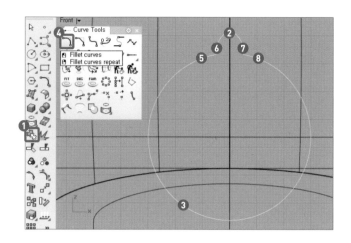

80 ❶ [Circle: center, radius] 선택 → ❷ 지
점 선택([Osnap] 활용), [Top View] 또는
[Front View] 활용 → 치수 값 '20'을 입
력한다. → Enter

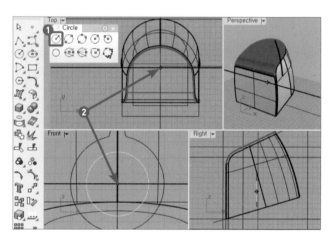

81 [Front View] → ❶ [Offset curve] 선택
→ 치수 값 '8' 입력 → Enter → ❷번 선 선
택 → ❸번 방향 외측을 클릭한다.

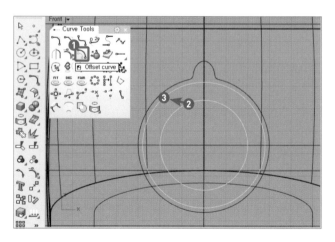

82 ❶ [Split] 선택 → ❷번 Surface 선택 → Enter → 자를 영역 ❸번 선(이전 단계에서 그렸던 Circle)을 모두 선택한다. → Enter

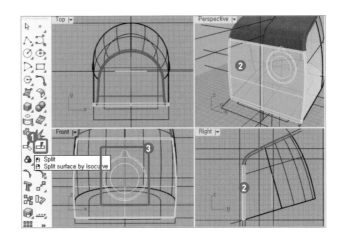

83 ❶ [Duplicate border](Surface 모서리 부분에 Curve 선을 생성시킨다) 선택 → ❷, ❸번 Surface를 선택한다. → Enter

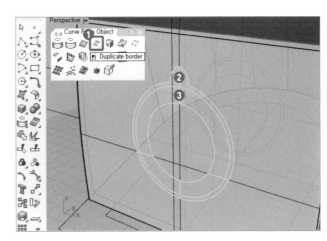

84 ❶번과 같이 모서리를 따라 노란색의 Curve 선이 자동으로 생성된다.

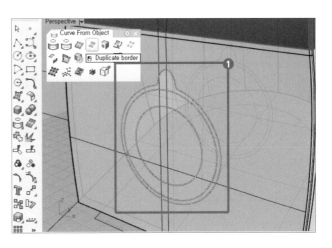

85 ①, ❷번 Surface 선택 → 삭제(Delete)
한다.

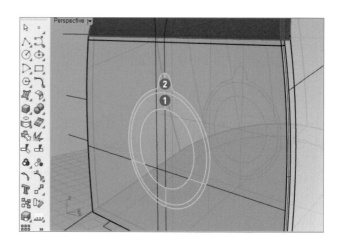

86 [Front View] → ❶ [Offset curve] 선택
→ 치수 값 '1' 입력 → Enter → ❷번 선 선택
→ ❸번 방향 내측을 클릭한다.

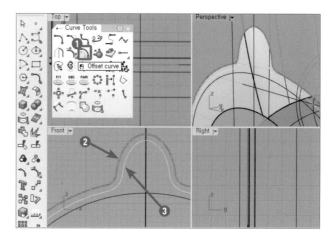

87 ❶번 선 선택 → [Right View] → Grid(모
눈종이) 지점을 이용하여 드래그하여 ❷번
지점에서 ❸번 지점으로 한 칸 이동한다.

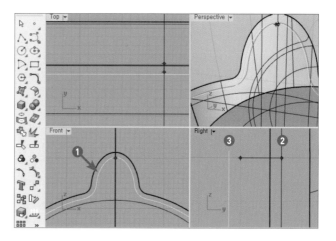

88 ❶ [Patch] 선택 → ❷, ❸번 선 선택 →
Enter → ❹ [Patch Surface Options] →
OK 버튼을 클릭한다.

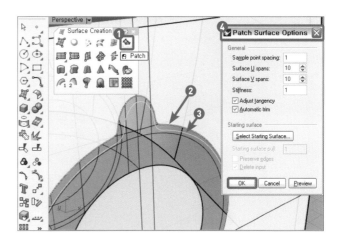

89 ❶ [Split] 선택 → ❷번 Surface 선택 →
Enter → ❸, ❹번 선(Circle) 선택 → Enter

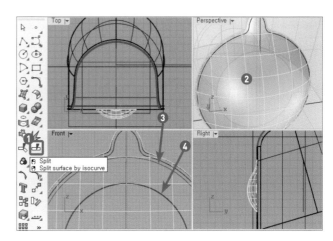

90 ❶번 Surface 선택([Split]으로 잘린 면) → ❷ [Properties] 선택 → ❸ [Layer]에서 색상을 변경한다. → ❹번 Surface
를 삭제(Delete)한다.

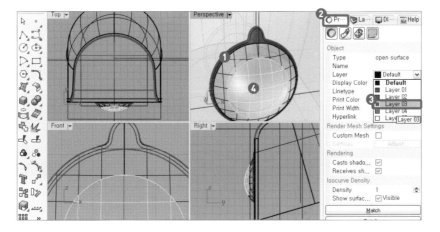

91 ❶ [Extrude straight] 선택 → ❷번 Circle 선택 → 치수 값 '-20'(마이너스)을 입력한다. → Enter

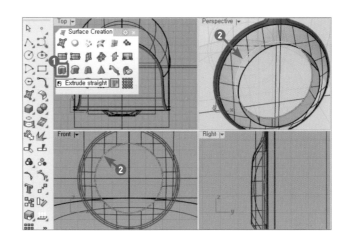

92 ❶ [Cap planar holes] 선택 → ❷번 Surface를 선택한다. → Enter

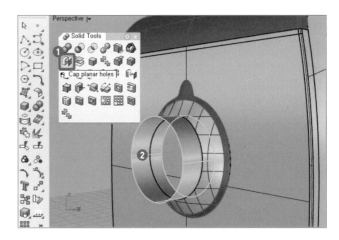

93 ❶ [Variable radius chamfer] 선택 → 치수 값 '3' 입력 → Enter → ❷번 지점을 선택한다. → Enter 2번

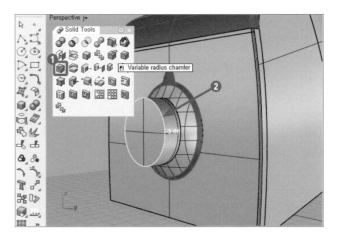

94 [Right View] → ❶ [Rotate 2-D 선택] →
❷ 좌에서 우측으로 드래그하여 믹서 본체
부분 선택 → Enter → ❸번 지점 클릭 → ❹
번 지점 클릭 → ❺번 지점(수직 지점)을
클릭한다.

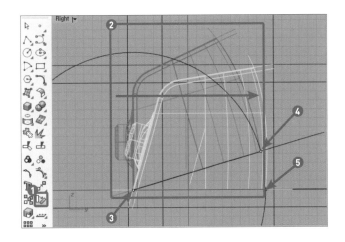

95 ❶ [Show objects](마우스 오른쪽 클릭)를
선택한다. → 완성

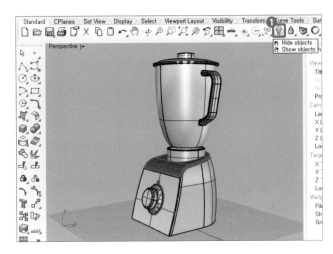

Rhino
3D

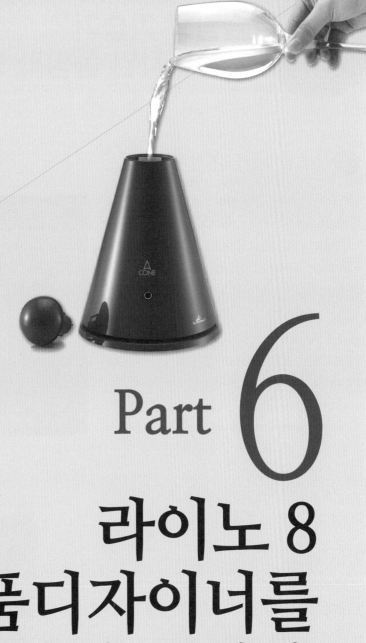

Part 6

라이노 8
프로 제품디자이너를
위한 디자인 품평과
모델링(고급)

1
Chapter

슬림형 가습기
제품디자인 품평과 모델링

1 슬림형 가습기 디자인 품평

[그림 1]의 슬림형 가습기는 조형적 특징으로는 직선을 강조한 미니멀리즘 디자인을 추구하였으며 슬림 타워형 구조로 공간효율성이 우수하다. 다이얼 형식의 기계식과 터치버튼 형식의 전자식으로 구성되었다. 터치버튼 제품은 와인레드 색상을 기본으로 백색의 터치 버튼 UI를 통하여 손쉽게 작동할 수 있다. 다이얼 버튼의 기계식 제품은 다이얼을 통하여 On, Off 또는 강, 약 기능을 조절할 수 있다. 기본적인 물통과 부품은 두 제품 간 호환이 가능하도록 디자인하였다. 두 제품 모두 양산되었으며 한국 굿 디자인상을 수상하였다.

▲ [그림 1] 슬림형 가습기

[그림 2]의 디자인은 Black & White를 기본 콘셉트로 하여 마치 PC와 같은 디자인이 연상되도록 하였다. 탁자나 책상 위에 작은 공간을 차지하여 공간 효율성이 우수하다. 제품의 기본 구성은 물통, 본체, 받침 형태로 이루어진다. 효율적인 라이노 모델링 학습을 위해 전자식과 기계식 제품 중 기계식 제품을 모델링하기로 한다. 전자식 제품은 전면 터치 패널로 구성되어 모델링이 비교적 쉬운 편이라 학습에 유용한 기계식 제품을 선정하였다.

▲ [그림 2] 기계식 제품

② 슬림형 가습기 모델링

01 New 도면을 연다. [Open Template File]
형식이 나오면 [Large Objects]-
[Millimeters]를 클릭한다. 4개의 뷰포트 중
에 [Front View]에서 기본적인 2D 도면을
그린다. 슬림형 가습기는 앞쪽이 정면에 해
당하므로 ❶ [Front View]를 기준으로 ❷
[Curve: interpolate points]를 클릭한다.
좌표의 X, Y축을 따라 그림과 같이 + 형태
의 열십자 모양으로 교차하는 Curve 선을
그린다. 이때는 단축키 [F8] (Ortho), [F9]
(Grid Snap)를 활용하여 눈금의 이동, 직
교의 이동을 판단한다.

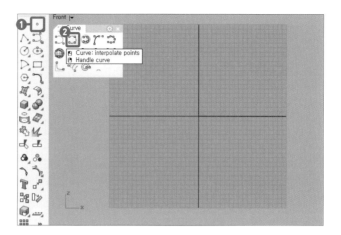

02 ❶ [Grid Snap], ❷ [Ortho], ❸ [Osnap]을 클릭 확인하고 [Osnap]의 ❹ [End, Mid, Int, Perp, Quad]의 체크를 확인
한다.

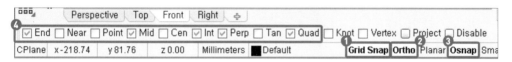

03 ❶ [Offset curve] 선택 → 치수 값 '60' 입
력 → [Enter] → ❷번 선 선택 → ❸번 방향 좌
측에 클릭 → [Enter] (이전 명령어 반복 기능)
→ 치수 값 '60' 입력 → [Enter] → ❷번 선 선
택 → ❹번 방향 우측 클릭 → [Enter] (이전
명령어 반복 기능) → 치수 값 '130' 입력 →
[Enter] → ❺번 선 선택 → ❻번 방향 상단 클
릭 → [Enter] (이전 명령어 반복 기능) → 치수
값 '130' 입력 → [Enter] → ❺번 선 선택 → ❼
번 방향 하단을 클릭한다.

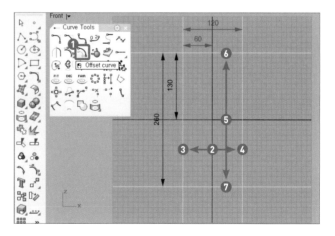

04 ❶ [Fillet curves] 선택 → 치수 값 '20' 입
력 → Enter → ❷, ❸번 지점 각각 클릭 →
Enter (이전 명령어 반복 기능) → ❹, ❺번
지점 각각 클릭 → Enter (이전 명령어 반복
기능) → ❻, ❼번 지점 각각 클릭 → Enter
(이전 명령어 반복 기능) → ❽, ❾번 지점
을 각각 클릭한다.

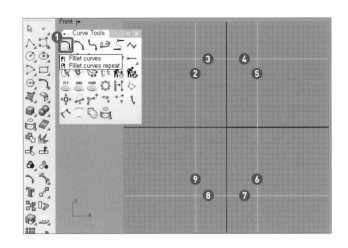

05 ❶번과 같이 좌에서 우측으로 드래그하여
해당 영역을 선택한다. → ❷번 [Join]을 선
택한다. → Enter

Tip 물체를 선택 또는 드래그를 먼저 하고
해당하는 명령어를 클릭해도 무방하다.

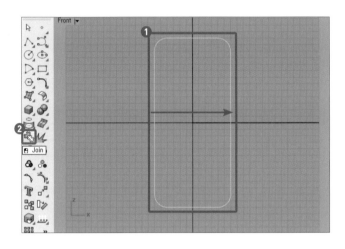

06 [Front View] → ❶ [Offset curve] 선택 →
치수 값 '5' 입력 → Enter → ❷번 선 선택
❸번 방향으로 좌측에 클릭 → Enter (이전
명령어 반복 기능) → 치수 값 '50' 입력 →
Enter → ❸번 선 선택 → ❹번 방향으로 좌
측 클릭 → Enter (이전 명령어 반복 기능) →
치수 값 '125' 입력 → Enter → ❺번 선 선택
❻번 방향으로 하단 클릭 → Enter (이전 명
령어 반복 기능) → 치수 값 '125' 입력 →
Enter → ❺번 선 선택 → ❼번 방향으로 상
단을 클릭한다. → Enter

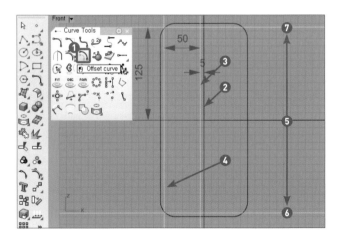

07 ❶ [Fillet curves] 선택 → 치수 값 '15' 입력 → Enter → ❷, ❸번 지점 각각 클릭 → Enter (이전 명령어 반복) → ❹, ❺번 지점 각각 클릭 → Enter (이전 명령어 반복) → ❻, ❼번 지점 각각 클릭 → Enter (이전 명령어 반복) → ❽, ❾번 지점을 각각 클릭한다. → Enter

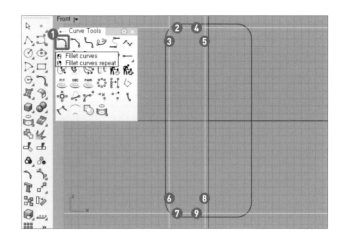

08 ❶ [Join] 선택 → ❷번 Curve 선 8개를 인접 순서대로 모두 클릭한다.

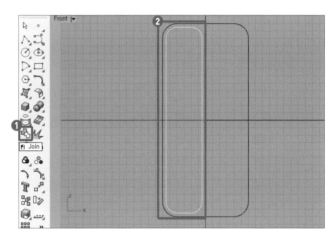

09 ❶ [Mirror] 선택 → 이전 단계에서 Join한 ❷번 선 선택 → Enter → ❸번 교차점 클릭 → ❹번 임의의 지점을 클릭(단축키 F8, [Ortho] 활용)한다.

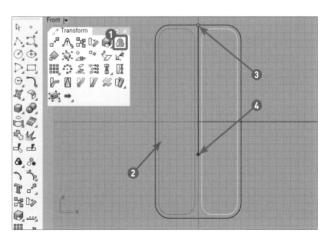

Part
6

10 ❶ [Offset curve] 선택 → 치수 값 '60' 입력 → Enter → ❷번 선 선택 → ❸번 방향으로 상단 클릭 → Enter (이전 명령어 반복 기능) → 치수 값 '30' 입력 → Enter → ❷번 선 선택 → ❹번 방향으로 하단 클릭 → Enter (이전 명령어 반복 기능) → 치수 값 '50' 입력 → Enter → ❹번 선 선택 → ❺번 방향으로 하단을 클릭한다.

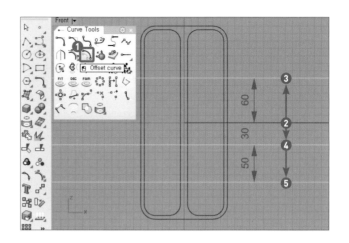

11 ❶ [Trim] 선택 → ❷~❺번까지의 선을 클릭 → Enter → 자를 영역인 ⊗를 각각 클릭한다. → Enter

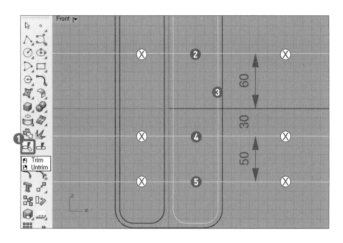

12 ❶ [Circle: center, radius] 선택 → 앞서 [Trim]으로 자른 선의 중심점(Mid)인 ❷번 지점에 클릭한다. → 치수 값 '13' 입력 → Enter (❸번과 같은 원이 생성된다.) → ❹번 역시 앞서 그린 방법과 동일한 치수 값 R13의 Circle을 그린다. → ❺번은 치수 값 R5의 Circle을 그린다.

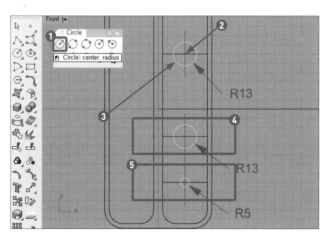

13 ❶ [Extrude straight] 선택 → ❷번 선
(가습기 외각선) 선택 → 치수 값 '200'을
입력한다. → Enter

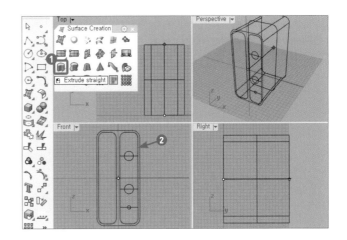

14 ❶ [Cap planar holes] 선택 → ❷번
Surface 선택 → Enter

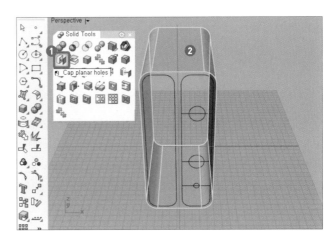

15 ❶ [Extrude straight] 선택 → ❷, ❸번
선 선택 → 치수 값 '−5'(마이너스)를 입력
한다. → Enter

Tip 치수 값의 +(플러스), −(마이너스)는 더
하기 빼기의 의미가 아닌 좌표 값을 뜻
한다.

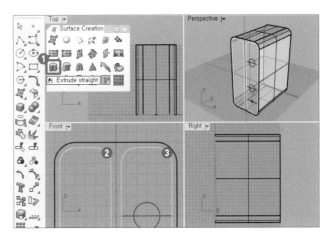

16 ❶ [Cap planar holes] 선택 → ❷❸번
Surface를 선택한다. → Enter

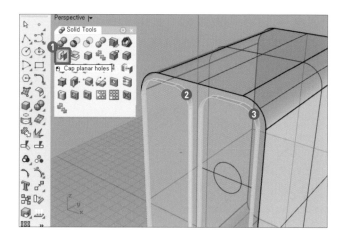

17 ❶ [Variable radius fillet] 선택 → 치수
값 '2' 입력 → Enter → ❷번 모서리 지점을
모두 선택한다. → Enter 2번

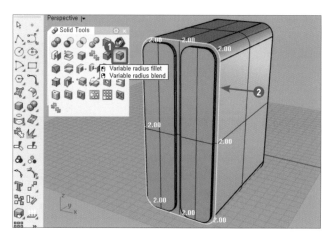

18 ❶ [Variable radius fillet] 선택 → 치수
값 '2' 입력 → Enter → ❷, ❸번 모서리 지점
을 모두 선택한다. → Enter 2번

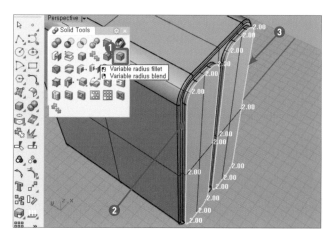

19 [Perspective View] → 가습기 후면으로
회전 → ❶ [Variable radius fillet] 선택 →
치수 값 '5' 입력 → Enter → ❷번 모서리 지
점을 모두 선택한다. → Enter 2번

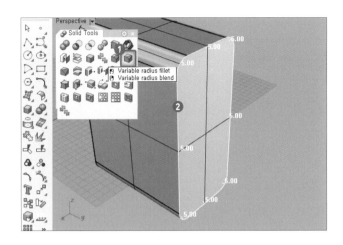

20 ❶ [Extrude straight] 선택 → ❷번 Circle
선택 → 치수 값 ' -15'(마이너스)를 입력한
다. → Enter

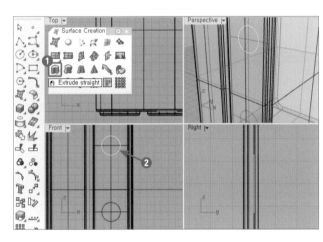

21 ❶ [Duplicate border] 선택 → ❷번
Surface를 선택한다. → Enter (Curve 선이
생성된다.)

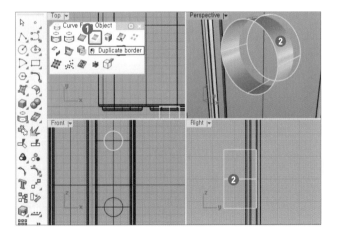

22 [Front View] → ❶ [Offset curve] 선택
→ [Duplicate border]로 생성된 ❷번 선
선택 → 치수 값 '3' 입력 → Enter → ❸번 방
향으로 내측을 클릭한다.

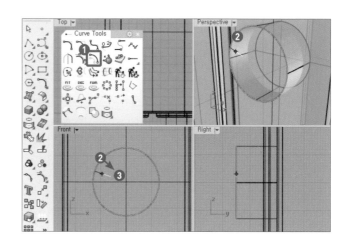

23 [Front View] → ❶번 선 선택 → [Right
View] → ❷번 방향으로 3mm(3칸) 드래
그 하여 이동한다.

Tip [Grid Snap]이 활성화되어 있으면 해당
물체를 선택하고 마우스를 드래그하면
1mm(한 칸) 간격으로 이동이 가능하다.

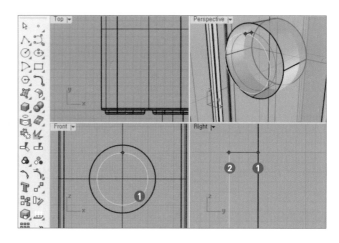

24 ❶ [Curve: interpolate points] 선택 →
❷번 Quad(Osnap) 지점 클릭 → ❸번
Quad 또는 Int 지점 클릭 → Enter → 완성된
❹ 선 선택 → ❺ [Points on] 선택

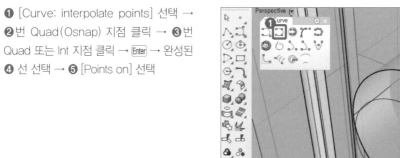

25 [Right View] 기준 → ❶번 포인트 2개를
선택한다. (Shift) 키를 누르면 다중 선택 가
능) → ❷번 방향으로 그림과 같이 이동한
다.(❸번 [Grid Snap], [Ortho], [Osnap]은
모두 Off 한다. 이동 후 다시 On 한다.) →
❹ [Points off](마우스 오른쪽)를 선택한다.

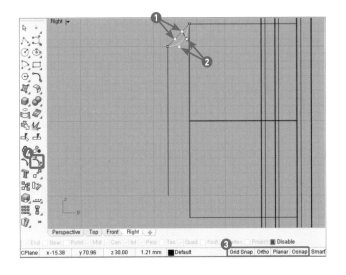

26 ❶ [Sweep 1 rail] 선택 → ❷, ❸선 클릭
→ Enter → [Sweep 1 Rail Options] 화면이
나오면 OK 버튼을 선택한다.

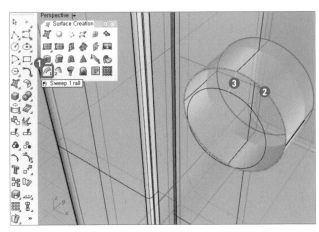

27 ❶ [Surface from planar curves] 선택 →
❷번 선을 선택한다. → Enter

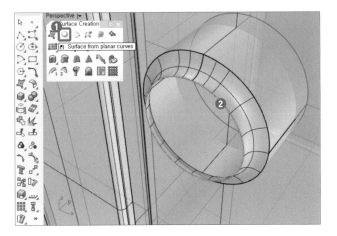

28 ❶ [Join] 선택 → ❷, ❸, ❹번 순차적으로
클릭한다. → Enter

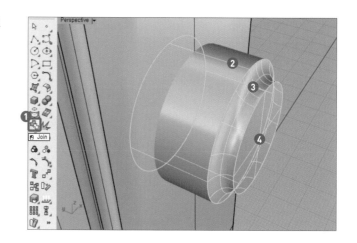

29 [Perspective View] → ❶ [Variable
radius fillet] 선택 → 치수 값 '0.5' 입력 →
❷, ❸번 모서리 지점을 클릭한다. → Enter
2번

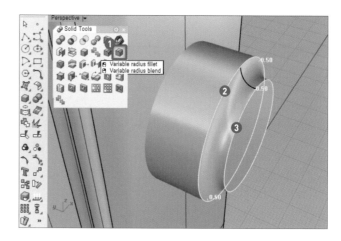

30 ❶ [Copy] 선택 → ❷번 가습기 다이얼 선
택 → Enter → 중심점 ❸번 클릭 → 중심점
❹번을 클릭(이동 복사하여 똑같은 가습기
다이얼이 생성된다.)한다. → Enter

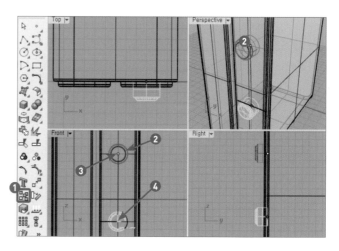

31 ❶ [Extrude straight] 선택 → ❷번 Circle
선택 → 치수 값 '-7'(마이너스)을 입력한
다. → Enter

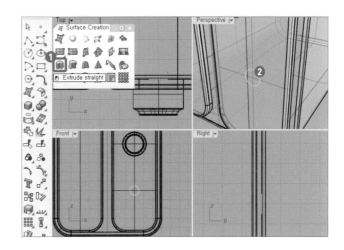

32 ❶ [Cap planar holes] 선택 → ❷번
Surface를 선택한다. → Enter

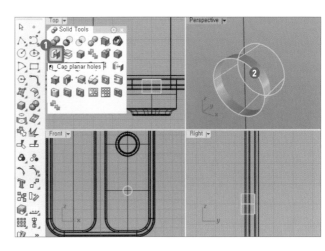

33 ❶ [Variable radius fillet] 선택 → 치수 값
'0.5' 입력 → Enter → ❷번 모서리 지점을
클릭한다. → Enter 2번

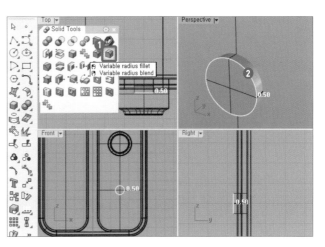

34 [Front View] → ❶ [Offset curve] 선택 →
치수 값 '15' 입력 → Enter → ❷번 선 선택
❸번 방향 상단을 클릭한다.

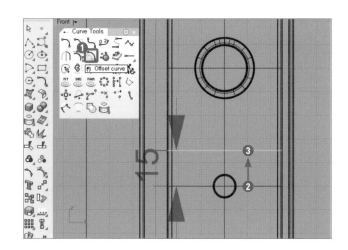

35 ❶ [Circle: center, radius] 선택 → ❷번
지점(중심점) 클릭 → 치수 값 '2' 입력 →
Enter → ❸번과 같은 Circle이 생성된다.

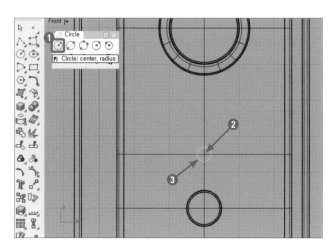

36 ❶ [Extrude straight] 선택 → ❷번 Circle
선택 → 치수 값 없이 ❸과 같이 임의의 지
점을 클릭한다.

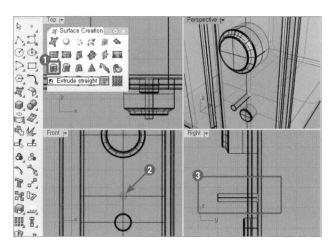

37 ❶ [Split] 선택 → ❷번 Surface 선택 → Enter → ❸번 Surface 선택 → Enter → ❸번 Surface를 삭제(Delete)한다.

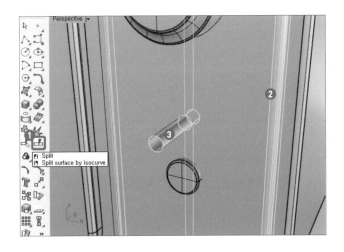

38 ❶ [Text object] 선택 → ❷번 화면에 문자를 입력한다(HUMIDIFIER). → ❸ 'Create'에는 'Curves'를 선택한다. → ❹ 'Text size'에는 '4'(mm)를 기입한다. → ❺ OK → [Front View] ❻번 위치를 클릭한다.

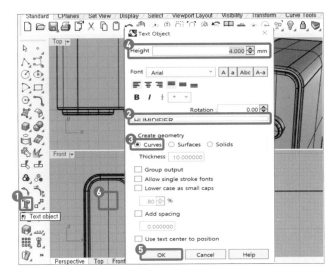

Part 6

39 ❶ [Explode] 선택 → ❷번 Surface를 선택한다. → Enter

Tip [Explode]는 Solid 또는 Surface를 분해하여 변형할 때 주로 사용된다. 반대로 다시 붙이기 위해서는 [Join]을 이용한다.

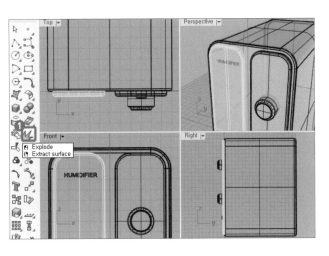

40 ❶ [Split] 선택 → ❷번 Surface 선택 →
[Enter] → [Front View] → ❸번 텍스트를 좌
에서 우측으로 드래그하여 모두 선택한다.
→ [Enter] (Text가 ❷번 Surface에 투영된다.)

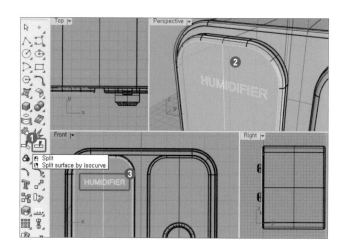

41 [Right View] → ❶ [Curve: interpolate
points]를 클릭한다. 좌표의 Y축을 따라 ❷
번과 같이 마이너스(−) 형태의 Curve 선을
그린다. 이때는 단축키 [F8](Ortho), [F9]
(Grid Snap)를 활용하여 눈금의 이동. 직
교의 이동을 판단한다.

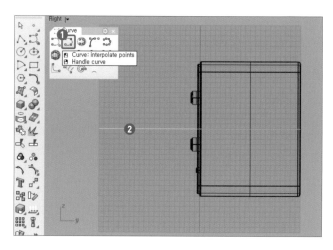

42 ❶ [Offset curve] 선택 → 치수 값 '20' 입
력 → [Enter] → ❷번 선 선택 → ❸번 방향으
로 우측에 클릭 → [Enter] (이전 명령어 반복
기능) → 치수 값 '40' 입력 → [Enter] → ❹번
선 선택 → ❺번 방향으로 하단 클릭 →
[Enter] (이전 명령어 반복 기능) → 치수 값 '5'
입력 → [Enter] → ❺번 선 선택 → ❻번 방향
으로 하단을 클릭한다.

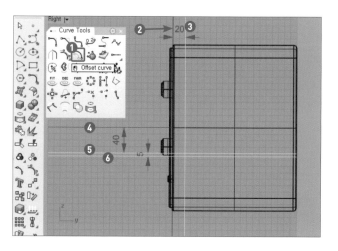

43 ❶ [Rectangular planar: Corner to corner] 선택 → [Right View] → ❷번 지점 클릭 → 드래그하여 [Front View] 이동 → 임의의 지점을 클릭(❹번과 같이 가습기 형태보다 큰 사각형을 그린다.)한다.

> **Tip** 라이노 모델링에서는 하나의 명령어 수행 중에 뷰포트(View Port)의 이동이 자유롭다. (예: [Front View]에서 시작점을 클릭한 후 [Right View]에서 끝점을 클릭하여 마무리할 수 있다.)

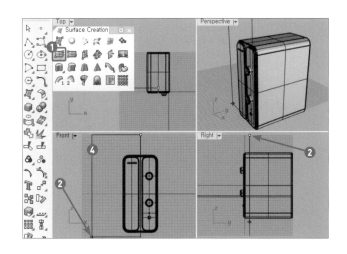

44 [Front View] → ❶번 Surface를 선택 드래그 하여 ❷번과 같은 지점으로 이동한다. (가습기를 완전히 덮을 수 있도록 이동)

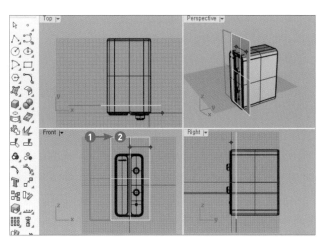

45 ❶ [Rectangular planar: Corner to corner] 선택 → [Right View] → ❷번 지점 클릭 → 드래그하여 [Top View] 이동 → ❸번에 해당하는 임의의 지점을 클릭([Top View] 기준, 가습기 형태보다 큰 사각형을 그린다.)한다.

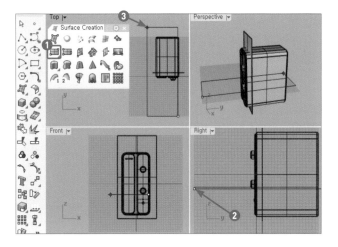

46 [Top View] → ❶번 Surface를 선택 드래
그하여 ❷번과 같은 지점에 이동한다. (가
습기를 완전히 덮을 수 있도록 이동)

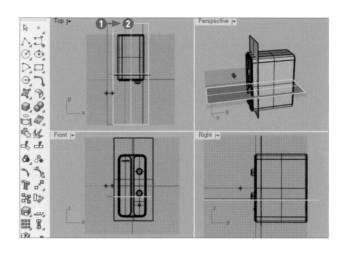

47 ❶ [Copy] 선택 → ❷번 사각형 Surface
선택 → Enter → 시작점 ❸번 클릭 → 끝점
❹번을 클릭(이동 복사하여 똑같은 사각형
Surface가 생성된다.)한다.

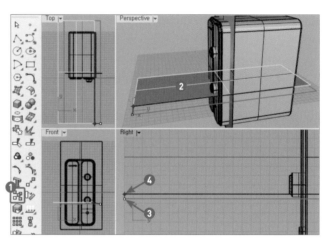

48 ❶ [Split] 선택 → ❷번 Surface(가습기 본
체) 선택 → Enter → ❸번 사각형 Surface
선택 → Enter → ❸번 사각형 Surface를 삭
제(Delete)한다.

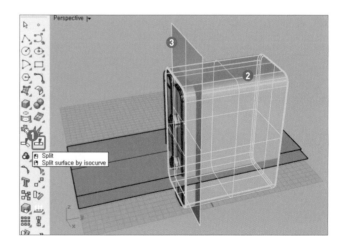

49 예시 ❶번과 같이 사각형 Surface가 가습기 본체와 중첩되어 있지 않다면 예시 ❷번과 같이 중첩되도록 이동한다.

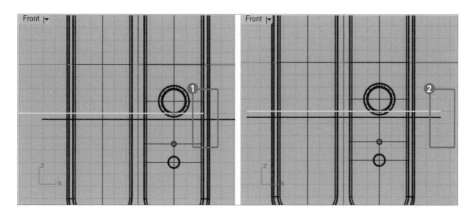

50 ❶ [Split] 선택 → ❷번 Surface(분리된 가
습기 본체) 선택 → Enter → ❸, ❹번 사각형
Surface 모두 선택 → Enter → ❸, ❹번 사
각형 Surface를 삭제(Delete)한다.

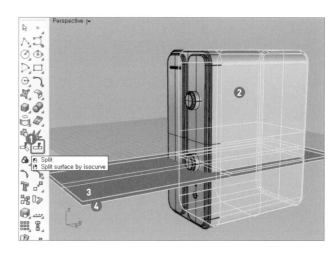

51 ❶ [Properties] 선택 → ❷ [Layer]를 클릭하면 지정되어진 Layer 번호를 이용하여 색상을 변경할 수 있다(Key Shot
프로그램의 렌더링 작업을 위해 Layer 색상을 변경하면 편리하다).

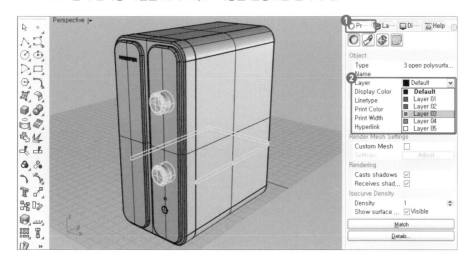

52 [Top View] → ❶ [Curve: interpolate points] 선택 → 좌표의 Y축을 따라 ❷번과 같이 (−) 형태의 Curve 선을 그린다. 이때 는 단축키 F8 (Ortho), F9 (Grid Snap)를 활용하여 눈금의 이동, 직교의 이동을 판단 한다.

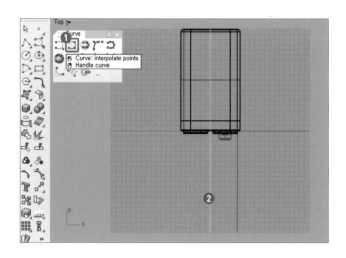

53 ❶ [Offset curve] 선택 → 치수 값 '60' 입력 → Enter → ❷번 선 선택 → ❸번 방향으로 상단에 클릭 → Enter (이전 명령어 반복 기능) → 치수 값 '45' 입력 → Enter → ❸번 선 선택 ❹번 방향으로 상단 클릭 → Enter (이전 명령어 반복 기능) → 치수 값 '70' 입력 → Enter → ❹번 선 선택 → ❺번 방향 으로 상단 클릭 → Enter (이전 명령어 반복 기능) → 치수 값 '25' 입력 → Enter → ❻번 선 선택 → ❼번 방향으로 좌측 클릭 → Enter (이전 명령어 반복 기능) → 치수 값 '25' 입력 → Enter → ❻번 선 선택 → ❽번 방향으로 우측 클릭. → ❾ [Circle: center, radius] 선택 → ❿번 지점 클릭 → 치수 값 '25'를 입력한다. → Enter

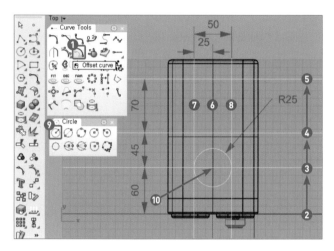

54 ❶ [Fillet curves] 선택 → 치수 값 '10' 입력 → Enter → ❷, ❸번 지점 각각 클릭 → Enter (이전 명령어 반복) → ❹, ❺번 지점 각각 클릭(치수 값은 이전과 동일한 10이므로 따로 입력할 필요 없음.) → Enter (이전 명령어 반복) → ❻, ❼번 지점 각각 클릭(치수 값은 이전과 동일한 10이므로 따로 입력할 필요 없음.) → Enter (이전 명령어 반복) → ❽, ❾번 지점을 각각 클릭(치수 값은 이전과 동일한 10이므로 따로 입력할 필요 없음)한다.

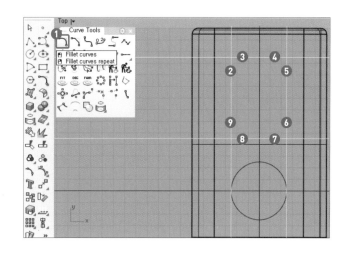

55 ❶번 선을 좌에서 우측으로 드래그한다. → ❷ [Join]을 선택한다.

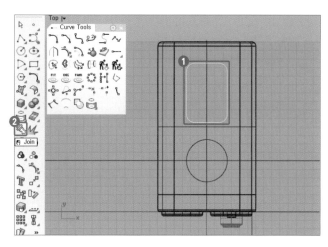

56 ❶ [Offset curve] 선택 → ❷번 선택 → 치수 값 '100' 입력 → Enter → [Right View] 기준 ❸번 방향으로 상단을 클릭한다.

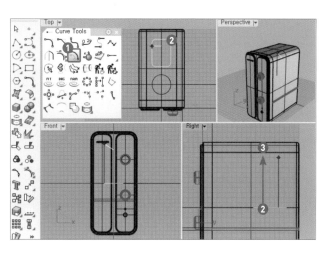

57 ❶ [Extrude straight] 선택 → [Right View] → ❷번 선 선택 → Enter → 치수 값 '50'을 입력한다. → Enter

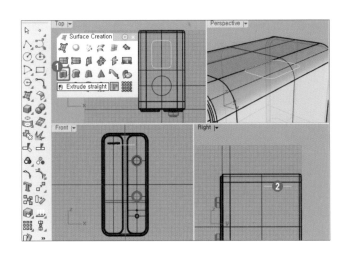

58 ❶ [Split] 선택 → ❷번 Surface 선택 → Enter → ❸번 Surface 선택 → Enter → ❸번 Surface를 삭제(Delete)한다.

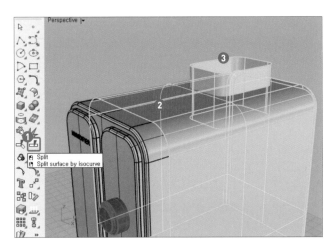

59 ❶번 Surface 선택 → 삭제(Delete)한다.

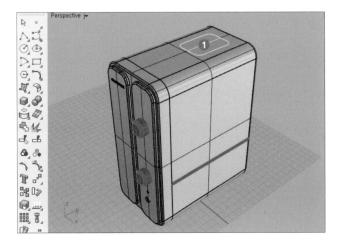

60 ❶ [Duplicate border] 선택 → ❷번
Surface(가습기 물통)를 선택한다. → Enter

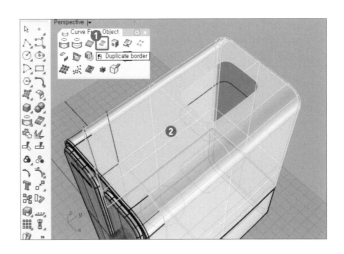

61 ❶ [Loft] 선택 → ❷, ❸번 선 선택 → Enter
→ ❹ 화살표 [Loft] 진행 방향 확인 → Enter
→ [Loft Options] 창에서 OK 클릭

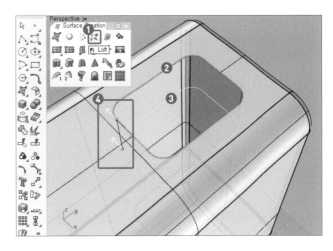

62 ❶ [Surface from planar curves] 선택 →
❷번 선 선택 → Enter

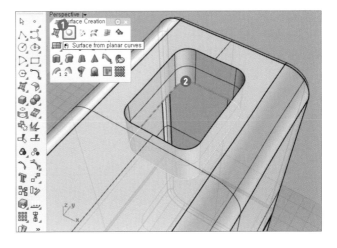

63 ❶ [Join] 선택 → ❷, ❸, ❹번 Surface 선택 → Enter → ❺ [Variable radius fillet] 선택 → 치수 값 '3' 입력 → Enter → ❻번 모서리를 선택한다. → Enter 2번

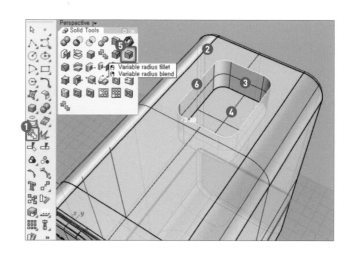

64 ❶ [Variable radius fillet] 선택 → 치수 값 '3' 입력 → Enter → ❷번 모서리를 선택한다. → Enter 2번

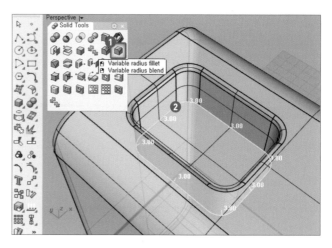

65 ❶ [Offset curve] 선택 → 치수 값 '8' 입력 → Enter → ❷번 선 선택 → ❸번 방향으로 우측 클릭 → Enter (이전 명령어 반복 기능) → 치수 값 '8' 입력 → Enter → ❷번 선 선택 ❹번 방향으로 좌측 클릭 → Enter (이전 명령어 반복 기능) → 치수 값 '105' 입력 → Enter → ❺번 선 선택 ❻번 방향으로 상단 클릭 → Enter (이전 명령어 반복 기능) → 치수 값 '70' 입력 → Enter → ❻번 선 선택 ❼번 방향으로 상단을 클릭한다.

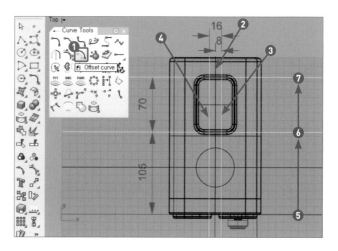

66 ❶ [Trim] 선택 → ❷~❺번 선 모두 선택
→ [Enter] → 자를 영역 ⊗ 모두 클릭하여 선
택한다. → [Enter]

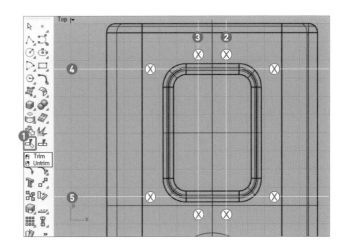

67 ❶ [Join] 선택 → ❷번 선을 선택한다.

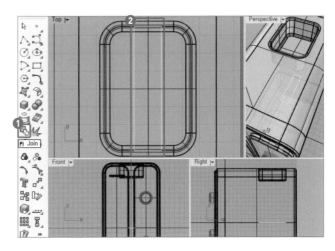

68 ❶ [Offset curve] 선택 → 치수 값 '120' 입력
→ [Enter] → ❷번 선 선택 → [Right View]
→ ❸번 방향으로 상단 클릭 → ❷번 선을
삭제(Delete)한다.

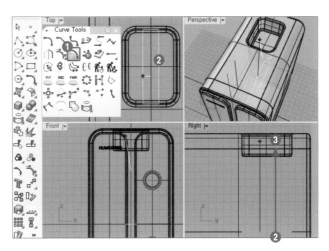

69 ❶ [Extrude straight] 선택 → [Right View] → ❷번 선 선택 → Enter → 치수 값 '5'를 입력한다. → Enter

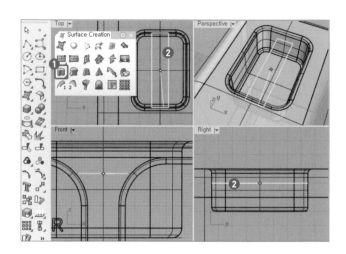

70 ❶ [Cap planar holes] 선택 → ❷번 Surface를 선택한다. → Enter

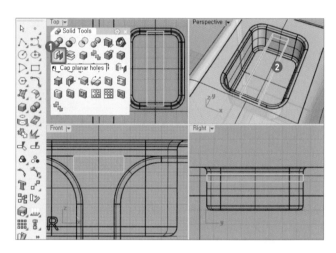

71 ❶ [Variable radius fillet] 선택 → 치수 값 '2' 입력 → Enter → ❷번 모서리 4곳을 모두 선택한다. → Enter 2번

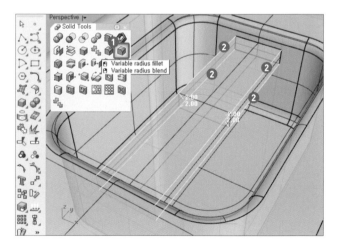

72 ❶ [Offset curve] 선택 → 치수 값 '130'
입력 → Enter → ❷번 선(Circle) 선택 →
[Right View] → ❸번 방향으로 상단 클릭
→ ❷번 선(Circle)을 삭제(Delete)한다.

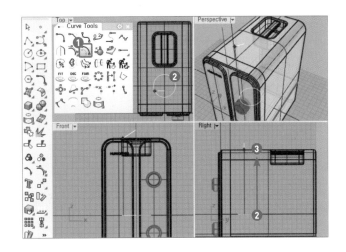

73 ❶ [Extrude straight] 선택 → ❷번 선 선
택 → Enter → 치수 값 '3'을 입력한다. →
Enter

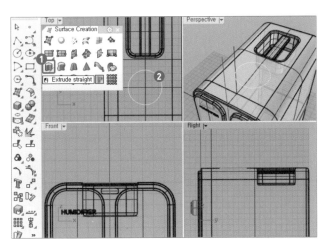

74 ❶ [Cap planar holes] 선택 → ❷번
Surface를 선택한다. → Enter

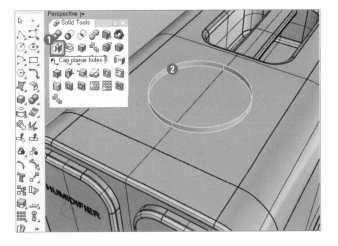

75 ❶ [Variable radius chamfer] 선택 → 치수 값 '2' 입력 → Enter → ❷번 모서리를 선택한다. → Enter 2번

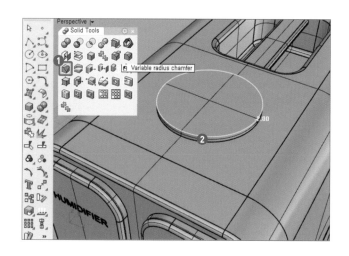

76 ❶ [Offset curve] 선택 → 치수 값 '5' 입력 → Enter → ❷번 선(Circle) 선택 → [Top View] → ❸번 방향으로 내측 클릭 → Enter (이전 명령어 반복 기능) → 치수 값 '3' 입력 → Enter → ❸번 선(Circle) 선택 → ❹번 방향으로 내측을 클릭한다.

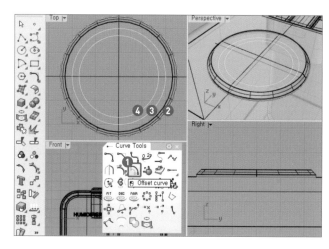

77 ❶ [Curve: interpolate points] 선택 → [Top View] → ❷번 Cen(Osnap) 지점에 클릭 → ❸번 임의의 지점에 클릭(단축키 F8 [Ortho] 활성화 상태에서 작업)한다.

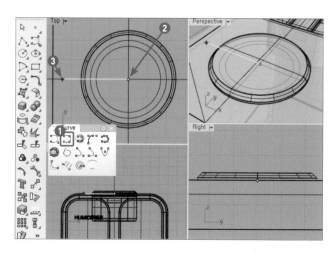

78 ❶ [Mirror] 선택 → 앞 단계에서 그렸던 ❷
번 선 선택 → Enter → ❸번 지점 클릭 → ❹
번 방향 수직으로 드래그한다(단축키 F8
[Ortho] 활성화 상태에서 작업). → ❹번에
해당하는 임의의 지점을 클릭한다.

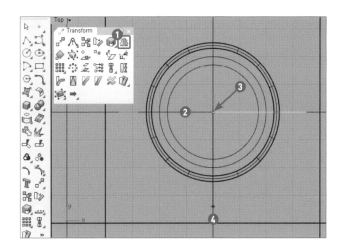

79 ❶ [Circle tangent to 3 curves] 선택 →
❷ 3개의 Tangent 접점을 각각 클릭
한다. → ❸번과 같은 Circle이 그려진다
(Tangent 작업 시에는 [Osnap]을 잠깐
꺼둔다).

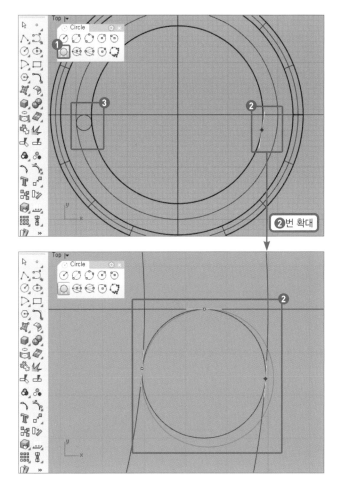

❷번 확대

80 ❶ [Trim] 선택 → ❷∼❺번까지의 선 (Circle) 선택 → Enter → 자를 지점인 ⊗ 지점을 모두 클릭한다. → Enter

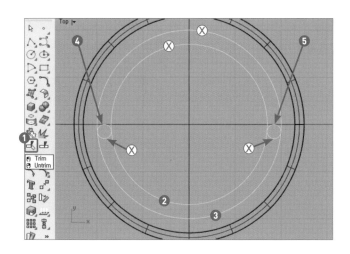

81 ❶ 해당 영역의 선들을 모두 드래그 또는 클릭하여 선택 → ❷ [Join]을 선택한다.

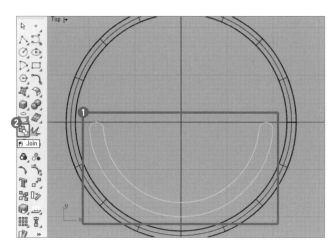

82 ❶ [Explode] 선택 → ❷번 Solid를 선택한다. → Enter

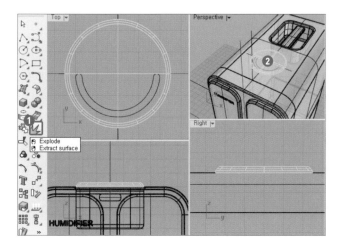

83 ❶ [Split] 선택 → ❷번 Surface 선택 →
Enter → ❸번 선을 선택한다. → Enter

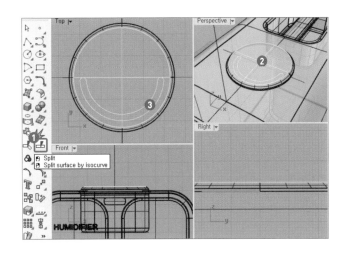

84 ❶번 Surface(잘린 면) 선택 → 삭제
(Delete)한다.

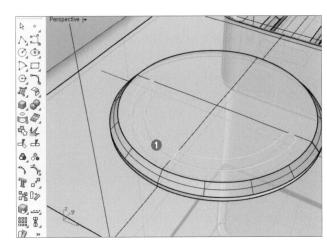

Part
6

85 ❶ [Extrude straight] 선택 → ❷번 모서리
선택 → Enter → 치수 값 '-5'(마이너스)를
입력한다. → Enter

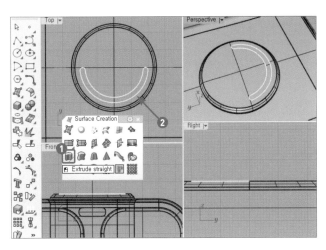

86 ❶ [Offset curve] 선택 → 치수 값 '4' 입력
→ Enter → ❷번 선(손잡이 Line) 선택 →
[Top View] → ❸번 방향으로 내측을 클릭
한다.

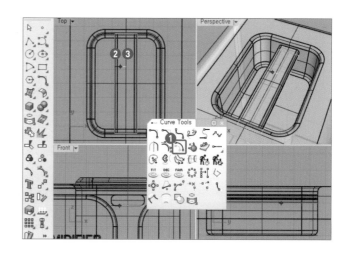

87 ❶ [Fillet curves] 선택 → 치수 값 '3' 입력
→ Enter → ❷, ❸번 지점 각각 클릭 → Enter
(이전 명령어 반복 기능) → 치수 값 '3' 입
력 → Enter → ❹, ❺번 지점 각각 클릭 →
❻번 역시 동일하게 작업한 결과이다.

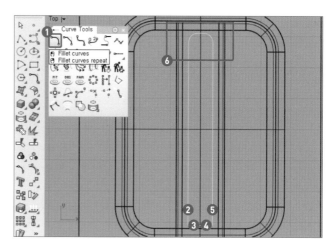

88 ❶ [Explode] 선택 → ❷번 Solid를 선택
한다. → Enter

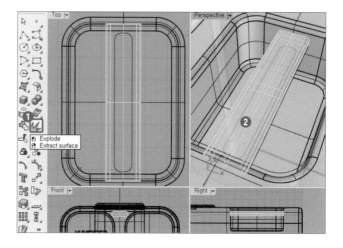

89 ❶ [Split] 선택 → ❷번 Surface 선택 →
Enter → ❸번 선을 선택한다. → Enter

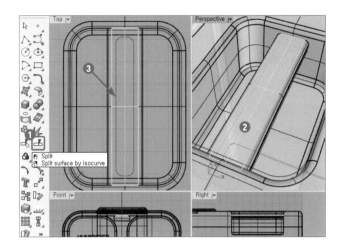

90 ❶ [Properties] 선택 → ❷ Layer를 클릭하면 지정된 Layer 번호를 이용하여 색상을 변경할 수 있다(Key Shot 프로그램의 렌더링 작업을 위해 Layer 색상을 변경하면 편리하다).

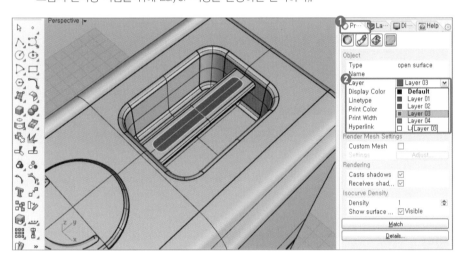

91 완성

Tip 완성 이후에도 Curve, Line, Polyline 등의 2D 보조 도면을 삭제하지 않는다. (향후 도면 수정을 위해 그대로 두는 것이 효과적이며, Key Shot 등 렌더링 프로그램에서 변환하여도 Curve와 같은 2D 도면은 나타나지 않는다.)

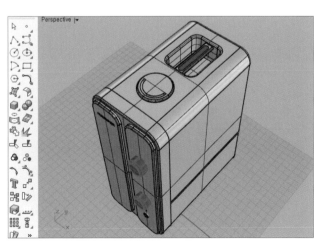

2 Chapter

PTC 온풍기 제품디자인 품평과 모델링

1 PTC 온풍기 디자인 품평

　[그림 3]은 사무 공간에서 주로 사용하는 PTC 방식의 전기 온풍기로 슬림한 디자인으로 공간 효율성이 우수하다. 제품의 뒷면에 바퀴를 두어 이동이 편리하며 전면 토출부의 그릴은 상하 조절이 가능하다. 공기청정 기능의 필터를 전면에 배치하여 난방과 함께 공기청정 기능을 함께 사용할 수 있다. 제품의 조작 부분은 상단 면에서 약 20° 정도의 기울기를 주어 버튼을 편리하게 누를 수 있도록 디자인하였으며 디스플레이 역시 쉽게 인지할 수 있다. 공기청정기를 겸하는 하이브리드형 난방기기로 시판하여 절찬리에 판매되었던 제품이다.

▲ [그림 3]　사무실용 PTC 방식 전기 온풍기

2 PTC 온풍기 모델링

01 New 도면을 연다. Open Template File 형식이 나오면 [Large Objects] – [Millimeters]를 클릭한다. 4개의 뷰포트 중에 [Top View]에서 기본적인 2D 도면을 그린다.

❶ [Top View]를 기준으로 ❷ [Curve: interpolate points]를 클릭한다. 좌표의 X, Y축을 따라 그림과 같이 + 형태의 열십자 모양으로 교차하는 Curve 선을 그린다. 이때는 단축키 F8(Ortho), F9(Grid Snap)를 활용하여 눈금의 이동, 직교의 이동을 판단한다. ❸ [Grid Snap], ❹ [Ortho], ❺ [Osnap]을 클릭 확인하고 [Osnap]의 ❻ [End, Mid, Cen, Int, Perp, Quad]의 체크를 확인한다.

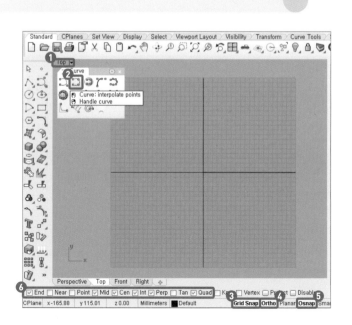

02 [Top View] → ❶ [Offset curve] 선택 →
치수 값 '60' 입력 → Enter → ❷번 선 선택
→ ❸번 방향 좌측에 클릭 → Enter (이전 명
령어 반복기능) → ❷번 선 선택(치수는 동
일하므로 입력하지 않는다.) → ❹번 방향
우측에 클릭 → Enter (이전 명령어 반복 기
능) → 치수 값 '20' 입력 → Enter → ❺ 번
선 선택 → ❻번 방향 상단 클릭 → Enter
(이전 명령어 반복 기능) → ❺번 선 선택
(치수는 동일하므로 입력하지 않는다.) →
❼번 방향 하단을 클릭한다.

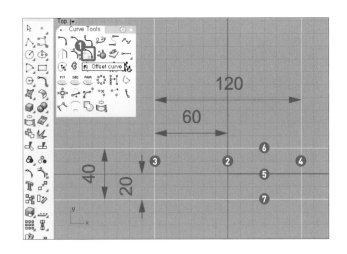

03 ❶ [Fillet curves] 선택 → 치수 값 '15' 입
력 → Enter → ❷, ❸번 지점 각각 클릭 →
Enter (이전 명령어 반복 기능) → ❹, ❺번
지점 각각 클릭(치수 값은 이전과 동일한
15이므로 따로 입력할 필요 없음.) → Enter
(이전 명령어 반복 기능) → ❻, ❼번 지점
각각 클릭(치수 값은 이전과 동일한 15이
므로 따로 입력할 필요 없음.) → 결과물은
❽번과 같다.

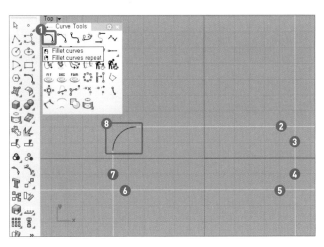

04 ❶번과 같이 좌측에서 우측으로 전체를 드
래그한다. → ❷ [Join]을 선택한다.

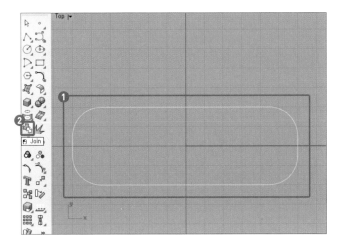

05 ❶ [Extrude straight] 선택 → ❷번 선 선택 → Enter → [Command] 창에 ❸번 'BothSides=No'를 클릭하면 그림과 같이 'BothSides=Yes'로 변한다(한 방향 돌출이 아닌 양방향 돌출로 변경하는 기능). → 치수 값 '140'을 입력한다. → Enter

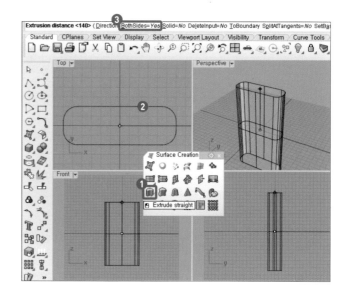

06 ❶ [Cap planar holes] 선택 → ❷번 Surface를 선택한다. → Enter

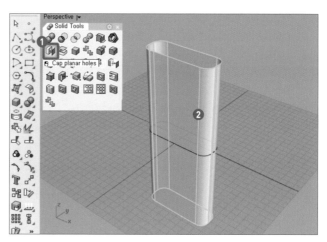

07 [Top View] → ❶ [Offset curve] 선택 → 치수 값 '5' 입력 → Enter → ❷번 선 선택 → ❸번 방향 내측 클릭 → Enter (이전 명령어 반복기능) → 치수 값 '4' 입력 → Enter → ❸번 선 선택 → ❹번 방향 내측 클릭 → ❹번 선 선택 → ❺ [Explode]를 선택 (❹번 선이 [Join] 이전 상태로 분리된다.) 한다.

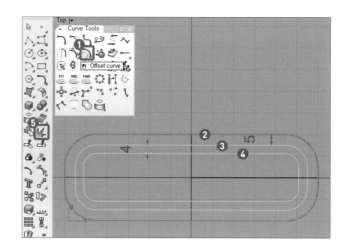

08 [Top View] → ❶ [Offset curve] 선택 →
치수 값 '20' 입력 → Enter → ❷번 선 선택
→ ❸번 방향 좌측 클릭 → ❹번은 동일하
게 작업한 결과물이다.

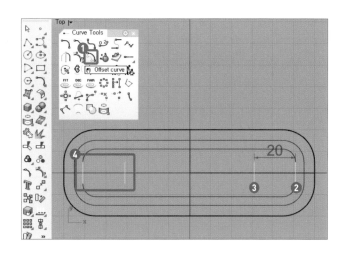

09 ❶ [Extend curve] 선택 → ❷, ❸, ❹번
선을 순차적으로 클릭한다. → Enter → 선의
연장 부분인 ❺, ❻번(❷번 선의 양끝 지
점에 해당)을 각각 클릭한다. → ❼번 선은
동일하게 작업한 결과물이다.

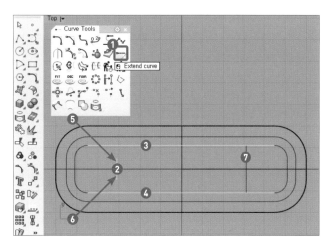

> **Tip** Extend curve 명령어는 2D 도면 작업
> 시 선을 연장할 수 있는 아주 유용한 기
> 능이다.

10 ❶ [Circle tangent to 3 curves] 선택 →
❷, ❸, ❹번 지점(Tangent 연결 지점)에
각각 클릭한다. → ❺번 Circle은 동일하게
작업한 결과물이다.

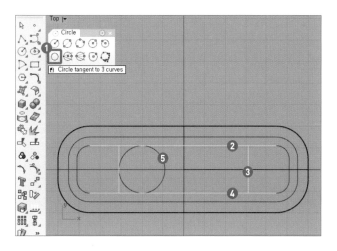

11 ❶ [Trim] 선택 → 자를 영역인 ❷~❺번까지의 선을 각각 클릭한다. → Enter → 잘라낼 부분에 해당하는 ⊗를 모두 클릭한다. → Enter

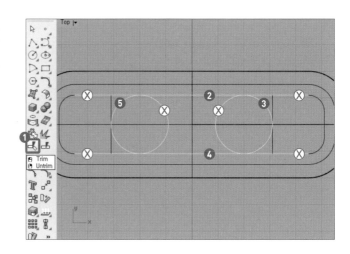

12 [Top View] → ❶ [Offset curve] 선택 → 치수 값 '3' 입력 → Enter → ❷번 선 선택 → ❸번 방향 하단에 클릭 → Enter (이전 명령어 반복 기능) → 치수 값 '3' 입력 → Enter → ❹번 선 선택 → ❺번 방향 상단 클릭 → Enter (이전 명령어 반복 기능) → 치수 값 '15' 입력 → Enter → ❻번 선 선택 → ❼번 방향 좌측에 클릭 → Enter (이전 명령어 반복 기능) → 치수 값 '15' 입력 → Enter → ❽번 선 선택 → ❾번 방향 우측을 클릭한다.

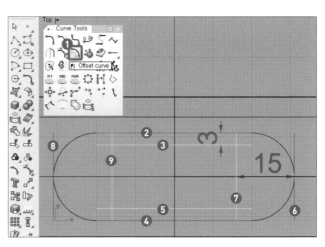

13 ❶ [Trim] 선택 → 자를 영역인 ❷~❺번까지의 선을 각각 클릭한다. → Enter → 잘라낼 부분에 해당하는 ⊗를 모두 클릭한다. → Enter

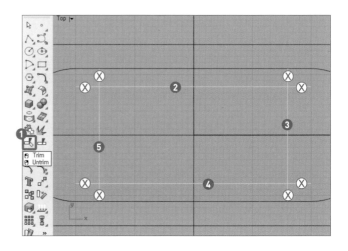

14 ❶번 선 4개 모두 클릭 → ❷ [Join] 선택 → ❸번 선 모두 클릭하여 삭제(Delete) 한다.

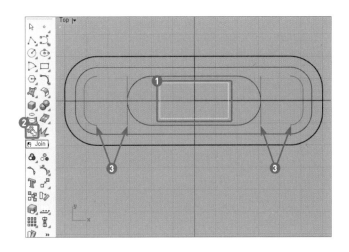

15 [Right View] → ❶ [Polyline] 선택 → ❷[Ortho], ❸ [Osnap]은 클릭하여 끈다 (Off). → 임의의 지점 ❹→❺→❻→❼→ ❹(Point를 클릭한다.) 순으로 클릭하여 그림과 같은 온풍기 후면 커버 모양을 작도한다. → ❷ [Ortho], ❸ [Osnap]은 클릭하여 켠다(On).

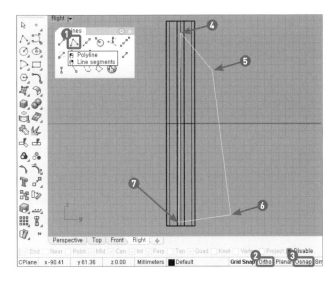

16 ❶ [Extrude straight] 선택 → ❷번 선 선택 → Enter → [Command] 창에 ❸번 'BothSides=No'를 클릭하면 그림과 같이 'BothSides=Yes'로 변한다. (한 방향 돌출이 아닌 양방향 돌출로 변경하는 기능) → 치수 값으로 '50'을 입력한다. → Enter

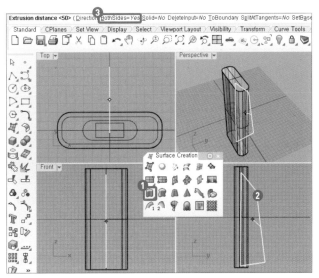

17 [Perspective View] → ❶ [Cap planar holes] 선택 → ❷번 Surface를 선택한다. → Enter

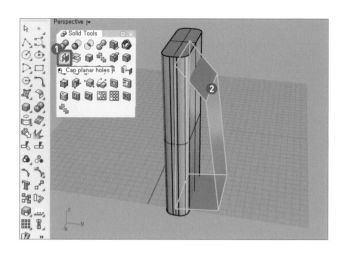

18 ❶ [Boolean union] 선택 → ❷, ❸ Solid 를 각각 클릭한다. → Enter

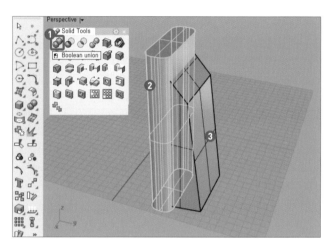

19 ❶ [Variable radius fillet] 선택 → 치수 값 '80' 입력 → Enter → ❷번 모서리 지점을 클릭(모서리 클릭 시 치수 값이 표기된다)한다. → Enter 2번 클릭

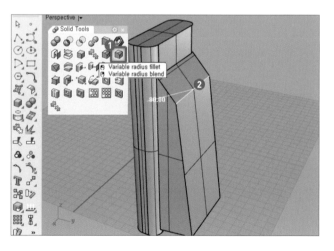

20 ❶ [Variable radius fillet] 선택 → 치수 값 '10' 입력 → Enter → ❷번 모서리 지점을 클릭(모서리 클릭 시 치수 값이 표기된다.) 한다. → Enter 2번 클릭

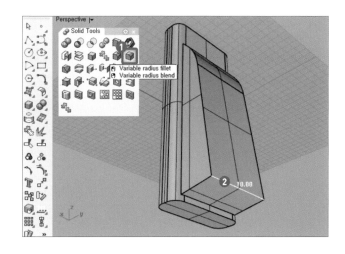

21 ❶ [Variable radius fillet] 선택 → 치수 값 '2' 입력 → Enter → ❷번 모서리 지점 모두 클릭(모서리 클릭 시 치수 값이 표기된다). → Enter 2번 클릭

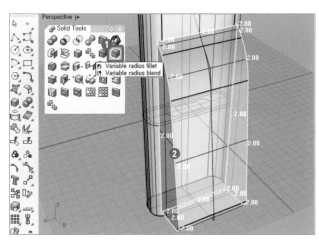

22 [Right View] → ❶ [Offset curve] 선택 → 치수 값 '80' 입력 → Enter → ❷번(중심선) 선 선택 → ❸번 방향 상단에 클릭 → Enter (이전 명령어 반복 기능) → 치수 값 '100' 입력 → Enter → ❸번 선 선택 → ❹번 방향 상단을 클릭한다.

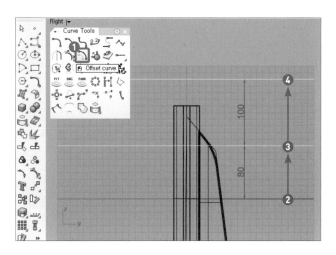

23 [Right View] → ❶ [Polyline] 선택 →
❷ [Ortho]는 클릭하여 끈다. (Off) → ❸번
지점 클릭, ❹번 지점 클릭([Osnap]의
End 포인트를 활용하여 클릭) → 임의의
지점 ❺번 ❻번 순으로 클릭하여 그림과
같은 기울어진 사각형을 작도한다. →
❷ [Ortho]는 클릭하여 켠다(On).

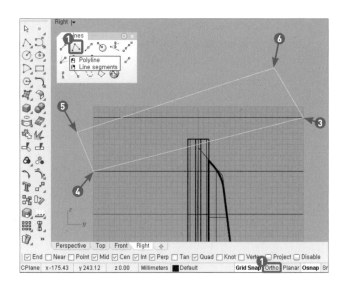

24 ❶ [Extrude straight] 선택 → ❷번 선 선
택 → Enter → [Command] 창에 ❸번
'BothSides=No'를 클릭하면 그림과 같이
'BothSides=Yes'로 변한다. (한 방향 돌
출이 아닌 양방향 돌출로 변경하는 기능)
→ 치수 값으로 '70'을 입력한다. → Enter

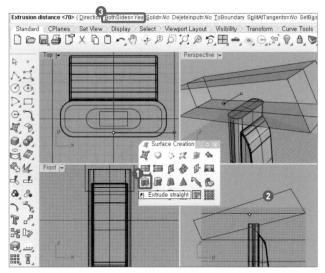

25 [Perspective View] → ❶ [Cap planar
holes] 선택 → ❷번 Surface를 선택한다.
→ Enter

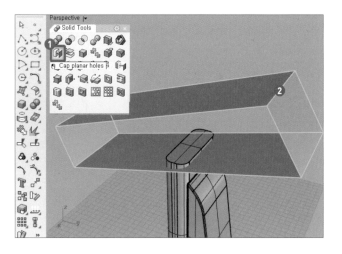

26 ❶ [Boolean difference] 선택 → ❷번 Solid 선택 → Enter → ❸번 Solid를 선택한다. → Enter

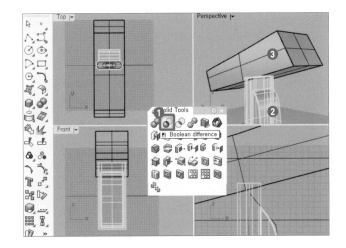

> **Tip** Boolean difference 명령어는 잘라서 버릴 물체를 나중에 선택한다.

27 ❶ [Variable radius fillet] 선택 → 치수 값 '1' 입력 → Enter → ❷번 모서리 지점을 모두 클릭(모서리 클릭 시 치수 값이 표기된다.) 한다. → Enter 2번 클릭

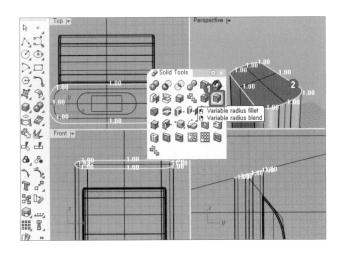

Part
6

28 [Right View] → ❶ [Explode] 선택 → ❷번 선을 선택한다. → Enter (선이 4개로 분리된다.)

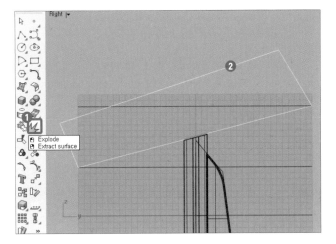

29 [Right View] → ❶ [Offset curve] 선택 →
치수 값 '5' 입력 → Enter → ❷번 선 선택 →
❸번 방향 하단을 클릭한다.

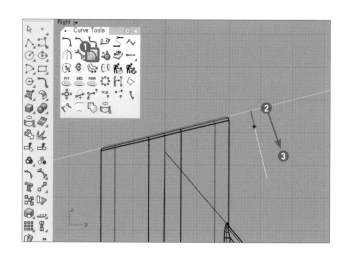

30 ❶ [Split] 선택 → ❷번 Solid 선택 → Enter
→ ❸번 선을 선택한다. → Enter

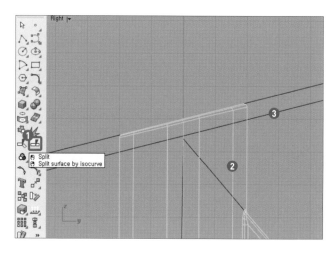

31 [Top View] → ❶ [Join] 선택 → ❷번 선
을 클릭하여 인접 순서대로 모두 선택한다.

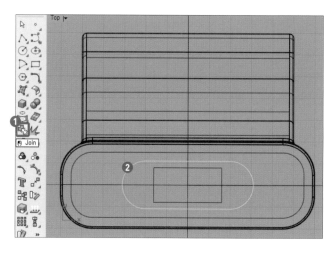

32 ❶ [Split] 선택 → ❷번 Surface 선택 → Enter → ❸번 선을 모두 클릭한다. → Enter

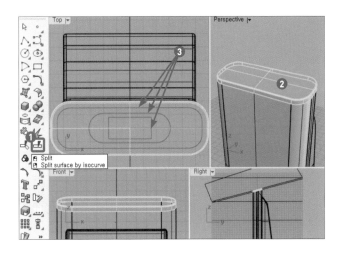

33 ❶ [Properties] 선택 → ❷ Layer를 클릭하면 지정된 Layer 번호를 이용하여 색상을 변경할 수 있다(Key Shot 프로그램의 렌더링 작업을 위해 Layer 색상을 변경하면 편리하다).

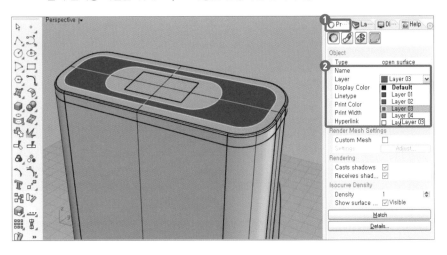

34 [Top View] or [Right View] → ❶ [Offset curve] 선택 → ❷번 선(중심선) 선택 → 치수 값 '18' 입력 → Enter → ❸번 방향 우측 클릭 → Enter (이전 명령어 반복 기능) → 치수 값 '10' 입력 → Enter → ❸번 선 선택 → ❹번 방향 우측을 클릭한다.

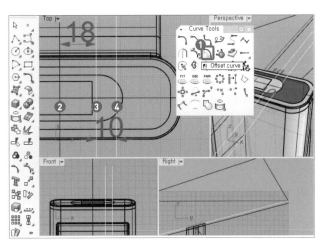

35 ❶ [Cylinder] 선택 → [Top View], [Right View]를 함께 보면서 ❷번 지점을 클릭한다. → [Right View]로 이동한다. → 치수 값 '1' 입력 → Enter → [Top View]로 이동한다. → 치수 값 '10' 입력 → Enter → ❸번과 같은 원기둥이 생성된다.

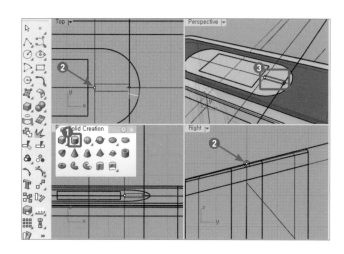

36 ❶ [Variable radius fillet] 선택 → 치수 값 '0.5' 입력 → Enter → ❷번 모서리 지점 클릭(모서리 클릭 시 치수 값이 표기된다.) → Enter 2번 클릭 → ❸번 동일하게 작업한 결과물이다.

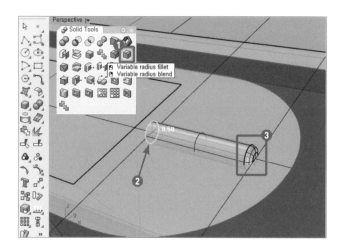

37 ❶ [Copy] 선택 → ❷번 Solid(온풍기 버튼) 선택 → Enter → ❸번 지점 클릭([Osnap] 활용) → ❹번 지점 클릭([Osnap] 활용) → Enter → ❺번과 같은 결과물이 생성된다.

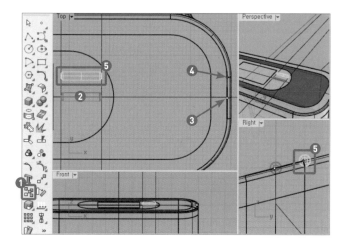

38 ❶ [Copy] 선택 → ❷번 Solid(온풍기 버튼) 선택 → Enter → ❸번 지점 클릭([Osnap] 활용) → ❹번 지점 클릭([Osnap] 활용) → Enter → ❺번과 같은 결과물이 생성된다.

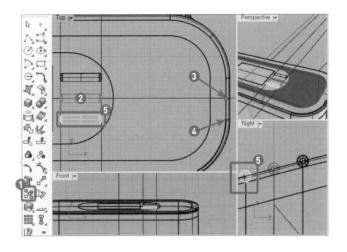

39 ❶ [Mirror] 선택 → ❷번 Solid(온풍기 버튼) 3개 선택 → Enter → ❸번 지점 클릭 → ❹번 지점을 클릭한다.(❹번 지점이 아닌 ❸번 지점 하단 임의의 지점에 클릭하여도 무방하다. [Ortho]는 반드시 On.).

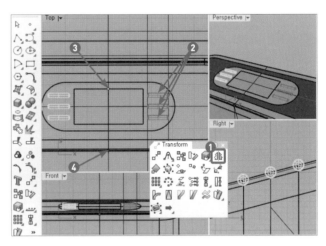

40 ❶ [Properties] 선택 → ❷ [Layer]를 클릭하면 지정된 [Layer] 번호를 이용하여 색상을 변경할 수 있다(Key Shot 프로그램의 렌더링 작업을 위해 Layer 색상을 변경하면 편리하다).

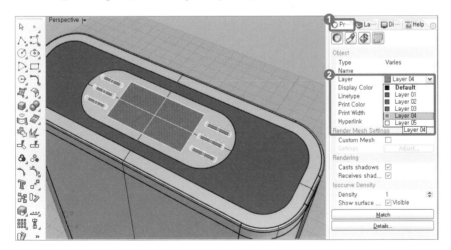

41 ❶번과 같이 우측에서 좌측으로 드래그하여 선택한다. → 나머지 ❷, ❸번 선도 선택한다. → ❹ [Hide objects](마우스 왼쪽) 선택 → ❶, ❷번 선이 모두 사라진다.

> **Tip** 라이노 작업 시 보조선 등의 2D 도면 (Line, Polyline, Curve 등의 선)은 가급적 지우지 않고 Hide를 이용한다.

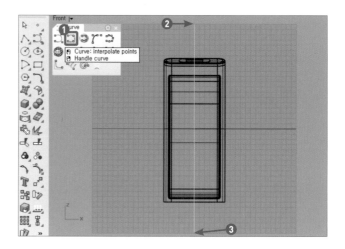

42 [Front View] → ❶ [Curve: interpolate points] 선택 → 중심축에 해당하는 ❷, ❸번을 각각 클릭하여 연장선을 그린다. → Enter

43 [Front View] → ❶ [Offset curve] 선택 → ❷번 선 선택 → 치수 값 '110' 입력 → Enter → ❸번 방향 상단 클릭 → Enter (이전 명령어 반복 기능) → 치수 값 '120' 입력 → Enter → ❷번 선 선택 → ❹번 방향 하단에 클릭 → Enter (이전 명령어 반복 기능) → 치수 값 '55' 입력 → Enter → ❺번 선 선택 → ❻번 방향 우측 클릭 → Enter (이전 명령어 반복 기능) → 치수 값 '55' 입력 → Enter → ❺번 선 선택 → ❼번 방향 좌측을 클릭한다.

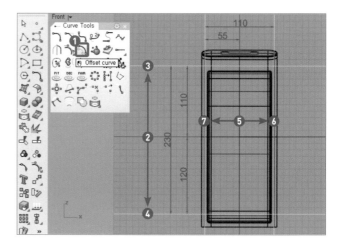

44 ❶ [Fillet curves] 선택 → 치수 값 '10' 입력 → Enter → ❷, ❸번 지점 각각 클릭 → Enter (이전 명령어 반복 기능, 치수는 동일하므로 입력하지 않는다.) → ❹, ❺번 지점 각각 클릭 → Enter (이전 명령어 반복 기능, 치수는 동일하므로 입력하지 않는다.) → ❻, ❼번 지점 각각 클릭 → Enter (이전 명령어 반복 기능, 치수는 동일하므로 입력하지 않는다.) → ❽, ❾번 지점을 각각 클릭한다.

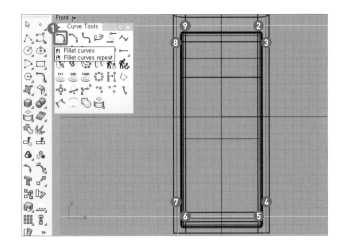

45 ❶ [Join] 선택 → ❷번 선 모두 선택

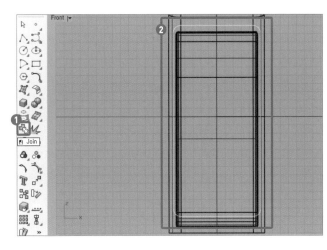

46 ❶ [Explode] 선택 → ❷번 Surface 선택 → Enter (조각조각 분해된다.)

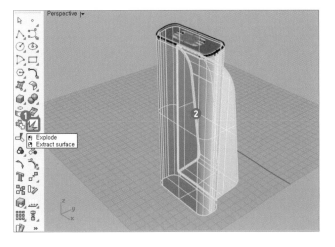

Part
6

47 ❶ [Join] 선택 → ❷, ❸, ❹번 Surface를
순차적으로 연속하여 선택한다. → Enter

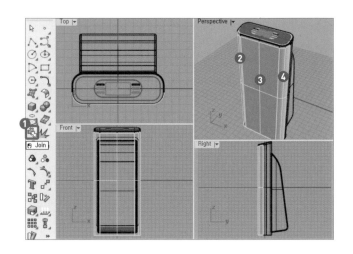

48 ❶ 우측에서 좌측으로 드래그하여 해당
Surface를 선택한다. → ❷ [Hide objects]
(마우스 왼쪽) 클릭 → ❶번 Surface가 사
라진다.

Tip 라이노 작업 시 도면이 복잡하여 중복되
는 선이나 면이 많을 경우 [Hide]를 이
용하여 숨긴다. 이는 삭제가 아닌 보이
지 않도록 숨기는 기능에 해당한다. 필
요 시 [Show objects](마우스 오른쪽)
아이콘을 클릭하면 모두 볼 수 있다.

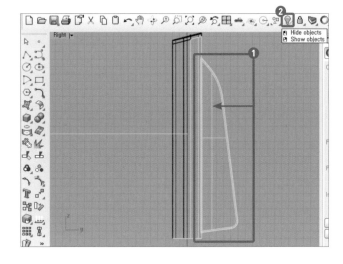

49 ❶ [Split] 선택 → ❷번 Surface 선택 →
Enter → ❸번 선을 선택한다. → Enter

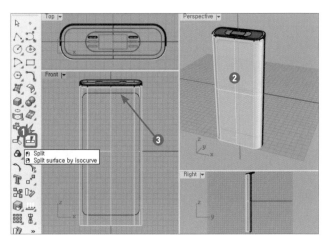

50 ❶ [Properties] 선택 → ❷ [Layer]를 클릭하면 지정되어진 Layer 번호를 이용하여 색상을 변경할 수 있다(Key Shot 프로그램의 렌더링 작업을 위해 Layer 색상을 변경하면 편리하다).

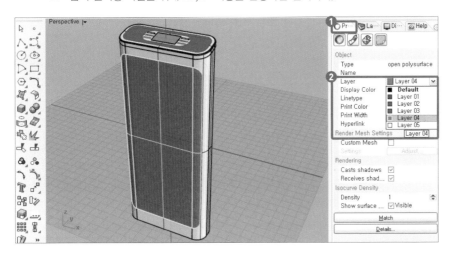

51 [Front view] → ❶ [Offset curves] 선택 → 치수 값 '5' 입력 → Enter → ❷번 선 클릭 → ❸번 방향 내측을 클릭 → ❸번 선 선택 → ❹ [Explode]을 선택(선이 [Join] 이전 상태로 분해된다.)한다.

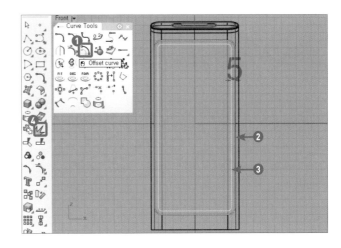

52 [Front view] → ❶ [Offset curves] 선택 → 치수 값 '50' 입력 → Enter → ❷번 선 클릭 → ❸번 방향 하단 클릭 → Enter (이전 명령어 반복 기능) → 치수 값 '20' 입력 → Enter → ❸번 선 선택 → ❹번 방향 하단을 클릭한다.

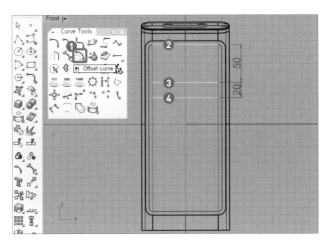

53 ❶ [Extend curve] 선택 → ❷, ❸번 선 선택 → Enter → 연장할 선 ❹~❼ 지점(선의 끝 지점)을 클릭한다. → Enter

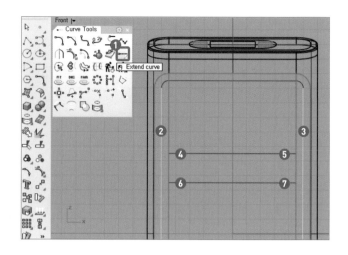

54 ❶ [Trim] 선택 → ❷~❺선 선택 → Enter → 자를 지점 ⊗를 각각 클릭한다. → Enter

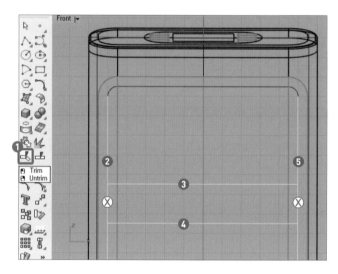

55 ❶ [Fillet curves] 선택 → 치수 값 '5' 입력 → Enter → ❷, ❸번 지점 각각 클릭 → Enter (이전 명령어 반복 기능, 치수 값은 동일한 50이므로 입력하지 않는다.) → ❹, ❺번 지점 각각 클릭. → Enter (이전 명령어 반복 기능, 치수 값은 동일한 50이므로 입력하지 않는다.) → ❻, ❼번 지점 각각 클릭. → Enter (이전 명령어 반복 기능, 치수 값은 동일한 50이므로 입력하지 않는다.) → ❽, ❾번 지점을 각각 클릭한다.

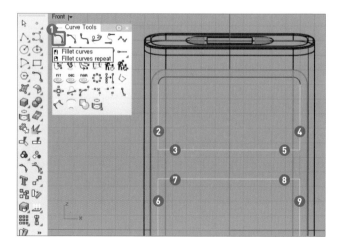

56 ❶ [Join] 선택 → ❷번에 해당하는 선을 인접 순서대로 연속적으로 클릭하여 [Join] 한다. → Enter (이전 명령어 반복 기능) → ❸번에 해당하는 선을 인접 순서대로 연속적으로 클릭하여 Join한다.

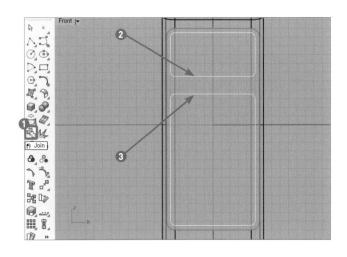

57 ❶ [Split] 선택 → ❷번 Surface 선택 → Enter → 앞 단계에서 [Join] 하였던 ❸, ❹번 선 연속하여 클릭한다. → Enter

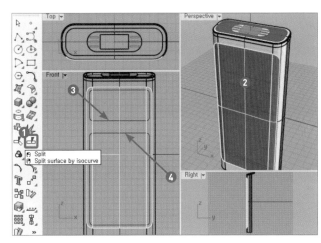

58 [Split]으로 잘린 ❶번 Surface를 선택하여 삭제(Delete)한다.

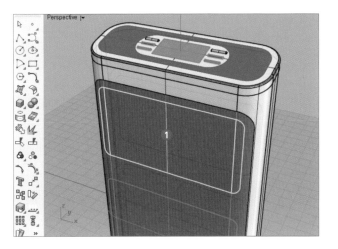

59 ❶ [Offset Surface] 선택 → ❷번 Surface
선택 → Enter → 화살표 방향 확인 → 치수
값으로 '5'를 입력한다. → Enter 2번

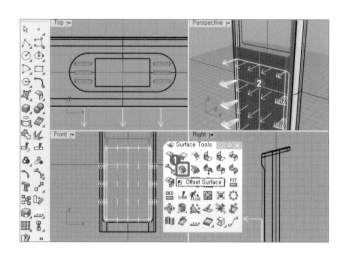

60 ❶ [Variable radius fillet] 선택 → 치수 값
'2.5' 입력 → ❷번 지점에 해당하는 모서리
를 모두 클릭하여 선택한다. → Enter 2번

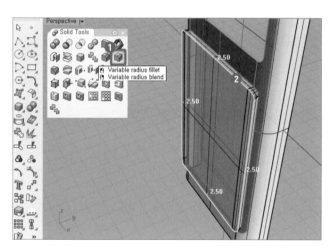

61 ❶번 Solid 선택 → ❷ [Hide objects]를
선택(마우스 왼쪽)한다.

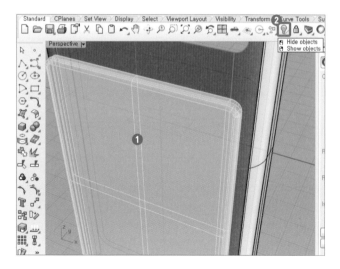

62 [Front view] → **❶** [Offset curves] 선택
→ 치수 값 '47' 입력 → Enter → **❷**번 선 클
릭 → **❸**번 방향 우측 클릭 → Enter (이전
명령어 반복 기능) → 치수 값 '15' 입력 →
Enter → **❹**번 선 선택 → **❺**번 방향 상단 클
릭 → Enter (이전 명령어 반복 기능) → 치수
값 '10' 입력 → Enter → **❺**번 선 선택 → **❻**
번 방향 상단 클릭 → Enter (이전 명령어 반
복 기능) → 치수 값 '95' 입력 → Enter → **❹**
번 선 선택 → **❼**번 방향 하단을 클릭한다.

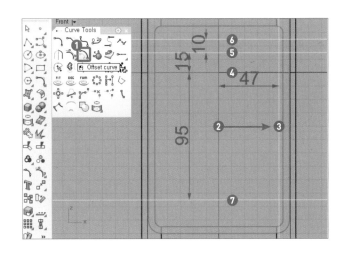

63 **❶** [Fillet curves] 선택 → 치수 값 '10' 입
력 → Enter → **❷**, **❸**번 지점 각각 클릭 →
Enter (이전 명령어 반복 기능. 치수 값은 동
일한 10이므로 입력하지 않는다.) → **❹**, **❺**
번 지점을 각각 클릭한다.

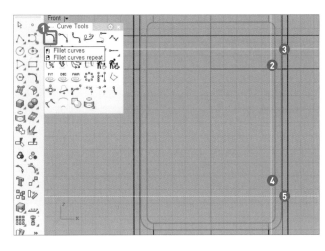

64 **❶** [Join] 선택 → **❷**번 선 인접 순서대로
모두 선택(마지막 선까지 [Join]되면 자동
으로 실행된다. Enter 필요 없음)

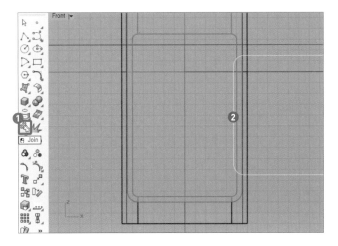

65 ❶ [Mirror] 선택 → ❷번 선 선택 → Enter →
❸번 지점(중심점) 클릭 → ❹번 지점 클릭
(수직에 해당하는 임의의 지점이다. [Ortho]
는 반드시 On)

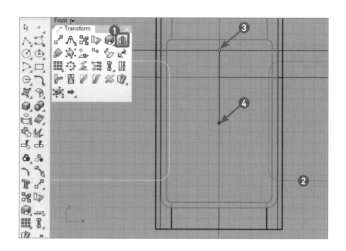

66 ❶ [Curve: interpolate points] 선택 →
❷, ❸번 지점(End Point)을 각각 클릭하여
그린다. → ❹번 지점도 동일하게 그린다.

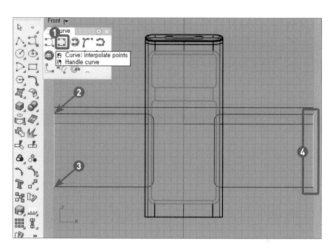

67 ❶, ❷번 선 모두 클릭 또는 드래그 → ❸
[Join]을 선택한다.

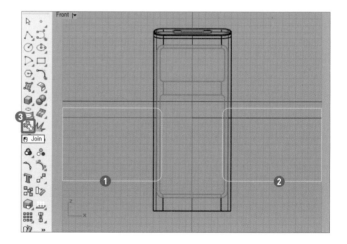

68 ❶ [Extrude straight] 선택 → ❷, ❸번 선택 → Enter → [Command] 창에 ❹번 'BothSides=No'를 클릭하면 그림과 같이 'BothSides=Yes'로 변한다. (한 방향 돌출이 아닌 양방향 돌출로 변경하는 기능) → 치수 값으로 '70'을 입력한다. → Enter

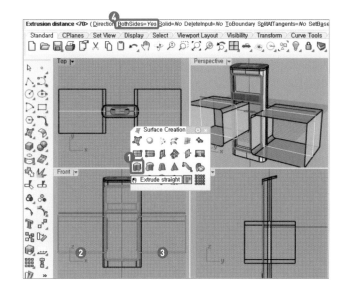

69 ❶, ❷번 Surface 각각 선택 → ❸ [Cap planar holes]를 선택한다. → Enter

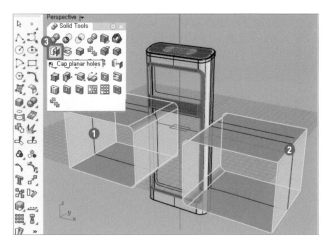

Part
6

70 ❶ [Show selected objects]를 선택(Hide 시킨 Object를 선택하여 일부만 보여준다.) 한다.

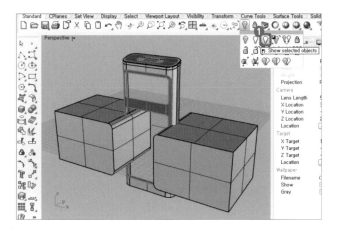

71 ❶ [Show selected objects] 선택 →
❷번 Solid를 선택한다. → Enter

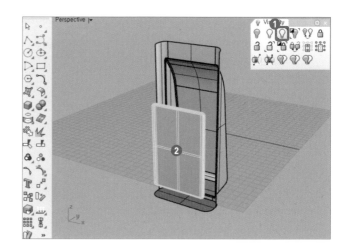

72 ❶ [Boolean difference] 선택 → ❷번
Solid 선택 → Enter → ❸, ❹번 Solid를 각
각 선택한다. → Enter

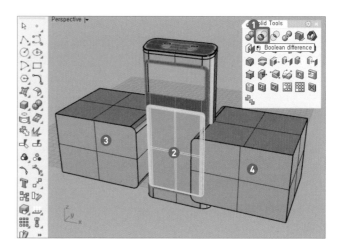

73 ❶ [Split] 선택 → ❷번 Solid 선택 → Enter
→ ❸번 선을 선택한다. → Enter

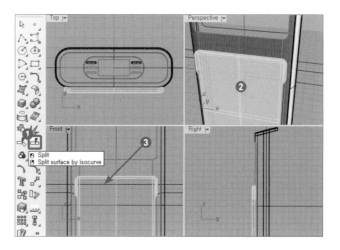

74 ❶ Surface 선택 → ❷ [Properties] 선택 → ❸ [Layer]를 클릭하면 지정된 Layer 번호를 이용하여 색상을 변경할 수 있다. (Key Shot 프로그램의 렌더링 작업을 위해 Layer 색상을 변경하면 편리하다.)

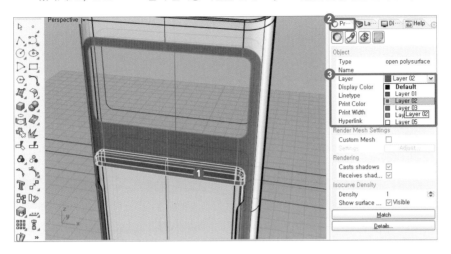

75 [Front view] → ❶ [Offset curves] 선택 → 치수 값 '35' 입력 → Enter → ❷번 선 클릭 → ❸번 방향 하단 클릭 → Enter (이전 명령어 반복 기능) → 치수 값 '10' 입력 → Enter → ❸번 선 선택 → ❹번 방향 하단에 클릭 → Enter (이전 명령어 반복 기능) → 치수 값 '5' 입력 → Enter → ❺번 선 선택 → ❻번 방향 우측에 클릭 → Enter (이전 명령어 반복 기능) → 치수 값 '5' 입력 → Enter → ❺번 선 선택 → ❼번 방향 좌측을 클릭한다.

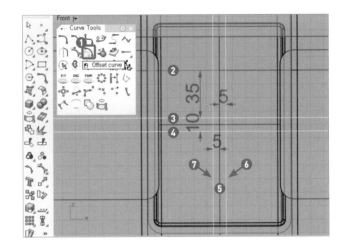

76 ❶ [Fillet curves] 선택 → 치수 값 '2' 입력 → Enter → ❷, ❸번 지점 각각 클릭 → Enter (이전 명령어 반복 기능) → 나머지 3곳 모서리도 동일하게 작업한다. 완성된 결과물은 ❹번과 같다.

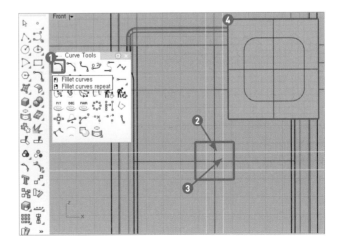

77 ❶번 선 클릭 또는 드래그하여 선택 → ❷ [Join]을 선택한다.

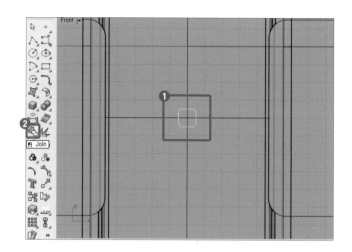

78 ❶ [Offset curves] 선택 → 치수 값 '25' 입력 → Enter → [Front view] → ❷번 선 클릭 → [Right View] → ❸번 방향 좌측을 클릭한다.

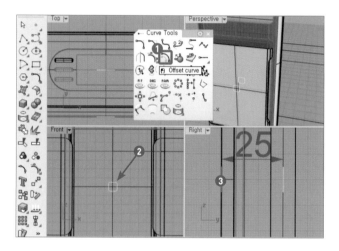

79 ❶ [Extrude straight] 선택 → ❷번 선 선택 → Enter → [Command] 창에 ❸번 'BothSides=Yes'를 클릭하면 그림과 같이 'BothSides=No' 변한다. (양방향 돌출이 아닌 한 방향 돌출로 변경하는 기능) → 치수 값으로 '−0.5'(마이너스)를 입력한다. → Enter

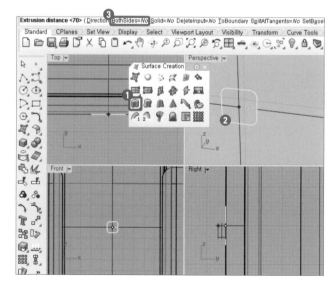

80 ❶ [Cap planar holes] 선택 → ❷번
　　Surface 선택 → Enter

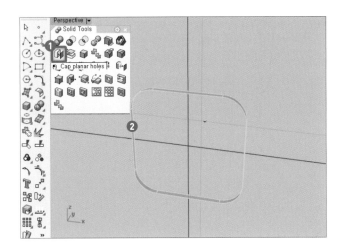

81 ❶ [Properties] 선택 → ❷ [Layer]를 클릭하면 지정된 Layer 번호를 이용하여 색상을 변경할 수 있다. (Key Shot 프
　　로그램의 렌더링 작업을 위해 Layer 색상을 변경하면 편리하다.)

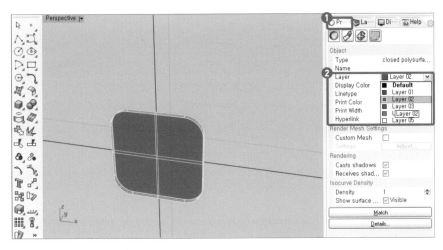

82 [Front view] → ❶ [Offset curves] 선택 →
　　치수 값 '50' 입력 → Enter → ❷번 선 클릭 →
　　❸번 방향 좌측 클릭 → Enter (이전 명령어
　　반복 기능) → 치수 값 '50' 입력 → Enter →
　　❷번 선 선택 → ❹번 방향 우측 클릭 → Enter
　　(이전 명령어 반복 기능) → 치수 값 '35' 입
　　력 → Enter → ❺번 선 선택 → ❻번 방향 상
　　단에 클릭 → Enter (이전 명령어 반복 기능)
　　→ 치수 값 '2' 입력 → Enter → ❻번 선 선택
　　→ ❼번 방향 상단을 클릭한다.

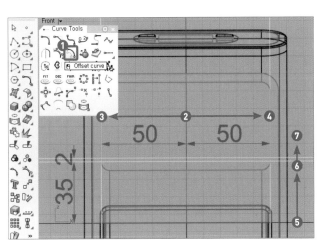

Part
6

83 ❶ [Box: Corner to Corner, Height] 선택
→ [Front View] → ❷번 지점 클릭 → ❸
번 지점 클릭 → [Top View]로 드래그 →
치수 값으로 '10'을 입력한다. → Enter

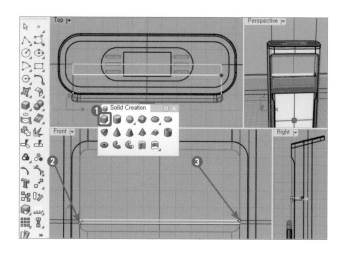

84 ❶번 Solid 선택 → ❷번 지점에서 ❸번 지
점으로 드래그하여 이동한다.

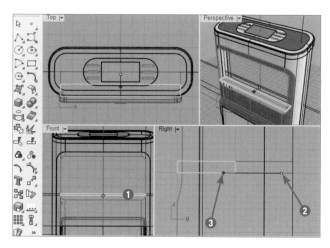

85 ❶ [Variable radius fillet] 선택 → 치수 값
'1' 입력 → Enter → ❷, ❸번 지점 모서리를
각각 클릭한다. → Enter 2번

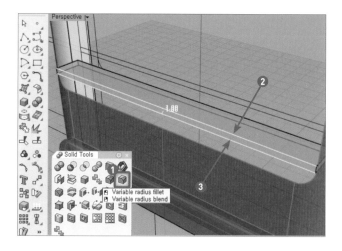

86 ❶ [Rectangular array] 선택 → [Right View] → ❷번 Solid 선택 → Enter → [Command] 창 → 'Number in X direction ⟨1⟩: 1' 입력 → Enter → 'Number in Y direction ⟨1⟩: 10' 입력 → Enter → 'Number in Z direction ⟨1⟩: 1' 입력 → Enter → ❸번 지점 클릭 → ❹번과 같은 임의 지점에 클릭하여 10개의 그릴을 배열 복사한다. → Enter

> **Tip** 똑같은 간격으로 일정 개수 만큼 복사할 때는 Copy가 아닌 Array를 이용하면 편리하다. (사각 배열복사 시에는 [Rectangular Array], 원형 배열 복사시에는 [Polar Array] 이용)

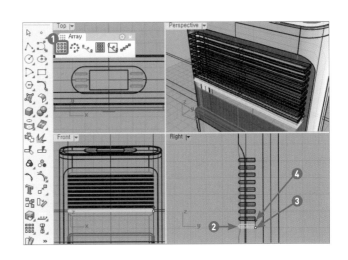

87 ❶ [Duplicate border] 선택 → ❷번 Surface를 선택한다. → Enter

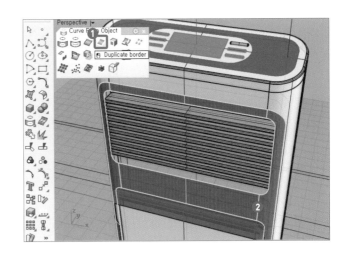

88 ❶ [Extrude straight] 선택 → [Front View] → ❷번 지점 선 클릭(클릭 시 [Top View]의 ❸번 지점에 해당하는 선인지 다시 한 번 확인한다.) → Enter → 치수 값 '-20'(마이너스)을 입력한다. → Enter

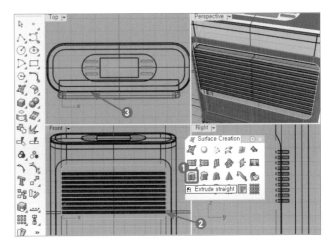

89 ❶ [Join] 선택 → ❷, ❸번 Surface를 순차적으로 클릭한다. → Enter

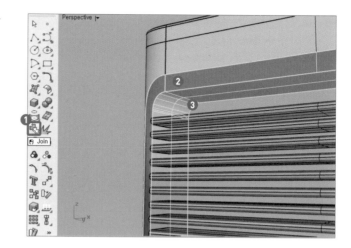

Tip [Join] 작업 시 선택 순서에 따라 [Join] 후 Layer 색상이 변경된다. (먼저 선택한 물체의 색상을 따라 간다.)

90 ❶ [Variable radius fillet] 선택 → 치수 값 '1' 입력 → Enter → ❷번 지점에 해당하는 모서리를 모두 클릭한다. → Enter 2번

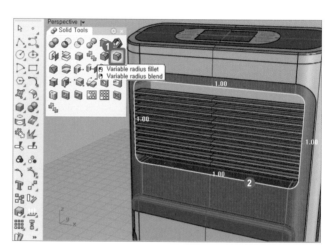

91 ❶ [Text object] 선택 → ❷ 화면에 그림과 같이 원하는 Text 문구를 입력한다(PTC HEATER). → ❸ [Create] 화면에 Curves 체크 → ❹ Text size 화면에 숫자 '3'을 입력한다. → ❺ OK 버튼을 클릭한다.

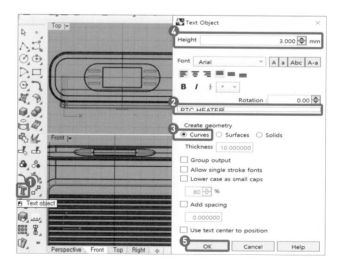

92 [Front View] → ❶번 지점에 Text를 클릭
한다. → ❷ [Split] 선택 → ❸번 Surface
클릭 → Enter → ❶번 Text를 모두 클릭 또
는 드래그한다. → Enter

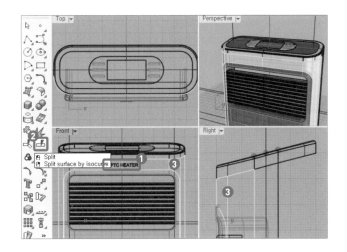

93 ❶ [Split] 된 Text 선택 → ❷ [Properties] 선택 → ❸ [Layer]를 클릭하면 지정된 Layer 번호를 이용하여 색상을 변경
할 수 있다. (Key Shot 프로그램의 렌더링 작업을 위해 Layer 색상을 변경하면 편리하다.)

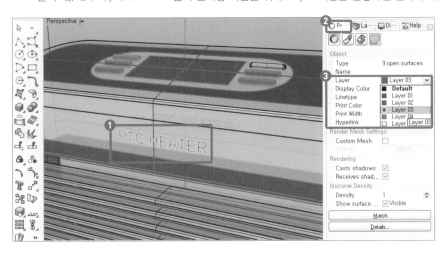

94 ❶ [Show objects](마우스 오른쪽) 선택
→ 숨겨진 물체가 모두 보인다.

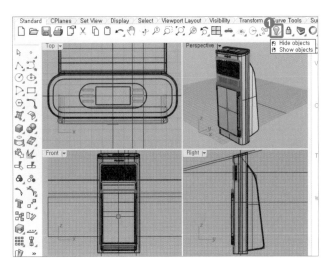

95 ❶ [Cylinder] 선택 → [Right View] → ❷ 번 지점 클릭([Osnap] 이용) → 치수 값 '15' 입력 → Enter → [Top View]로 드래그 → 치수 값으로 '5'를 입력한다. → Enter

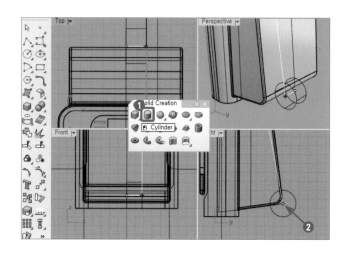

96 ❶ [Cylinder] 선택 → [Right View] → ❷ 번 지점 클릭([Osnap] 이용) → 치수 값 '10' 입력 → Enter → [Top View]로 드래그 → 치수 값으로 '8'을 입력한다. → Enter

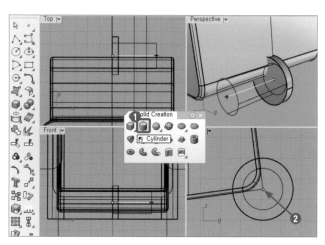

97 ❶ [Boolean union] 선택 → ❷, ❸번 Solid를 각각 선택한다. → Enter

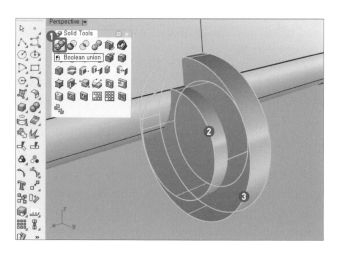

98 ❶번 Solid 선택 → ❷번 지점에서 ❸번 지점으로 드래그하여 이동한다.

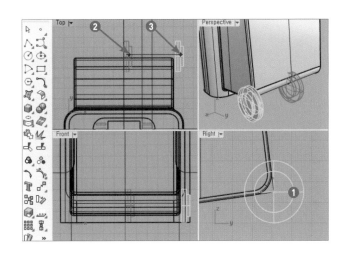

99 ❶ [Variable radius fillet] 선택 → 치수 값 '1' 입력 → Enter → ❷, ❸, ❹번 모서리 지점을 모두 클릭한다. → Enter 2번

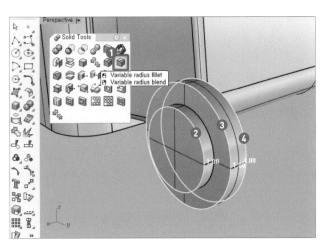

100 ❶ [Mirror] 선택 → ❷번(바퀴) Solid 선택 → 중심축에 해당하는 ❸번 지점 클릭 → 중심축 기준 임의의 끝점에 해당하는 ❹번을 클릭한다.

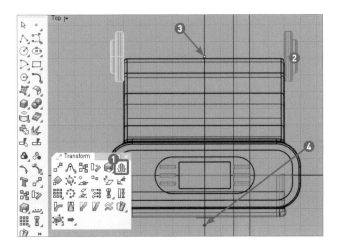

Part 6

101 완성(Key Shot 등의 렌더링을 위해 Layer
색상을 정리한다.)

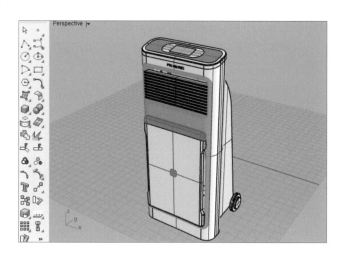

3 Chapter
선풍기 제품디자인 품평과 모델링

1 선풍기 디자인 품평

[그림 4]는 '이플라워 선풍기'라는 명칭으로 기존 선풍기와는 다른 8개의 꽃잎 모양의 날개로 구성되었다. 청량감을 주는 색상을 사용하여 하절기에 더욱 시원한 느낌을 줄 수 있도록 하였으며 일반적인 선풍기보다 높아 침실이나 거실에서 편리하게 사용할 수 있다. 8개의 날개는 바람을 부드럽게 만들어주는 기능적 특징과 함께 시각적 차별화 요소를 가미할 수 있었다. 기계식의 다이얼 버튼은 실리콘 소재를 감싸고 있어 손에 닿는 그립감이 우수하여 사용편의성을 높일 수 있었다.

[그림 5]는 전자식 터치 버튼으로 기계식과 차별화하였으며 리모컨으로 더욱 편리하게 사용할 수 있다. 작동 시 버튼 주변의 LED 빛으로 감성디자인 요소까지 높일 수 있었으며 버튼을 누를 때 맑고 청량감 있는 사운드로 더욱 시원한 느낌을 줄 수 있도록 연출하였다. 국내에 출시된 제품으로 선풍기 시장에서 차별화된 디자인으로 높은 판매량을 보인 히트상품이다. 모델링 작업 시 [Front View]에서 전체적인 외형을 작도한 후 [Revolve]를 활용하여 모델링한다. 선풍기 날개와 망은 동일한 형태의 반복적 구성이므로 [Array]를 이용하면 편리하다.

▲ [그림 4] 8개의 꽃잎 모양 '아트플라워 선풍기'

▲ [그림 5] 전자식 터치 버튼으로 차별화

Part
6

01 New 도면을 연다. Open Template File 형식이 나오면 [Large Objects] − [Millimeters]를 클릭한다. 4개의 뷰포트 중에 [Front View]에서 기본적인 2D 도면을 그린다. 선풍기는 앞쪽이 정면에 해당하므로 ❶ [Front View]를 기준으로 ❷ [Curve: interpolate points]를 클릭한다. 좌표의 X, Y축을 따라 그림과 같이 + 형태의 열십자 모양으로 교차하는 Curve 선을 그린다. 이때는 단축키 F8 (Ortho), F9 (Grid Snap)를 활용하여 눈금의 이동, 직교의 이동을 판단한다.

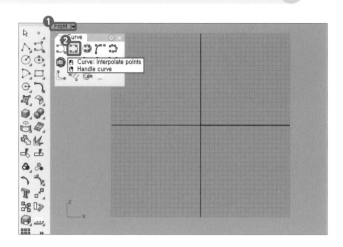

02 ❶ [Grid Snap], ❷ [Ortho], ❸ [Osnap]을 클릭 확인하고 [Osnap]의 ❹ [End, Mid, Cen, Int, Perp, Quad]의 체크를 확인한다.

03 ❶ [Offset curve] 선택 → 치수 값 '7' 입력 → Enter → ❷번 선(중심축) 선택 → ❸번 방향 우측 클릭 → Enter (이전 명령어 반복 기능) → 치수 값 '87' 입력 → Enter → ❷번 선 선택 → ❹번 방향 우측 클릭 → Enter (이전 명령어 반복 기능) → 치수 값 '30' 입력 → Enter → ❺번 선 선택 → ❻번 방향 하단 클릭 → Enter (이전 명령어 반복 기능) → 치수 값 '160' 입력 → Enter → ❻번 선 선택 → ❼번 방향 하단 클릭 → Enter (이전 명령어 반복 기능) → 치수 값 '10' 입력 → Enter → ❼번 선 선택 → ❽번 방향 하단을 클릭한다.

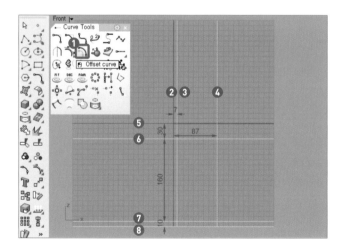

04 ❶ [Trim] 선택 → ❷~❼번 선 각각 선택 → Enter → 자를 지점 ⊗를 모두 클릭한다. → Enter

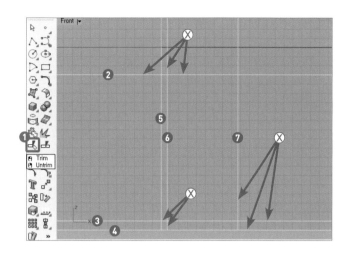

05 ❶ [Fillet curves] 선택 → 치수 값 '2' 입력 → Enter → ❷, ❸번 지점 각각 클릭 → Enter (이전 명령어 반복 기능) → ❹, ❺번 지점 각각 클릭(치수 값은 전과 동일한 2이므로 입력하지 않는다.) → Enter (이전 명령어 반복 기능) → 치수 값 '8' 입력 → Enter → ❻, ❼번 지점을 각각 클릭한다.

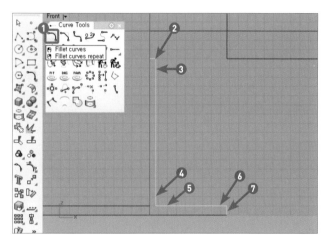

06 ❶번 선을 모두 클릭 또는 드래그한다. → ❷ [Join]을 선택한다.

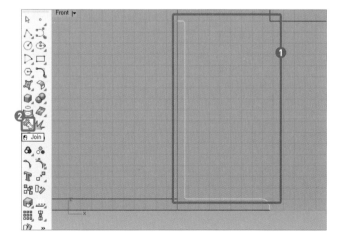

07 ❶ [Revolve] 선택 → ❷번 선 클릭 → Enter → 중심축 ❸번 지점 클릭(Start of revolve axis) → 끝 지점 ❹번 클릭(End of revolve axis) → '360'을 입력(회전각도)한다. → Enter 2번

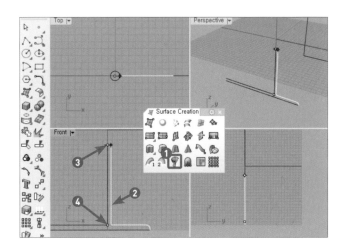

08 [Top View] → ❶ [Curve: interpolate points] 선택 → 좌표의 중심점에 해당하는 ❷, ❸각각 클릭하여 선을 그린다. → Enter

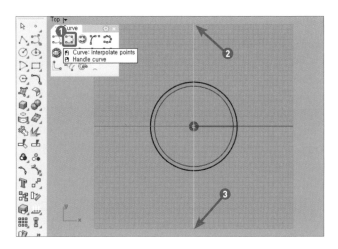

09 ❶ [Offset curve] 선택 → 치수 값 '45' 입력 → Enter → ❷번 선(중심축) 선택 → ❸번 방향 하단 클릭 → ❹ [Circle: center, radius] 선택 → ❺번 지점 클릭 → 치수 값으로 '25'를 입력한다. → Enter

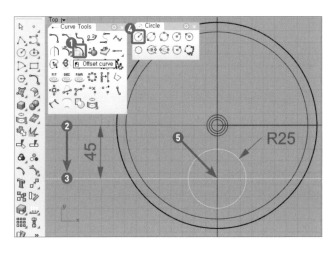

10 ❶ [Offset curve] 선택 → 치수 값 '2' 입력
→ Enter → ❷번 선(Circle) 선택 → ❸번 방
향 내측 클릭 → Enter (이전 명령어 반복 기
능) → 치수 값 '15' 입력 → Enter → ❸번 선
(Circle) 선택 → ❹번 방향 내측을 클릭
한다.

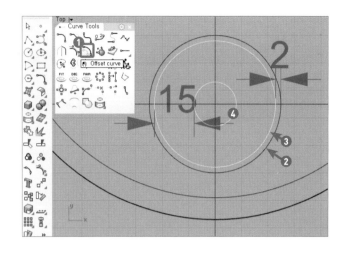

11 ❶ [Split] 선택 → ❷번 Surface 선택 →
Enter → ❸, ❹, ❺번을 모두 선택한다. →
Enter

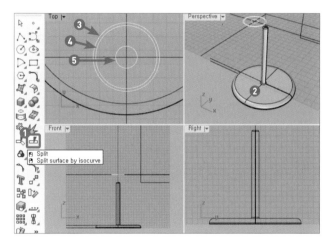

12 ❶번 Surface 선택 → [Right View] →
드래그하여 ❷번 지점에서 ❸번 지점으로
이동(Move)한다.

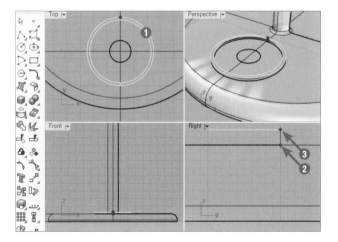

13 ❶ [Loft] 선택 → ❷, ❸번 모서리 지점 각
각 클릭 → Enter → ❹ 화살표 방향 확인 →
Enter → [Loft Options] 확인 → [OK] 버튼
을 클릭 → 외측에 Surface가 생성된다.

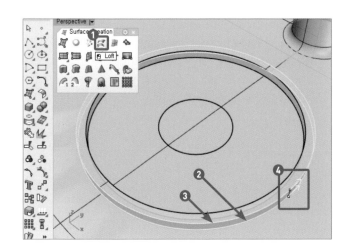

14 ❶ [Loft] 선택 → ❷, ❸번 모서리 지점 각
각 클릭 → Enter → ❹ 화살표 방향 확인 →
Enter → [Loft Options] 확인 → [OK] 버튼
을 클릭 → 내측에 Surface가 생성된다.

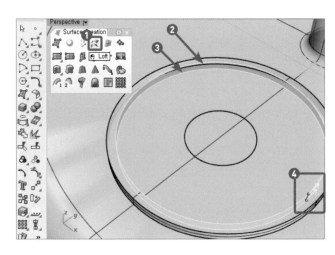

15 ❶ [Join] 선택 → ❷, ❸, ❹번 Surface를
모두 클릭하여 선택한다. → Enter

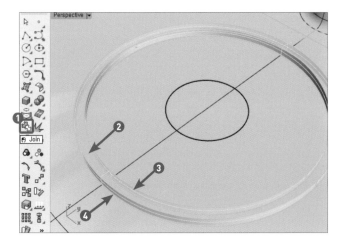

16 ❶ [Variable radius fillet] 선택 → 치수 값 '0.5' 입력 → Enter → ❷, ❸번 모서리 지점을 각각 클릭한다. → Enter 2번

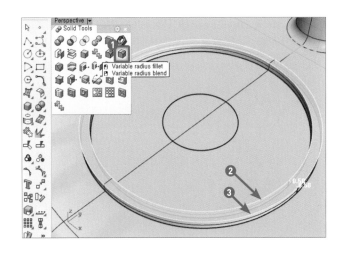

17 ❶번 Surface 선택 → [Right View] → 드래그하여 ❷번 지점에서 ❸번 지점으로 이동(Move)한다.

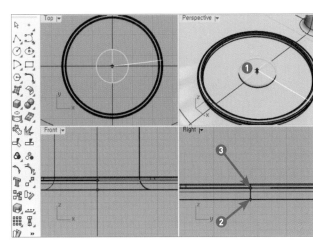

18 ❶ [Blend Surface] 선택 → ❷, ❸번 모서리 각각 클릭(화살표가 생성된다.) → Enter → ❹ [Adjust Surface Blend]의 치수 값을 드래그 또는 기입한다. → ❺번 보조선을 통하여 Blend의 변화됨을 바로 볼 수 있다. → ❻ OK 버튼을 클릭한다.

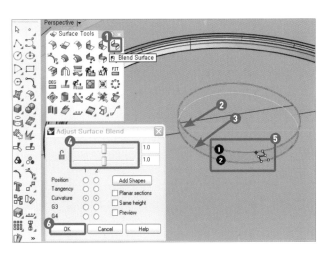

Part 6

19 ❶ [Split]된 Text 선택 → ❷ [Properties] 선택 → ❸ [Layer]를 클릭하면 지정된 Layer 번호를 이용하여 색상을 변경할 수 있다. (Key Shot 프로그램의 렌더링 작업을 위해 Layer 색상을 변경하면 편리하다.)

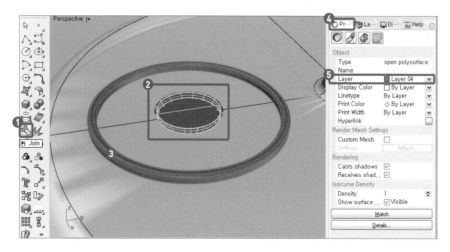

20 ❶ [Cylinder] 선택 → [Top View], [Front View]를 동시에 보면서 ❷번 지점에 클릭한다. → 치수 값 '5' 입력(폭) → Enter → 치수 값 '100' 입력(높이) → Enter → ❸번과 같은 원기둥이 완성된다.

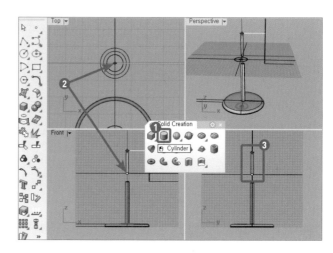

21 ❶번 Surface 선택 → [Right View] → 드래그하여 ❷번 지점에서 ❸번 지점으로 이동(Move)한다.

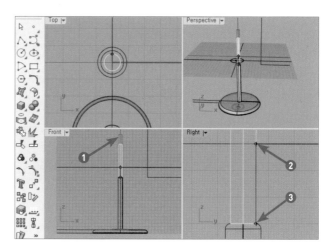

22 ❶ [Offset curve] 선택 → 치수 값 '100' 입
력 → [Enter] → [Front View] → ❷번 선(중
심축) 선택 → ❸번 방향 상단을 클릭한다.

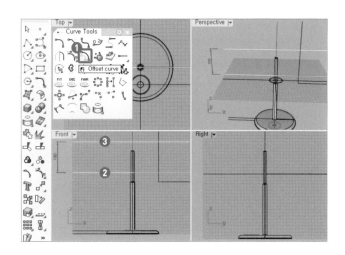

23 ❶ [Circle: center, radius] 선택 → [Front
View] → ❷번 지점 클릭 → 치수 값으로
'32'를 입력한다. → [Enter]

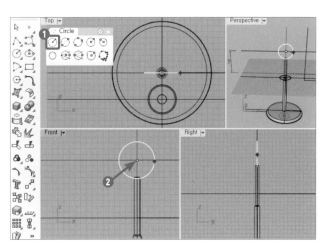

24 ❶ [Offset curve] 선택 → 치수 값 '10' 입
력 → [Enter] → [Right View] → ❷번 선
(Circle) 선택 → ❸번 방향 좌측 클릭 →
[Enter] (이전 명령어 반복 기능) → 치수 값
'40' 입력 → [Enter] → ❷번 선(Circle) 선택
→ ❹번 방향 우측을 클릭한다.

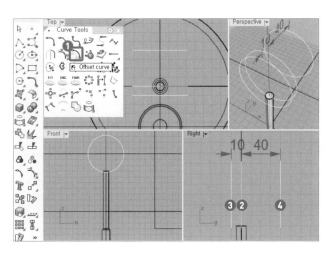

25 ❶ [Offset curve] 선택 → 치수 값 '10' 입력
→ Enter → ❷번 선(Circle) 선택 → [Front
View] → ❸번 방향 내측을 클릭한다.

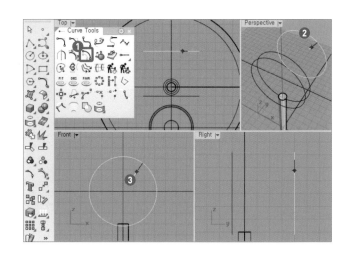

26 ❶, ❷번 선(Circle) 선택 → 삭제(Delete)
한다.

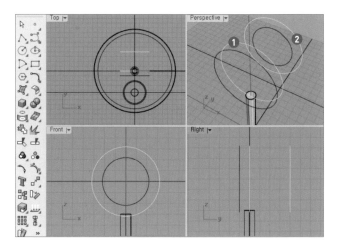

27 ❶ [Loft] 선택 → ❷, ❸번 지점 각각 클릭
→ Enter → ❹ 화살표 방향 확인 → Enter →
[Loft Options] 확인 → OK 버튼을 클
릭한다.

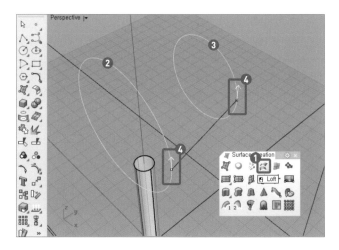

28 ❶ [Surface from planar curves] 선택 →
❷, ❸번 모서리 각각 클릭([Curve] 또는
[Surface edge] 어느 것을 선택하여도 무
방하다.) → Enter

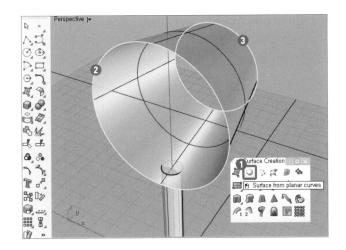

29 ❶ [Join] 선택 → ❷, ❸, ❹번 순차적으로
선택한다.

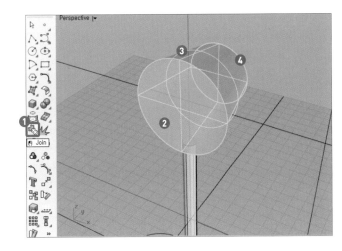

> **Tip** [Surface from planar curves] 선
> 택 → [Join]은 [Cap Planar Holes]
> 와 같은 결과를 얻을 수 있다. Surface
> from planar curves 명령어는 한쪽 면
> (Surface)만 닫을 때 주로 사용된다.

30 ❶ [Variable radius chamfer] 선택 →
치수 값 '5' 입력 → Enter → ❷번 모서리를
선택한다. → Enter 2번

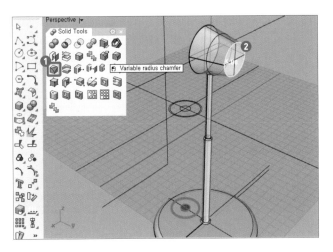

31 ❶ [Variable radius fillet] 선택 → 치수 값 '1' 입력 → Enter → ❷번 모서리를 선택한다. → Enter 2번

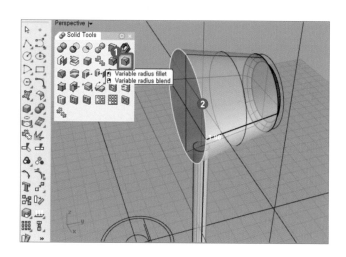

32 ❶ [Circle: center, radius] 선택 → [Top View]와 [Front View]를 동시에 참고하여 ❷번 지점에 클릭한다. → 치수 값으로 '80'을 입력한다. → Enter

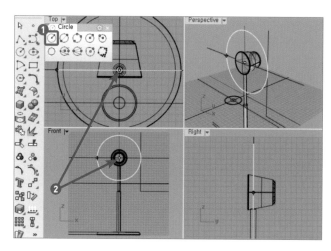

33 ❶ [Curve: interpolate points] 선택 → ❷ [Grid Snap], ❸ [Ortho], ❹ [Osnap]은 모두 OFF한다. → ❺ 시작점(임의의 지점) 클릭 → ❻~❿번까지의 지점(임의의 지점) 클릭 → ❺끝점(시작점과 동일한 곳, [Points]가 자동으로 생성된다.) 클릭 → 선풍기 날개 완성 → ❷ [Grid Snap], ❸ [Ortho], ❹ [Osnap]은 다시 ON한다.

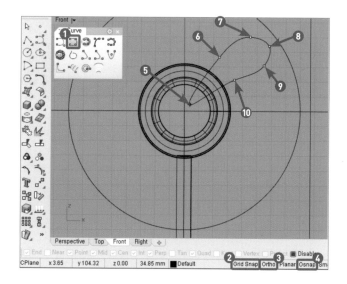

34 ❶ [Extrude straight] 선택 → ❷번 선 선택 → Enter → 치수 값으로 '0.5'를 입력 → Enter

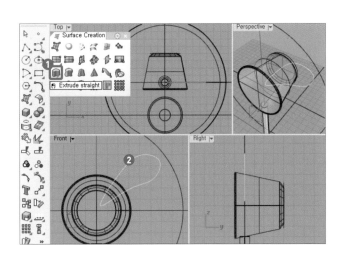

35 ❶ [Cap planar holes] 선택 → ❷번 Surface 선택 → Enter

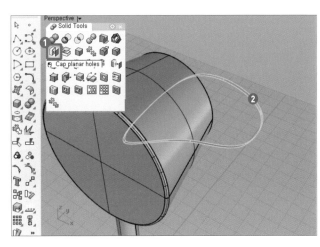

36 ❶번 Surface 선택 → [Right View] → 드래그하여 ❷번 지점에서 ❸번 지점으로 이동(Move)한다.

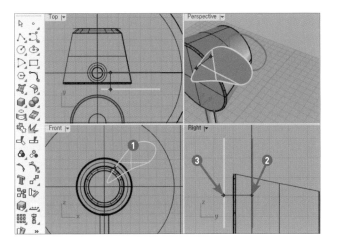

37 ❶ [Rotate 2-D(마우스 왼쪽)] 선택 →
❷번 Surface 선택 → Enter → [Right
View] → ❸ 지점(회전축) 클릭 → ❹번 지
점 클릭(임의의 지점) → 단축키 F8 을 클
릭하여 [Ortho]를 끈다(OFF). → ❺번 임
의의 지점(회전각도)을 클릭한다. → ❻번
과 같이 기울어진다.

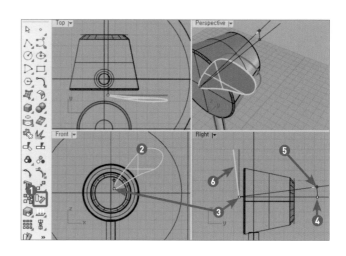

38 ❶ [Polar array]를 선택한다. → ❷번
Surface(날개) 선택 → Enter → ❸번 중심
축(Center of polar array) 클릭 →
[Command] 창에 회전 배열 복사할 숫자
'8' 입력(Number of item) → Enter →
[Command] 창에 회전 각도에 해당하는
숫자 '360'을 입력(Angle of fill or
reference point)한다. → Enter 2번

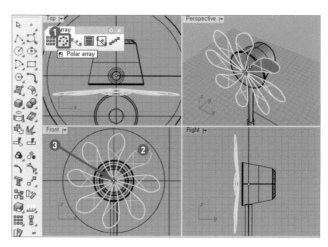

39 ❶ [Cylinder] 선택 → ❷번 중심점 클릭 →
Enter → 치수 값 '15' 입력(반지름) → Enter →
치수 값 '25'를 입력(높이)한다. → Enter

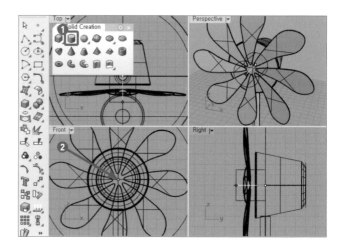

40 ❶ [Variable radius chamfer] 선택 → 치
수 값 '3' 입력 → Enter → ❷번 모서리 지점
을 선택한다. → Enter 2번

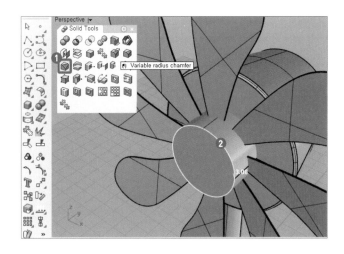

41 ❶ [Boolean union] 선택 → ❷번 Solid
(날개의 중심축)와 ❸번에 해당하는 날개
8개를 모두 클릭한다. → Enter

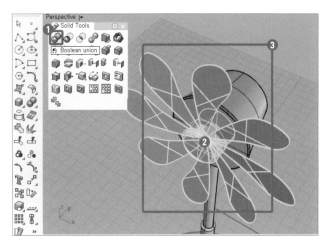

42 ❶ [Curve: interpolate points] 선택 →
[Right View] → 작업의 편의를 위해 ❷
[Grid Snap], [Ortho], [Osnap]은 끈다
(OFF). → ❸번과 같이 선풍기 망(살)에 해
당하는 곡선을 그린다.

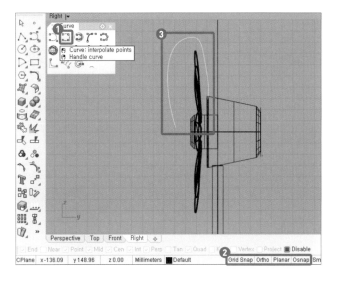

43 ❶번 선 클릭 → ❷ [Points on] 선택 →
❸번과 같은 포인트가 생성된다.

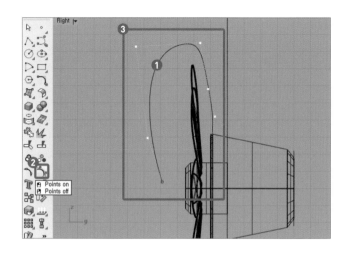

44 ❶번과 같이 포인트를 이동하여 선풍기 망
형상을 조정한다. → 조정 완료 후 ❷번
[Points off](마우스 오른쪽)를 선택한다.

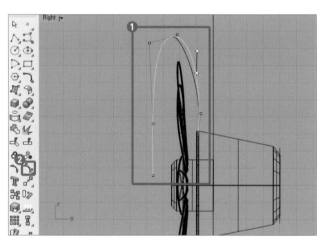

45 [Perspective View] → ❶ [Pipe: Flat
caps] 선택 → ❷번 커브(Curve) 선 선택
→ 치수 값 '0.1' 입력(Start radius) → Enter
→ 치수 값으로 '0.1'을 입력(End Radius)
한다. → Enter 2번

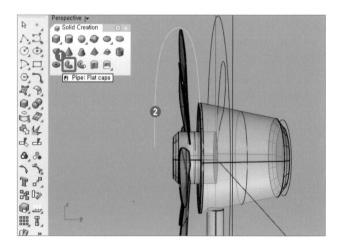

46 ❶ [Polar array] 선택 → ❷번 Solid(선풍기 망) 선택 → Enter → ❸번 중심축(Center of polar array) 클릭 → [Command] 창에 회전 배열 복사할 숫자 '80' 입력(Number of item) → Enter → [Command] 창에 회전 각도에 해당하는 숫자 '360'을 입력(Angle of fill or reference point)한다. → Enter 2번

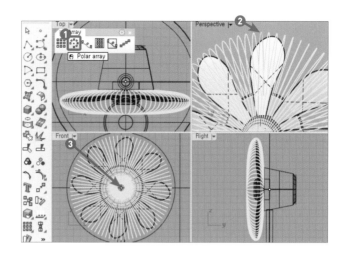

47 ❶ [Cylinder] 선택 → ❷번 중심점 클릭 → Enter → 치수 값 '20' 입력(반지름) → Enter → 치수 값으로 '1'을 입력(높이)한다. → Enter

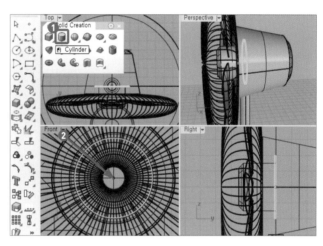

48 ❶번 Solid 선택 → 그림과 같이 ❷번 방향으로 드래그하여 이동한다. 또는 ❸번 [Move]를 활용한다.

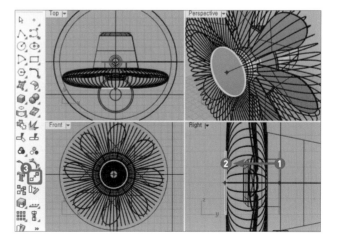

49 ❶ [Variable radius fillet] 선택 → 치수 값 '0.5' 입력 → Enter → ❷번 모서리 지점을 선택한다. → Enter 2번

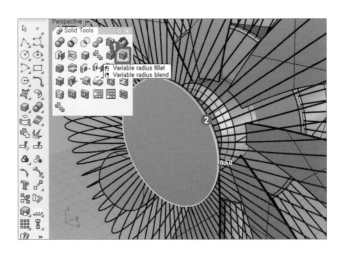

50 ❶ [Extrude straight] 선택 → ❷번 선 선택 → Enter → [Command] 창에 ❸번 'BothSides=No'를 클릭하면 그림과 같이 'BothSides=Yes'로 변한다. (한 방향 돌출이 아닌 양방향 돌출로 변경하는 기능) → 치수 값으로 '2'를 입력한다. → Enter

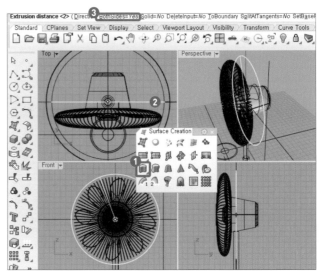

51 ❶번 Solid 선택 → 그림과 같이 ❷번 방향으로 드래그하여 이동한다. 또는 ❸번 [Move]를 활용한다.

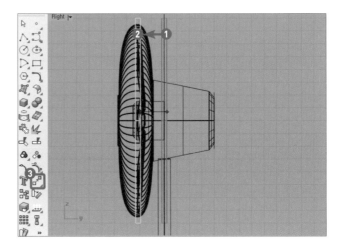

52 ❶ [Scale 3–D] 선택 → ❷번 Surface 선
택 → [Enter] → ❸번 중심축 클릭 → ❹번 임
의의 지점 클릭 → ❺번 방향으로 이동하
면 크기가 줄어든다. (선풍기 망과 중첩되
도록 [Scale] 크기를 조정하여 줄인다.) →
원하는 크기로 줄어들면 해당 지점(임의의
지점)을 클릭한다.

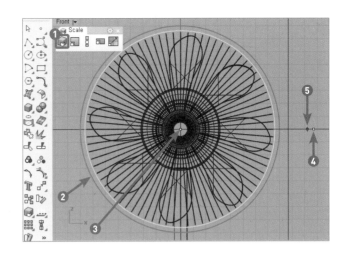

53 ❶ [Offset Surface] 선택 → ❷번 Surface
선택 → [Enter] → ❸번과 같은 화살표 진행
방향을 확인한다. (진행 방향은 외측) → 치
수 값으로 '0.5'를 입력한다. → [Enter] 2번

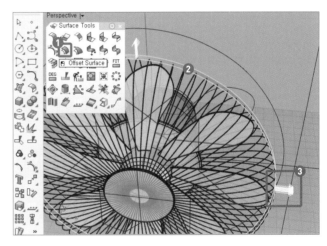

54 ❶ Solid(선풍기 날개) 선택 → ❷ [Properties] 선택 → ❸ [Layer]를 클릭하면 지정된 Layer 번호를 이용하여 색상을
변경할 수 있다. (Key Shot 프로그램의 렌더링 작업을 위해 Layer 색상을 변경하면 편리하다.)

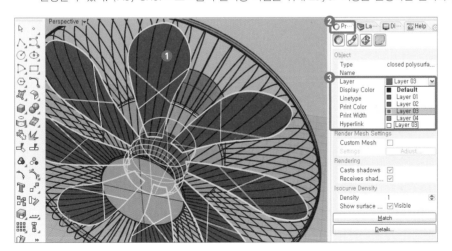

55 완성 : 나머지 부분의 Layer의 색상을 조절
　　하여 완성한다.

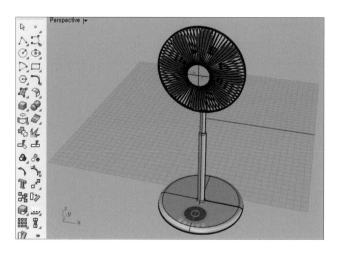

4 Chapter 산업용 온풍기 제품디자인 품평과 모델링

1 산업용 온풍기 디자인 품평

　[그림 6]은 '핫건(Hot Gun)'이라는 명칭의 산업용 온풍기로 손잡이와 어깨띠를 이용하여 휴대 및 이동이 가능하다. 산업 현장에서 온풍을 활용하여 특정 장소를 데우거나 간접 난방기기로도 사용할 수 있다. 조형적 특징으로는 온풍의 직진성을 강조하기 위해 원통형 구조로 디자인하였으며 산업제품의 특징을 살려 Black & Dark Red의 강렬한 이미지를 추구하였다. 손잡이와 받

▲ [그림 6]　산업용 온풍기 '핫 건'

침대를 이용하여 특정한 공간을 집중 건조하거나 열풍을 활용한 난방이 가능하다. 일본 Good Design Award와 한국 Good Design Award를 동시에 수상하였으며 국내외 시판되었다.

　[그림 7]의 디자인 콘셉트는 Tough & Heavy로 기존 온풍기의 이미지를 탈피하여 산업 공구와 같은 이미지를 부여하여 제품디자인에서 직관적인 사용성을 들어낼 수 있도록 기획하였다. 제품의 소재역시 Tough의 콘셉트에 부합하도록 충격과 흠집에 강한 부식 소재의 P.P(Poly Propylene)를 사용하였다. 제품 네이밍인 Hot Gun에 부합하도록 강렬한 이미지를 담고 있다.

▲ [그림 7]　폴리프로필렌을 사용한 강렬한 디자인

Part 6

01 New 도면을 연다. Open Template File 형식이 나오면 [Large Objects] – [Millimeters]를 클릭한다. 4개의 뷰포트 중에 [Front View]에서 기본적인 2D 도면을 그린다. 산업용 온풍기는 앞쪽이 정면에 해당하므로 이번에는 ❶ [Front View]를 기준으로 ❷ [Curve: interpolate points]를 클릭한다. 좌표의 X, Y축을 따라 그림과 같이 + 형태의 열십자 모양으로 교차하는 Curve선을 그린다. 이때는 단축키 F8 (Ortho), F9 (Grid Snap)를 활용하여 눈금의 이동, 직교의 이동을 판단한다.

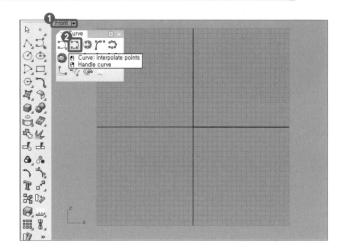

02 ❶ [Grid Snap], ❷ [Ortho], ❸ [Osnap]을 클릭 확인하고 [Osnap]의 ❹ [End, Mid, Cen, Int, Perp, Quad]의 체크를 확인한다.

03 ❶ [Circle: center, radius] 선택 → [Front View] → ❷번 지점 클릭 → 치수 값으로 '80'을 입력한다. → Enter

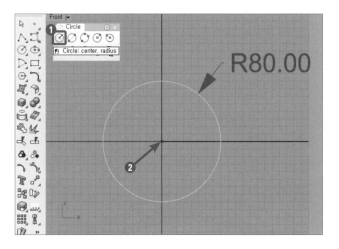

04 ❶ [Offset curve] 선택 → [Right View] →
치수 값 '200' 입력 → Enter → ❷번 선
(Circle) 선택 → ❸번 방향 우측 클릭 →
Enter (이전 명령어 반복 기능) → 치수 값
'200' 입력 → Enter → ❷번 선 선택 → ❹번
방향 좌측을 클릭한다.

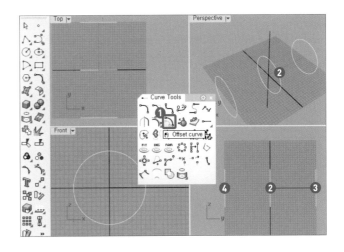

05 ❶번과 같이 Grid를 벗어난 모델링 작업
시에는 Grid를 확대하여야 한다. → ❷ 상단
툴바 [Dimension] 클릭 → ❸ [Dimension
Styles]를 클릭한다.

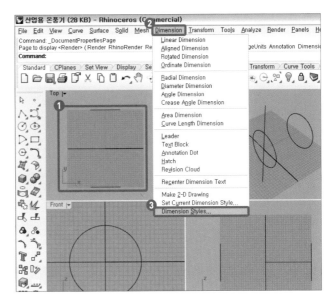

06 ❶ [Grid] 선택 → ❷ 'Grid line count' 치
수 값 '200'을 '300'으로 입력하여 변경
(1Grid = 1mm) → ❸ OK 버튼을 클릭
한다.

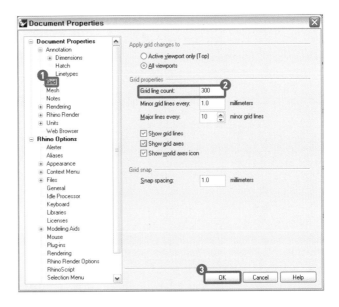

07 ❶ [Loft] 선택 → ❷, ❸번 선(Circle) 선택 → Enter → ❹번과 같이 화살표 진행 방향 확인 → Enter → [Loft Options] 화면에서 ⬚OK⬚ 버튼을 클릭한다.

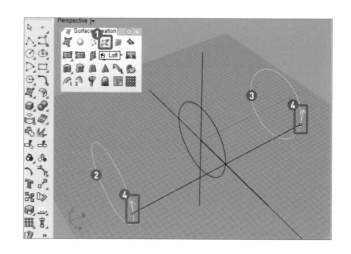

08 ❶ [Offset curve] 선택 → 치수 값 '5' 입력 → Enter → [Right View] → ❷번 선(Circle) 선택 → [Front View] → ❸번 방향 외측을 클릭한다.

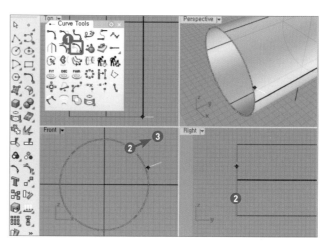

09 ❶ [Offset curve] 선택 → 치수 값 '50' 입력 → Enter → [Right View] → ❷번 선 (Circle) 선택 → ❸번 방향 좌측을 클릭한다.

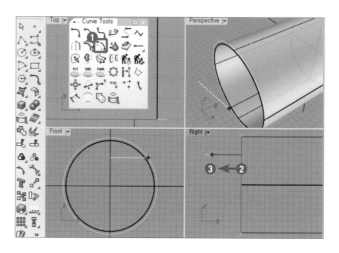

10 ❶ [Offset curve] 선택 → 치수 값 '30' 입력 → Enter → ❷번 선(Circle) 선택 → [Front View] → ❸번 방향 내측 클릭 → ❷번 선(Circle)을 삭제(Delete)한다.

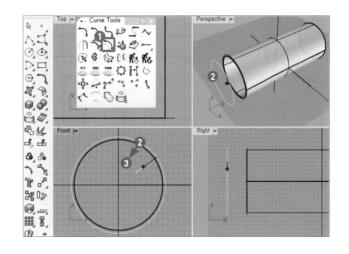

11 ❶ [Curve: interpolate points] 선택 → ❷, ❸번 지점을 각각 클릭(Perspective View에서 작업하면 [Osnap] 활용이 편리하다.) 한다. → Enter

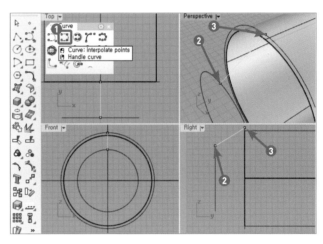

12 [Right View] → ❶ [Points on](마우스 왼쪽) 선택 → ❷번 선 클릭 → Enter → ❸번 포인트 2개를 클릭하여 ❹번 포인트 방향으로 그림과 같이 드래그하여 이동한다(단축키 F8, [Ortho]를 끈 상태에서 작업한다). → ❶ [Points off](마우스 오른쪽)를 선택한다.

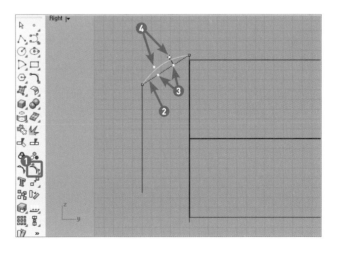

13 ❶ [Mirror] 선택 → ❷번 선 선택 → Enter
→ [Front View] → ❸번 중심축 클릭 →
❹번 방향으로 드래그 하여 임의의 지점 클
릭(단축키 F8, [Ortho]는 On) → ❺번과
같은 커브 선이 Mirror 복사된다.

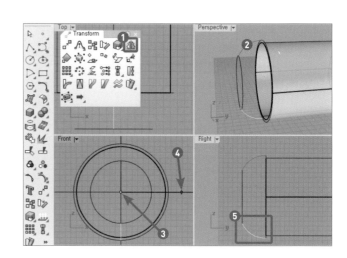

14 ❶ [Surface from planar curves] 선택 →
❷, ❸번 선을 클릭한다. → Enter

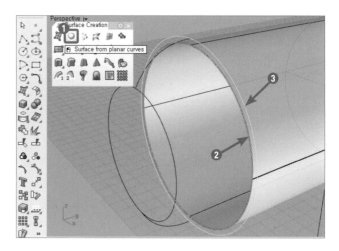

15 ❶ [Sweep 2 Rails] 선택 → ❷, ❸, ❹,
❺번 순서로 클릭한다. → Enter

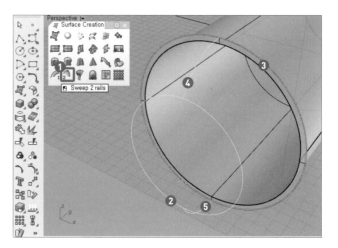

16 [Sweep 2 Rail Options] → ❶ [Simple sweep] 체크 → ❷ [OK] 버튼을 클릭한다.

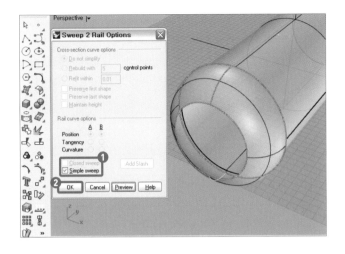

17 ❶ [Offset Surface] 선택 → ❷번 Surface 선택 → Enter → ❸번과 같이 화살표가 생성된다. 화살표를 클릭하면 그림과 같이 화살표의 방향이 내측으로 바뀐다.) → 치수 값으로 '5'를 입력한다. → Enter 2번

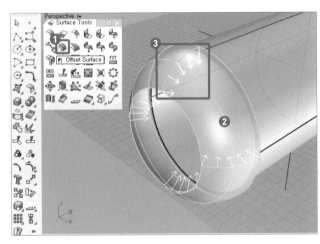

18 ❶ [Offset curve] 선택 → 치수 값 '5' 입력 → Enter → [Perspective View] → ❷번 선 (Circle) 선택 → [Front View] → ❸번 방향 외측을 클릭한다.

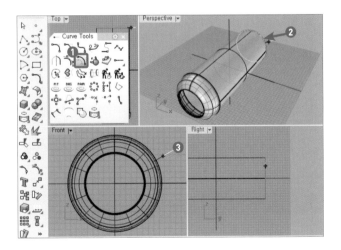

19 ❶ [Extrude straight] 선택 → ❷번 선
(Circle) 선택 → 치수 값으로 '50'을 입력
한다. → Enter

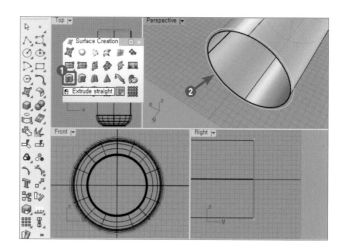

20 ❶ [Cap planar holes] 선택 → ❷번
Surface를 선택한다. → Enter

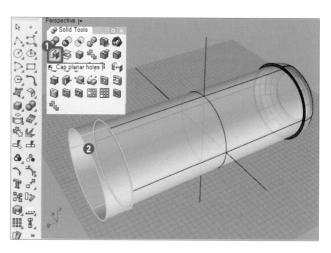

21 ❶ [Variable radius fillet] 선택 → 치수 값
'5' 입력 → Enter → ❷번 모서리 지점을 클
릭한다. → Enter 2번

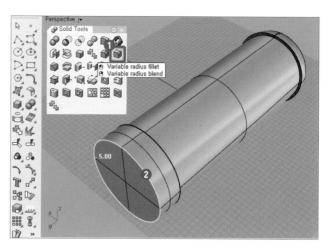

22 ❶ [Polyline] 선택 → ❷ [Grid Snap],
[Ortho], [Osnap]은 모두 끈다(Off). →
[Front View] → ❸번과 같은 선을 그린다.
→ ❷ [Grid Snap], [Ortho, Osnap]을 모
두 켠다(On).

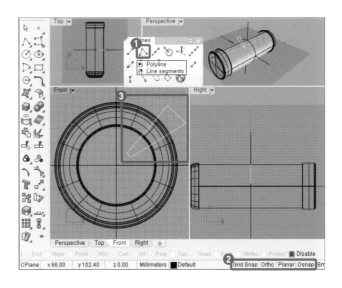

23 ❶ [Extrude straight] 선택 → ❷번 선 선
택 → 치수 값으로 '100'을 입력한다. →
Enter

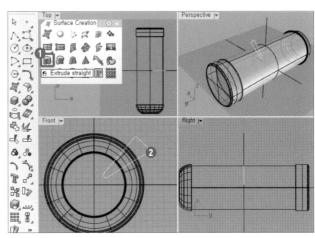

24 ❶번 Surface 선택 → 그림과 같이 ❷번
방향으로 드래그하여 이동한다. 또는 ❸번
[Move]를 활용한다.

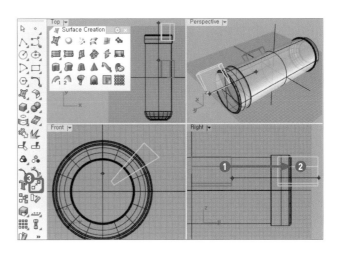

Part
6

25 ❶ [Cap planar holes] 선택 → ❷번 Surface를 선택한다. → Enter

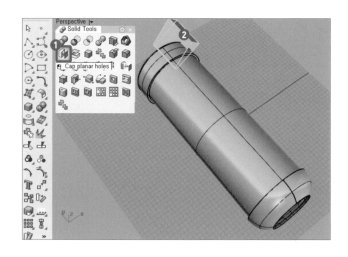

26 ❶ [Polar array] 선택 → ❷번 Solid 선택 → Enter → ❸번 중심축(Center of polar array) 클릭 → [Command] 창에 회전 배열 복사할 숫자 '10' 입력(Number of item) → Enter → [Command] 창에 회전 각도에 해당하는 숫자 '360'을 입력(Angle of fill or reference point)한다. → Enter 2번

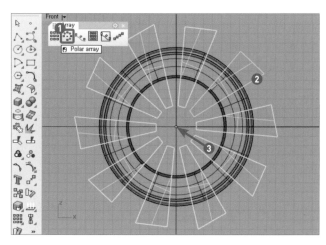

27 ❶ [Boolean difference] 선택 → ❷번 Solid 선택 → Enter → ❸번과 같은 Solid 10개를 모두 클릭한다. → Enter

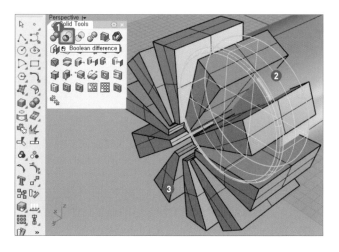

28 ❶ [Variable radius fillet] 선택 → 치수 값 '1' 입력 → Enter → ❷번과 같이 해당 부분을 모두 클릭한다. → Enter 2번

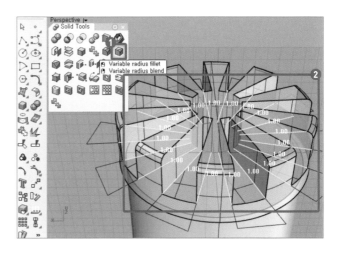

Tip [Variable radius fillet] 등에서 ❶번과 같은 모서리나 선을 추가(+)할 때는 Shift 키를 누르면서 클릭, 해당 모서리나 선을 뺄(−) 때는 Ctrl 키를 누르면서 클릭한다.

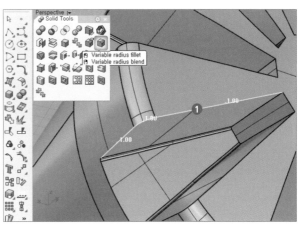

29 ❶ [Offset curve] 선택 → 치수 값 '20' 입력 → Enter → [Right View] → ❷번 선 (Circle) 선택 → [Front View] → ❸번 방향 우측을 클릭한다.

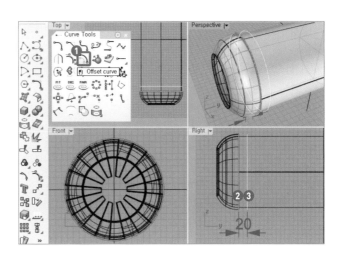

30 ❶ [Extrude straight] 선택 → ❷번 선 선택 → 치수 값으로 '200'을 입력한다. → Enter

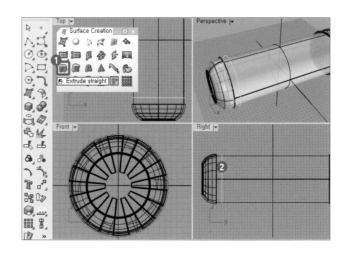

31 [Right View] → ❶ [Curve: interpolate points] 선택 → ❷, ❸번 지점을 각각 클릭(중심축에 해당하는 선)한다. → Enter

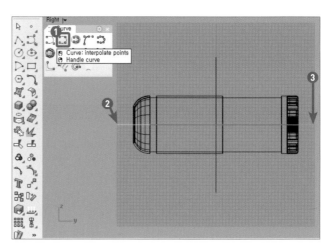

32 ❶ [Offset curve] 선택 → 치수 값 '30' 입력 → Enter → ❷번 선(중심축) 선택 → ❸번 방향 좌측 클릭 → Enter (이전 명령어 반복 기능) → 치수 값 '30 입력 → Enter → ❸번 선 선택 → ❹번 방향 좌측 클릭 → Enter (이전 명령어 반복 기능) → 치수 값 '15' 입력 → Enter → ❺번 선(중심축) 선택 → ❻번 방향 하단 클릭 → Enter (이전 명령어 반복 기능) → 치수 값 '15' 입력 → Enter → ❺번 선 선택 → ❼번 방향 상단을 클릭한다.

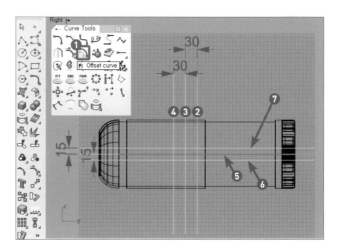

33 ❶ [Trim] 선택 → ❷, ❸, ❹번 선 순차적으로 클릭 → Enter → 자를 영역 ⊗를 클릭한다. → Enter

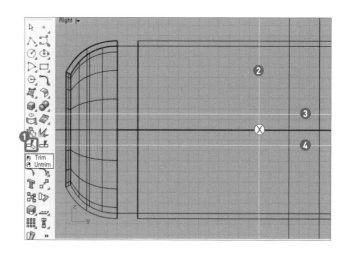

34 ❶ [Fillet curves] 선택 → 치수 값 '10' 입력 → Enter → ❷, ❸번 지점 각각 클릭 → Enter (이전 명령어 반복 기능) → ❹, ❺번 지점 각각 클릭(치수 값은 전과 동일한 10이므로 입력하지 않는다.) → Enter (이전 명령어 반복 기능) → 치수 값 '12' 입력 → Enter → ❻, ❼번 지점 각각 클릭 → Enter (이전 명령어 반복 기능) → ❽, ❾번 지점을 각각 클릭(치수 값은 전과 동일한 12이므로 입력하지 않는다.)한다.

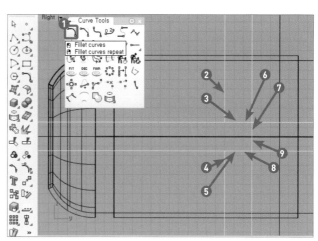

35 ❶번 선을 클릭 또는 드래그하여 모두 선택 → ❷ [Join]을 선택한다.

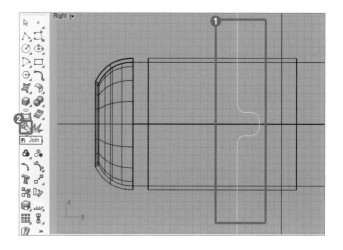

36 ❶ [Split] 선택 → ❷번 Surface 선택 → Enter → ❸번 선을 선택한다. → Enter

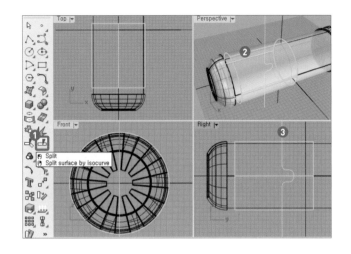

37 [Split]으로 잘린 ❶번 Surface를 선택하여 삭제(Delete)한다.

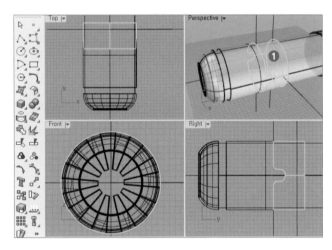

38 ❶ [Offset Surface] 선택 → ❷번 Surface 선택 → Enter → ❸번과 같이 화살표가 생성된다. 화살표를 클릭하면 그림과 같이 화살표의 방향이 내측으로 바뀐다.) → 치수 값 '5' 입력한다. → Enter 2번

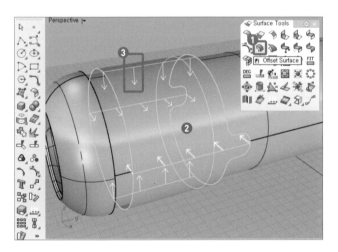

39 ❶ [Offset curve] 선택 → 치수 값 '45' 입
력 → Enter → ❷번 선(중심축) 선택 →
❸번 방향 좌측에 클릭 → ❹ [Circle:
center, radius] 선택 → ❺번 지점 클릭
→ 치수 값으로 '12'를 입력한다. → Enter

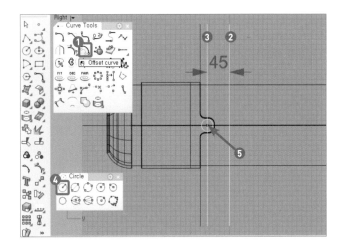

40 ❶ [Split] 선택 → ❷번 Solid 선택 → Enter
→ ❸번 선(Circle)을 선택한다. → Enter

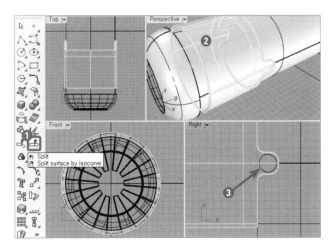

41 ❶번 Surface 선택 → 그림과 같이 ❷번
방향으로 드래그하여 이동한다. 또는 ❸번
[Move]를 활용한다.

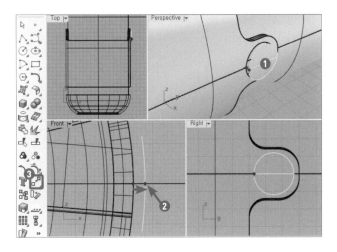

Part
6

42 ❶ [Duplicate border] 선택 → ❷, ❸을 각
각 클릭한다. → Enter

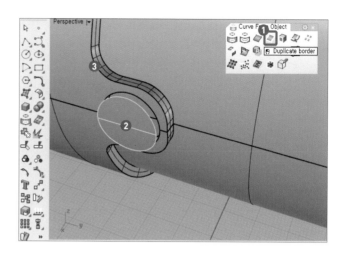

43 ❶ [Loft] 선택 → [Duplicate border]로 생
성된 ❷, ❸번 커브(Curve) 선 각각 클릭
→ Enter → ❹번 화살표 방향을 확인한다.
→ Enter

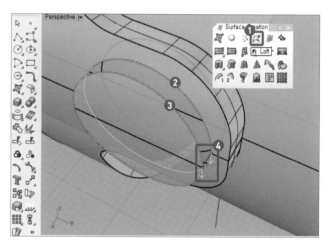

44 ❶ [Join] 선택 → ❷, ❸번 Surface를 클릭
한다. → Enter

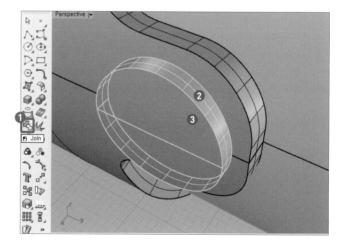

45 ❶ [Variable radius fillet] 선택 → 치수 값 '2' 입력 → Enter → ❷번 모서리 지점 모두를 클릭한다. → Enter 2번

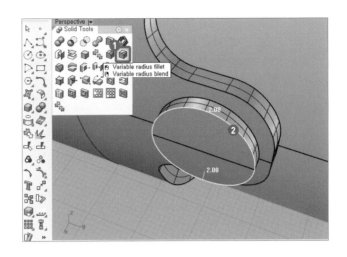

46 ❶ [Mirror] 선택 → ❷번 Surface 선택 → Enter → ❸번 중심축 클릭 → ❹번 방향으로 드래그하여 임의의 지점을 클릭한다. → Mirror 복사된다.

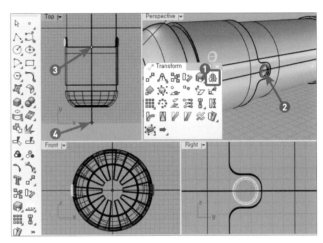

47 ❶ [Rectangle: Corner to corner] 선택 → [Top View] → 임의의 지점 ❷, ❸번을 클릭하여 그림과 같은 직사각형을 그린다.

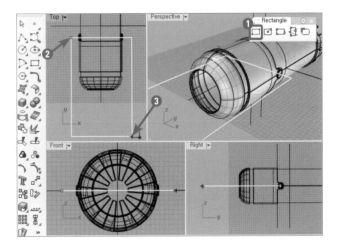

48 ❶ [Fillet curves] 선택 → 치수 값 '20' 입력 → Enter → ❷, ❸번 지점 각각 클릭 → Enter (이전 명령어 반복 기능) → ❹, ❺번 지점 각각 클릭(치수 값은 전과 동일한 20이므로 입력하지 않는다.) → Enter (이전 명령어 반복 기능) → 치수 값 '30' 입력 → Enter → ❻, ❼번 지점 각각 클릭 → Enter (이전 명령어 반복 기능) → ❽, ❾번 지점 각각 클릭(치수 값은 전과 동일한 30이므로 입력하지 않는다.)

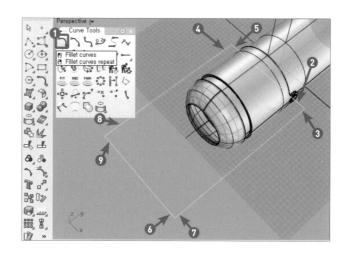

49 ❶ [Rotate 2–D] 선택 → ❷번 선 선택 → Enter → 회전축 ❸번 지점 클릭 → 회전축의 끝점 ❹번 클릭 → 회전각도로 '45'를 입력한다. → Enter

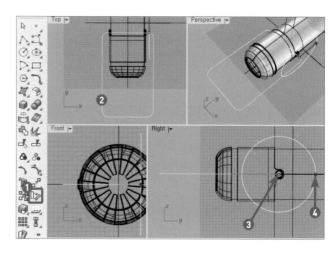

50 ❶ [Pipe: Flat caps] 선택 → ❷번 선 선택 → 치수 값 '2' 입력(시작점) → Enter → 치수 값으로 '2'를 입력(끝점)한다. → Enter 2번

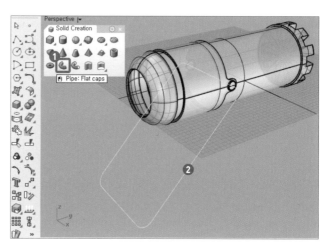

51 [Right View] → ❶ [Polyline] 선택 → ❷
번 지점 클릭([Osnap]의 포인트를 활용한
다.) → 단축키 F8 을 클릭하여 [Ortho]를
끈다. → ❸~❾ 임의의 지점을 연속적으
로 클릭한다. → 처음 시작하였던 ❷번 지
점을 클릭하여 선을 닫는다.

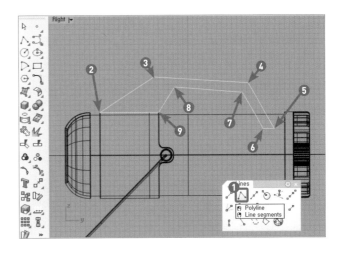

52 ❶ [Fillet curves] 선택 → 치수 값 '200' 입
력 → Enter → ❷, ❸번 지점 각각 클릭 →
Enter (이전 명령어 반복 기능) → 치수 값
'100' 입력 → ❹, ❺번 지점 각각 클릭 →
Enter (이전 명령어 반복 기능) → 치수 값
'70' 입력 → Enter → ❻, ❼번 지점 각각 클
릭 → Enter (이전 명령어 반복 기능) → 치수
값 '70' 입력 → Enter → ❽, ❾번 지점을 각
각 클릭한다.

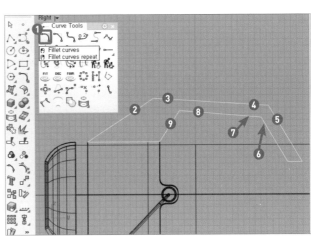

Part
6

53 ❶ [Extrude straight] 선택 → ❷번 선 선
택 → Enter → [Command] 창에 ❸번 'Both
Sides = No'를 클릭하면 그림과 같이
'BothSides=Yes'로 변한다(한 방향 돌출
이 아닌 양방향 돌출로 변경하는 기능). →
치수 값으로 '50'을 입력한다. → Enter

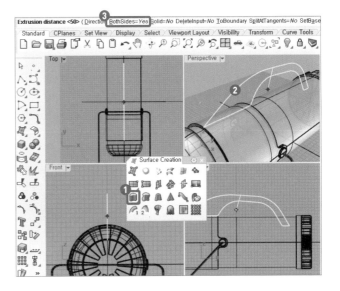

54 ❶ [Cap planar holes] 선택 → ❷번 Surface를 선택한다. → Enter

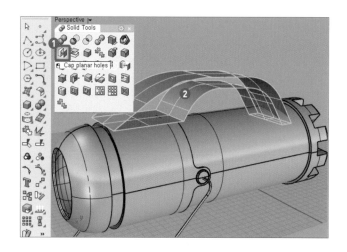

55 ❶ [Box: Corner to Coner, Height] 선택 → [Front View] → 임의의 지점 ❷번 클릭 → 드래그하여 임의의 지점 ❸번 클릭 → [Top View] → 임의의 지점 ❹번을 클릭 (주의 산업용 히터보다 큰 사이즈로 그린다.) 한다.

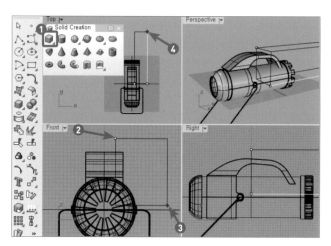

56 ❶번 Solid(Box) 선택 → 그림과 같이 ❷번 방향으로 드래그하여 이동한다(주의 산업용 히터에 중첩되도록 이동한다). 또는 ❸번 [Move]를 활용한다.

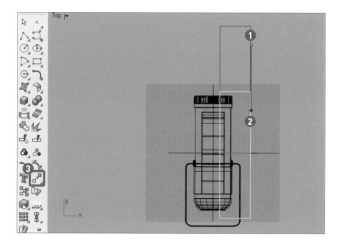

57 ❶ [Rotate 2-D] 선택 → ❷번 Solid(Box) 선택 → Enter → 회전축 ❸번 지점 클릭 → 회전축의 끝점 ❹번 클릭 → 각도로 '15'를 입력한다. → Enter

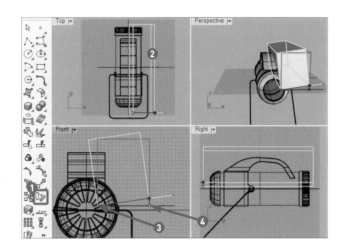

58 ❶번 Solid(Box) 선택 → 그림과 같이 ❷번 방향으로 드래그하여 이동한다(주의 ❸번 손잡이 부분을 벗어나지 않도록 한다). 또는 ❹번 [Move]를 활용한다.

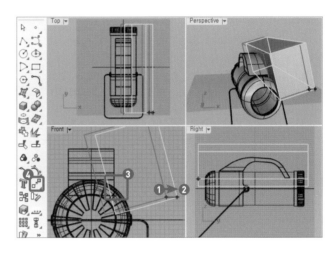

59 ❶ [Mirror] 선택 → ❷번 Surface 선택 → Enter → ❸번 중심축 클릭 → ❹번 방향(수직 지점)으로 드래그하여 임의의 지점을 클릭한다.

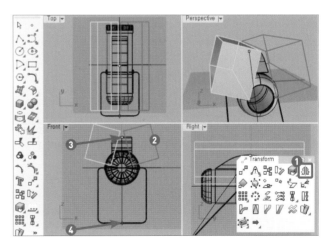

60 ❶ [Boolean difference] 선택 → ❷번
Solid(손잡이) 선택 → Enter → ❸, ❹번
Solid를 클릭한다. → Enter

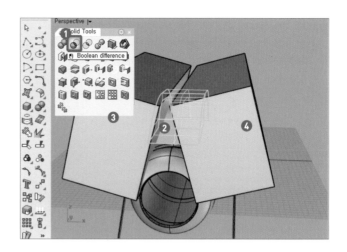

61 ❶ [Variable radius fillet] 선택 → 치수 값
'5' 입력 → Enter → ❷, ❸번 모서리 지점을
모두 클릭한다. → Enter 2번

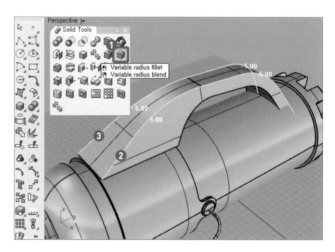

62 ❶ [Variable radius fillet] 선택 → 치수 값
'10' 입력(Radius 값이 커서 형상이 구현되
지 않으면 R 값을 줄인다.) → Enter → ❷, ❸
번 모서리 지점을 모두 클릭한다. → Enter 2번

Tip 일반적으로 제품디자이너들은 Radius
에 해당하는 반지름 값을 'R값'이라고 부
른다.

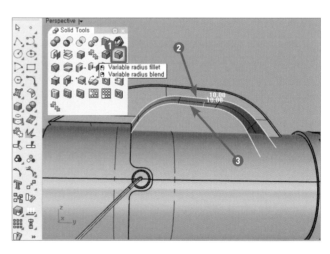

63 ❶번 Surface(손잡이) 선택 → 그림과 같이 ❷번 방향으로 드래그하여 이동한다(❸번과 같이 손잡이가 중첩되도록 이동한다).

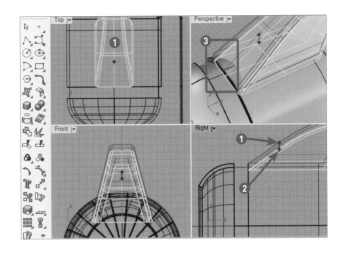

64 ❶ [Boolean union] 선택 → ❷, ❸번 Solid, Surface를 클릭한다. → Enter

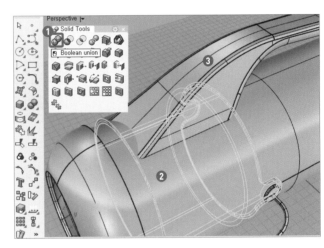

65 ❶ [Cylinder] 선택 → ❷번 중심축 클릭([Osnap] 활용) → 치수 값 '20' 입력(반지름) → Enter → 치수 값으로 '15'를 입력(높이)한다.

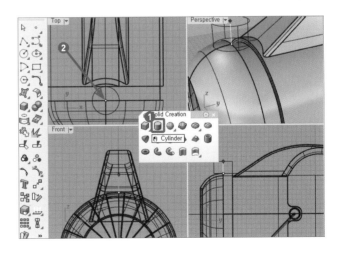

66 ❶ [Variable radius chamfer] 선택 → 치수 값 '3' 입력 → Enter → ❷번 모서리 지 점을 클릭한다. → Enter 2번

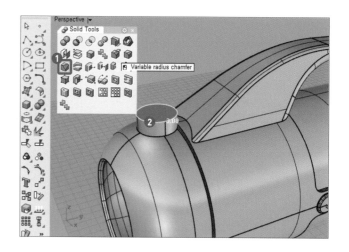

67 ❶번 Solid(다이얼) 선택 → 그림과 같이 ❷번 방향으로 드래그하여 이동한다(자유 로운 이동을 위해 단축키 F8에 해당하는 [Ortho]는 잠깐 끈다).

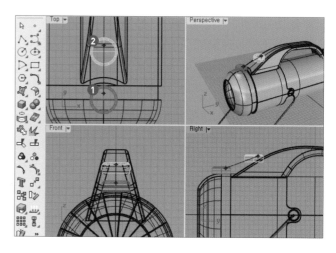

68 ❶ [Rotate 2-D] 선택 → ❷번과 같이 임의의 각도로 회전한다.

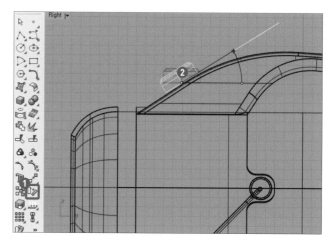

69 ❶번 Solid(다이얼) 선택 → 그림과 같이 ❷번 손잡이 방향으로 중첩되도록 드래그 하여 이동한다(자유로운 이동을 위해 단축 키 F8 에 해당하는 [Ortho]는 잠깐 끈다).

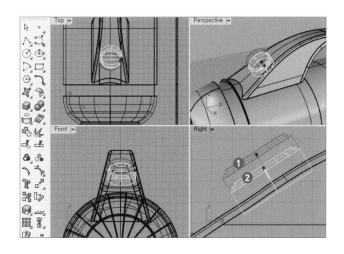

70 ❶번에 해당하는 모든 물체 드래그 또는 클릭하여 모두 선택(온풍기 전면 부분 제외) → ❷ [Hide objects](마우스 왼쪽) 선택 → 물체가 사라진다(복잡한 부분을 잠깐 숨기고 작업할 수 있다).

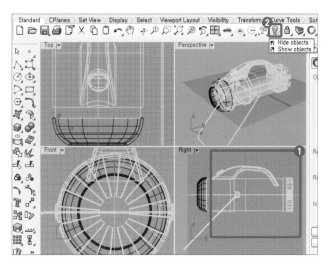

71 ❶ [Curve: interpolate points] 선택 → ❷, ❸번 지점을 각각 클릭([Perspective View]에서 작업하면 [Osnap] 활용이 편리하다.)한다. → Enter

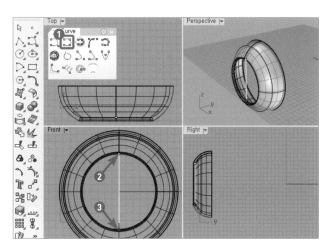

72 ❶ [Pipe: Flat caps] 선택 → ❷번 선 선택 → 치수 값 '1' 입력(시작점) → Enter → 치수 값으로 '1'을 입력(끝점)한다. → Enter 2번

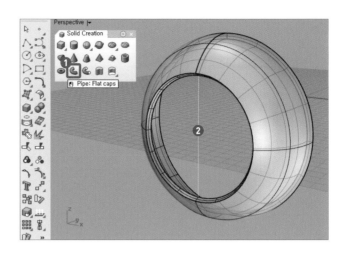

73 ❶ [Polar array] 선택 → ❷번 Solid 선택 → Enter → ❸번 중심축(Center of polar array) 클릭 → [Command] 창에 회전 배열 복사할 숫자 '20' 입력(Number of item) → Enter → [Command] 창에 회전각도에 해당하는 숫자 '360'을 입력(Angle of fill or reference point)한다. → Enter 2번

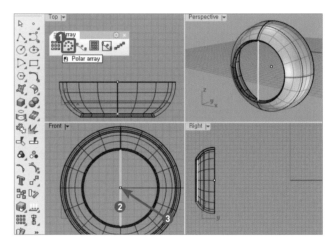

74 ❶ [Sphere: Center, Radius] 선택 → [Front View] → ❷번 중심축 클릭([Osnap]의 Cen 포인트 활용) → 치수 값으로 '20'을 입력한다. → Enter → ❸번과 같은 반지름 20의 구가 생성된다.

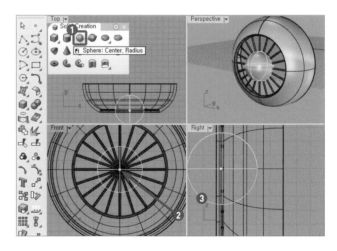

75 ❶ [Scale 1-D] 선택 → ❷번 Solid(구)
선택 → Enter → ❸번 중심축 선택([Osnap]
의 Cen 포인트 활용) → 임의의 지점 ❹번
클릭 → ❺번 방향으로 드래그하면 Scale
형태가 변형된다. → ❻번처럼 원하는 형태
의 타원이 생성되는 지점을 클릭한다.

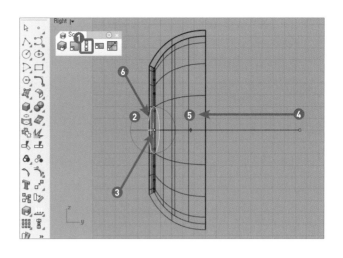

76 ❶ [Show objects](마우스 오른쪽) 선택
→ 숨긴 형상이 모두 보인다.

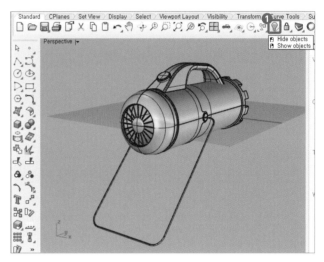

77 ❶ [Box: Corner to Corner, Height] 선택
→ [Right View] → ❷번과 같이 임의의 사
각형 Solid를 그린다.

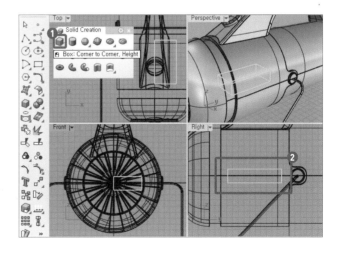

78 사각형의 Solid를 ❶번 지점에서 클릭하여 ❷번 지점으로 드래그하여 이동한다. (**주의** ❸번과 같이 물체에 살짝 중첩되도록 위치한다.)

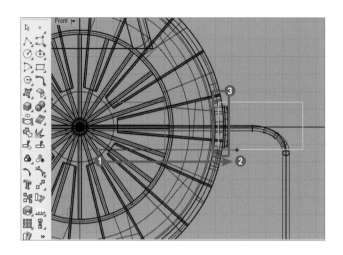

79 ❶ [Variable radius fillet] 선택 → 치수 값 '10' 입력(사각형 Solid의 크기에 따라 치수는 개인별로 다를 수 있다.) → Enter → ❷, ❸, ❹, ❺번 모서리 지점을 모두 클릭한다. → Enter 2번

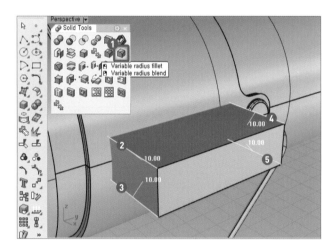

80 ❶ [Polar array] 선택 → ❷번 Solid 선택 → Enter → ❸번 중심축(Center of polar array) 클릭 → [Command] 창에 회전 배열 복사할 숫자 '10' 입력(Number of item) → Enter → [Command] 창에 회전각도에 해당하는 숫자로 '360'을 입력(Angle of fill or reference point)한다. → Enter 2번

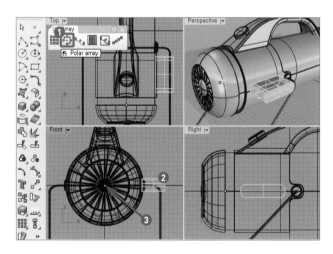

81 손잡이와 중첩되는 **❶**, **❷**번 Solid는 선택하여 삭제(Delete)한다.

82 **❶** [Boolean difference] 선택 → **❷**번 Solid 선택 → Enter → **❸**번과 같은 Solid 8개를 모두 클릭한다. → Enter

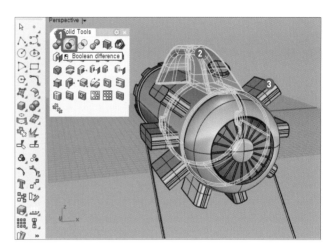

83 **❶** [Offset curve] 선택 → 치수 값 '2' 입력 → Enter → [Right View] → **❷**번 커브(Curve) 선 선택 → **❸**번 방향 내측을 클릭한다.

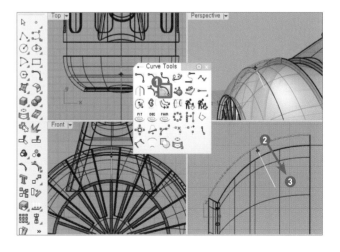

84 ❶ [Polyline] 선택 → ❷ [Osnap]의 Near 외에는 모두 끈다(단축키 F8, [Ortho] 역시 끈다.) → [Right View] → ❸번 지점 클릭([Near]에 위치시켜 클릭한다). → 연속적으로 나머지 ❹, ❺번에 해당하는 임의 지점에 클릭한다. → ❻번 지점을 클릭 ([Near]에 위치시켜 클릭한다.)한다. → Enter

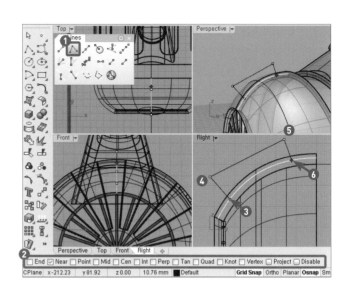

Tip [Osnap]의 [Near]는 정확한 치수 없이 대략의 선을 그리거나 지점을 선택할 때 유용하다.

85 ❶ [Trim] 선택 → ❷, ❸번 선 각각 선택 → Enter → 자를 지점의 양쪽 ⊗를 클릭한다. → Enter

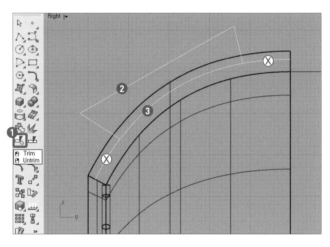

86 ❶ [Join] 선택 → ❷, ❸번 선을 클릭한다.

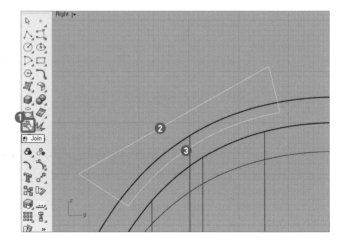

87 ❶ [Extrude straight] 선택 → ❷번 선 선
택 → Enter → [Command] 창에 ❸번
'BothSides=No'를 클릭하면 그림과 같이
'BothSides=Yes'로 변한다.(한 방향 돌출
이 아닌 양방향 돌출로 변경하는 기능) →
치수 값으로 '10'을 입력한다. → Enter

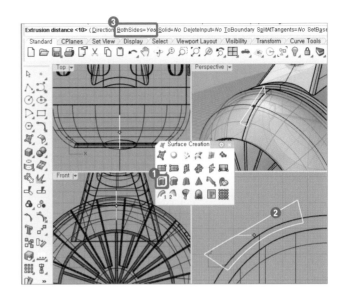

88 ❶ [Cap planar holes] 선택 → ❷번
Surface를 선택한다. → Enter

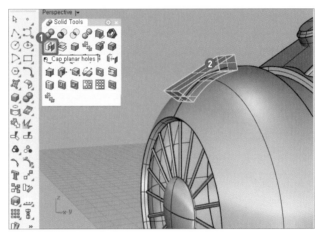

89 ❶ [Variable radius fillet] 선택 → 치수 값
'9' 입력→ Enter → ❷, ❸, ❹, ❺번 모서리
지점을 모두 클릭한다. → Enter 2번

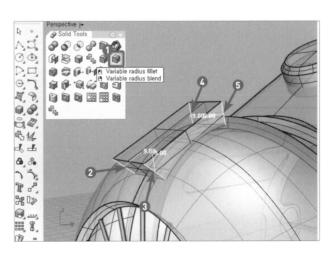

90 ❶ [Variable radius fillet] 선택 → 치수 값 '1' 입력→ Enter → ❷번 모서리 지점을 모두 클릭한다. → Enter 2번

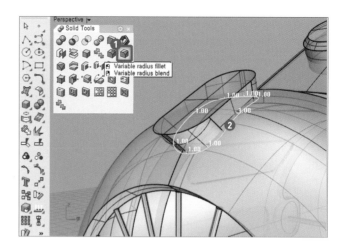

91 ❶ [Polar array] 선택 → ❷번 Solid 선택 → Enter → ❸번 중심축(Center of polar array) 클릭 → [Command] 창에 회전 배열복사할 숫자 '14' 입력(Number of item) → Enter → [Command] 창에 회전각도에 해당하는 숫자 '360'을 입력(Angle of fill or reference point)한다. → Enter 2번

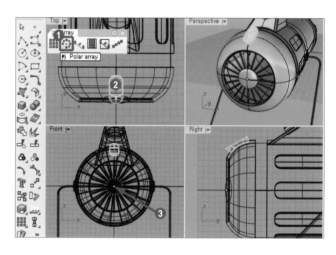

92 ❶ [Boolean difference] 선택 → ❷번 Solid 선택 → Enter → ❸번과 같은 Solid 14개를 모두 클릭한다. → Enter

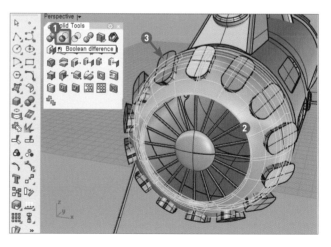

93 ❶ [Text object] 선택 → ❷ 문구를 적는다 (HEATER3000). → ❸ Curve 체크를 확인한다. → ❹ Text size에 치수 값으로 '15'를 입력한다. → [ok] 클릭

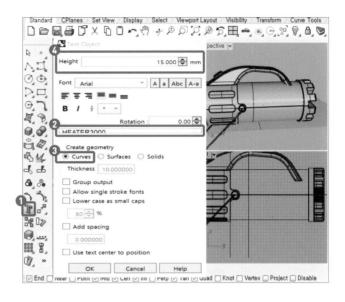

94 ❶ [Right View]의 임의의 지점에 클릭하여 그림과 같이 위치한다.

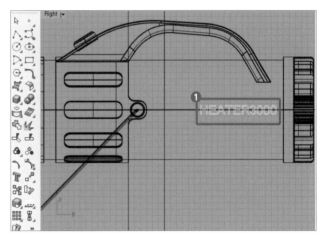

95 ❶ [Rectangular planar: Corner to corner] 선택 → [Right View] → 임의의 지점 ❷, ❸번에 클릭하여 그림과 같이 중심축에 위치하는 사각형 판을 그린다.

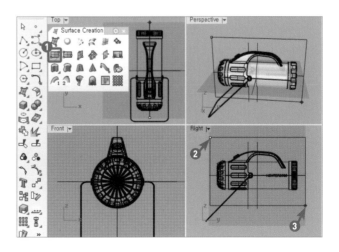

96 ❶ [Split] 선택 → ❷번 Surface 선택 →
Enter → ❸번 Surface를 선택한다. → Enter

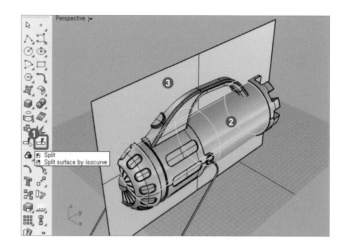

97 ❶ [Split] 선택 → ❷번 Surface(앞 단계에
서 Split으로 자른 절반의 원통) 선택 → Enter
→ ❸번 Text 클릭 또는 드래그하여 선택한
다. → Enter

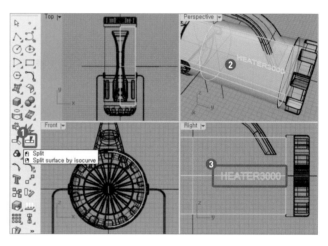

98 원통을 [Split]으로 반으로 자른 상태에서
Text Split을 하였기 때문에 ❶번과 같이 한
쪽면만 Text가 Split되고 ❷번 반대편에는
생성되지 않는다(원통을 [Split]으로 자르지
않으면 반대쪽에 Text가 투영된다).

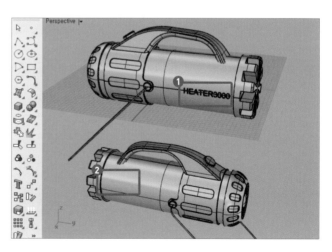

99 ❶ [Properties] 선택 → ❷ [Layer]를 클릭하면 지정된 Layer 번호를 이용하여 색상을 변경할 수 있다(Key Shot 프로그램의 렌더링 작업을 위해 Layer 색상을 변경하면 편리하다). → 완성

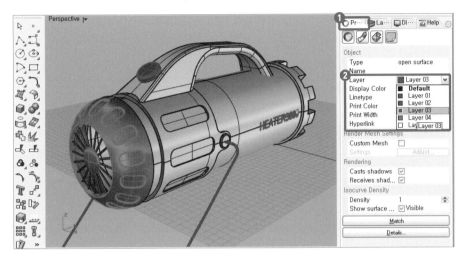

라이노 8 독학하기

2024. 7. 17. 1판 1쇄 인쇄
2024. 7. 24. 1판 1쇄 발행

저자와의
협의하에
검인생략

지은이 | 황정행
펴낸이 | 이종춘
펴낸곳 | BM (주)도서출판 **성안당**
주소 | 04032 서울시 마포구 양화로 127 첨단빌딩 3층(출판기획 R&D 센터)
　　 | 10881 경기도 파주시 문발로 112 파주 출판 문화도시(제작 및 물류)
전화 | 02) 3142-0036
　　 | 031) 950-6300
팩스 | 031) 955-0510
등록 | 1973. 2. 1. 제406-2005-000046호
출판사 홈페이지 | **www.cyber.co.kr**
ISBN | 978-89-315-7235-3 (93000)
정가 | 30,000원

이 책을 만든 사람들
책임 | 최옥현
편집 | 조혜란
본문 · 표지 디자인 | 앤미디어
홍보 | 김계향, 임진성, 김주승
국제부 | 이선민, 조혜란
마케팅 | 구본철, 차정욱, 오영일, 나진호, 강호묵
마케팅 지원 | 장상범
제작 | 김유석

■ **도서 A/S 안내**

성안당에서 발행하는 모든 도서는 저자와 출판사, 그리고 독자가 함께 만들어 나갑니다.
좋은 책을 펴내기 위해 많은 노력을 기울이고 있습니다. 혹시라도 내용상의 오류나 오탈자 등이
발견되면 **"좋은 책은 나라의 보배"**로서 우리 모두가 함께 만들어 간다는 마음으로 연락주시기
바랍니다. 수정 보완하여 더 나은 책이 되도록 최선을 다하겠습니다.
성안당은 늘 독자 여러분들의 소중한 의견을 기다리고 있습니다. 좋은 의견을 보내주시는 분께는
성안당 쇼핑몰의 포인트(3,000포인트)를 적립해 드립니다.

잘못 만들어진 책이나 부록 등이 파손된 경우에는 교환해 드립니다.